U0672353

权威·前沿·原创

皮书系列为

"十二五""十三五""十四五"时期国家重点出版物出版专项规划项目

BLUE BOOK

智 库 成 果 出 版 与 传 播 平 台

绿色财政蓝皮书

BLUE BOOK OF GREEN PUBLIC FINANCE

中国绿色财政发展报告

（2023~2024）

REPORT ON THE DEVELOPMENT OF GREEN PUBLIC FINANCE

IN CHINA (2023-2024)

主　编／刘尚希　邢　丽

社会科学文献出版社
SOCIAL SCIENCES ACADEMIC PRESS（CHINA）

图书在版编目（CIP）数据

中国绿色财政发展报告. 2023~2024 / 刘尚希，邢丽
主编. --北京：社会科学文献出版社，2024.10.
（绿色财政蓝皮书）. -- ISBN 978-7-5228-4012-3

Ⅰ. F812.0

中国国家版本馆 CIP 数据核字第 2024TE8992 号

绿色财政蓝皮书
中国绿色财政发展报告（2023~2024）

主　　编／刘尚希　邢　丽

出 版 人／冀祥德
责任编辑／张炜丽　路　红
责任印制／王京美

出　　版／社会科学文献出版社·皮书分社（010）59367127
　　　　　地址：北京市北三环中路甲29号院华龙大厦　邮编：100029
　　　　　网址：www.ssap.com.cn
发　　行／社会科学文献出版社（010）59367028
印　　装／天津千鹤文化传播有限公司

规　　格／开本：787mm×1092mm　1/16
　　　　　印张：15　字数：222千字
版　　次／2024年10月第1版　2024年10月第1次印刷
书　　号／ISBN 978-7-5228-4012-3
定　　价／148.00元

读者服务电话：4008918866

版权所有 翻印必究

绿色财政蓝皮书编委会

主　任　刘尚希

委　员　杨远根　邢　丽　徐玉德　王宏伟
　　　　陈少强　樊轶侠

主编简介

刘尚希　中国财政科学研究院原党委书记、院长，经济学博士、研究员、博士研究生导师。十三、十四届全国政协委员，国家监察委员会特约监察员，享受国务院政府特殊津贴专家，中宣部全国文化名家暨"四个一批"人才，高校哲学社会科学（马工程）专家委员会委员，国务院深化医药卫生体制改革领导小组第一、第二、第三届专家咨询委员会委员，海南自由贸易港建设专家咨询委员会委员，中国经济50人论坛、中国金融四十人论坛成员，多个国家部委和省（区、市）政府咨询委员会委员。对收入分配、公共风险、财政风险、公共财政、宏观经济、公共治理等问题有创新性的探索研究，出版《公共风险论》《收入分配循环论》《财政风险及其防范的研究》《或有负债：隐匿的财政风险》等著作；发表《财政风险：一个分析框架》《论公共风险》《公共支出范围：分析与界定》《农民"就业状态"：中国改革发展成败的决定性力量》《公共化与社会化的逻辑》《在不确定性世界寻找确定性》《论中国特色的积极财政政策》等论文。

邢　丽　经济学博士，研究员。中国财政科学研究院党委委员，副院长。兼任中国财政学会副秘书长、区域财政研究专业委员会主任委员，全国数据标准化技术委员会委员，中国国际税收研究会理事。长期从事财税理论与政策研究，对财税体制改革、国际财经、绿色财政、数字经济等领域重大问题保持密切跟踪。主持和参与国家社会科学基金项目、马克思主义理论研究和建设工程年度重大项目、国家高端智库重点研究课题 70 余项。先后在《中国社会科学》《财政研究》《税务研究》等核心期刊发表论文 50 余篇。出版《碳税的国际协调》《低碳经济模式下的中国绿色税制构建》《碳定价：国际进展与中国方案》3 部专著；主编和参编《中国税收政策报告》《中国绿色财政报告 2022：聚焦碳达峰碳中和》等著作 10 余部。

摘　要

　　绿色财政是政府为了防范化解生态领域公共风险所颁布实施的一系列财政制度、财政政策、财政监管等的总称，旨在推进绿色发展和生态文明建设。传统财政向绿色财政转型过程中可能导致公共风险攀升，因此公共风险理论是绿色财政转型的重要理论基础。我国自分税制改革以来，绿色财政转型实践先后经历了初始期、加速期，目前进入深化调整时期。绿色财政转型实践在对我国经济社会发展和生态文明建设产生积极影响的同时，也存在认知不确定性、制度建设不确定性和外部环境不确定性等问题。在通往绿色财政的道路上，需要积极应对全面转型、重点转型、制度转型和协同转型等过程中的挑战。

　　2023年以来，财政政策支持污染防治向纵深扩展，持续推动生态补偿和重要生态系统保护修复，推进能源转型，并支持绿色低碳科技。展望未来，财政政策尚需发挥在降碳、减污、扩绿、增长等方面的协同作用。无论是从一般性转移支付还是专项转移支付的角度来看，转移支付的绿色化程度均呈稳步上升趋势。为了进一步推进绿色转移支付，需要科学界定其目标定位，在转移支付体系中有序体现"绿色"元素，并推进其制度化。通过对我国2013～2022年绿色财政支出的测度，发现绿色财政支出规模总体呈上升趋势，财政支出绿色化程度也在加深。为了更准确地测度绿色财政支出，需要注意科目设置、测度标准和测度方法等关键性问题。

　　产业低碳转型会对税收收入总量和结构产生复杂影响。政府需要综合考虑各种因素，采取适当政策措施，确保税收收入的稳定增长，同时促进经济的可持续发展。近十余年来，我国政府绿色采购取得了显著进展，但也面临着一些问题和挑战。为推动绿色采购，建议明确政府绿色采购管理的组织机构与职责分工，完善法律法规，拓展产品全生命周期覆盖，并强化社会参与。绿色低碳发展是经济社会发展的底色，绿色财政核算是财政绿色化发展的重要基础。本书对国内外绿色财政核算的实践情况进行梳理和分析，认为我国应适时修订政府收支分类科目，尽快构建绿色财政核算体系，加强与国民经济核算衔接，探索构建自然资源资产市场交易平台。

通过梳理国外绿色预算实践，本书总结了绿色预算的主要工作内容和工具，并对主要国家和国际组织在绿色预算方面的实践进行了综合评价。本书认为，我国未来建设绿色预算体系应将绿色发展理念融入中长期财政规划与年度预算过程，建立绿色预算政策工具体系，建立健全的绿色预算监督和评估机制，完善绿色预算的公共参与和信息公开机制。在现有国际形势复杂的大背景下，国外推动产业绿色转型的财政政策呈现出新的趋势。美欧绿色产业政策的共同点主要是"去风险化"，并试图通过定规则与制标准主导全球产业绿色转型的国际秩序。这将对我国造成一定的影响，应大力增强中国在全球治理中的话语权，鼓励国内产业尽快实现绿色转型，发挥财政政策对产业绿色转型的重要作用。

基于以上研究结果，本书建议，加强整体观念，发挥财政政策对降碳、减污、扩绿、增长协同的引领作用；加强统筹协调，进一步理顺生态环境领域的政府间事权与支出责任；推动绿色预算改革，提高财政资金使用效率和综合效应；加强财政金融联动，发挥市场对绿色资源要素配置的决定性作用；适应绿色产业国际竞争的新形势，完善支持产业绿色转型的财政政策体系。

关键词： 绿色发展　财政体制　财政政策　绿色财政

目 录 ⟲

I 总报告

II 专题篇

Ⅲ　借鉴篇

皮书数据库阅读**使用指南**

总 报 告 ᗡⴺ

B.1

绿色财政转型：理论要义与发展脉络

陈少强*

摘 要： 绿色财政是政府为防范化解生态环境领域公共风险而颁布实施的一系列财政制度、财政政策、财政监管等的统称。传统的外部性理论不足以解释绿色财政转型实践，本报告提出将公共风险理论作为其理论基础。自建立分税制财政体制以来，我国绿色财政转型经历了初始期、加速期和深化调整期几个阶段。绿色财政转型的实践对我国经济社会发展和生态文明建设产生了积极影响，同时也面临着认知不确定性、制度建设不确定性和外部环境不确定性等问题。展望未来，本报告就绿色财政转型的全面转型、重点转型、制度转型和协同转型提出把绿色转型与协同转型、创新转型和安全转型结合起来，把绿色生产和绿色消费结合起来，协同推进降碳、减污、扩绿和增长；着力推进产业结构、能源结构、交通运输结构和城乡建设结构等重点领域的调整，强化绿色科技创新和先进绿色技术推广应用，加快形成节约资源和保护环境的生产方式和生活方式；大力推进绿色低碳发展的财政标准体

---

* 陈少强，经济学博士，中国财政科学研究院资源环境和生态文明研究中心主任、研究员，研究方向为资源环境财政政策。

系建设、财政体制安排和财政管理制度建设等对策建议。

关键词: 绿色财政转型　公共风险　不确定性

一　绿色财政转型的理论要义

（一）绿色财政转型的定义

1.绿色财政旨在实现生态环境公共风险最小化

我国有关绿色财政的文献相对较少，一般是从财政分配的角度来看的。如有学者认为，绿色财政是基于绿色经济、以国家为主体的分配活动，包括绿色生产要素的分配，也包括个人绿色收入的分配。[①] 这种观点将绿色财政置于绿色生产要素和收入的初次和再次分配环节进行讨论。这种定义描述了财政活动的表现方式，但对绿色财政的内在动机和作用机理缺乏清晰认知，没有明确绿色财政参与初次分配和再分配的动机和标准是什么等基本问题，为此本报告拟从绿色财政动机的角度进行研究，并提出生态环境领域公共风险最小化是绿色财政的研究前提。

（1）防范化解公共风险是财政发挥作用的前提

在生态环境领域，财政参与相关治理活动的依据是将生态环境的自然灾害以及次生灾害风险降至最低。

生态环境领域的公共风险突出体现在气候变化领域。在《联合国气候变化框架公约》中，气候变化被定义为"经过相当一段时间的观察，在自然气候变化之外由人类活动直接或间接地改变全球大气组成所导致的气候改变"。气候变暖、酸雨和臭氧层破坏是气候变化的三个主要表现形式，其中

[①] 曾纪发：《构建我国绿色财政体系的战略思考》，《地方财政研究》2011 年第 2 期，第 64~67 页。

气候变暖问题最为突出。

全球气候变暖源于人类工业活动如燃烧煤炭、石油等化石燃料所释放二氧化碳传递至大气层并带来的"温室效应"。这种由"温室效应"带来的气温上升给人类带来了一系列公共风险：冰川消融和退缩的速度加快，海平面上升导致人类面临着洪水、干旱以及饮用水减少的风险；暴雪、暴雨、洪水、台风等极端天气频繁出现，给人类生命财产安全和发展带来严重威胁；地球气温上升破坏了粮食生态系统，造成粮食减产，引发饥荒；生物多样性的环境受到破坏，人类生存和发展的可持续性受到影响，等等。

上述风险是典型的全球公共风险，几乎所有人都可能因为气候变化而蒙受损失，本文将这些损失的可能性称为直接的公共风险。面对这些风险，企业可以采取预防措施，如通过购买商业保险降低风险，但商业保险有时难以发挥作用或者不能发挥作用，需要政府出面，通过政府干预或者引导，提高人类防范公共风险的能力。其中，财政就是政府防范公共风险使其最小化的有力举措，政府通过一系列财政举措（如税收政策和支出政策等）和改革举措（如预算管理改革）降低公共风险。

除防范上述直接公共风险之外，财政还着力于防范化解以下生态环境领域的公共风险：环境污染引致的公共风险，如环境污染对居民健康产生威胁或者周边地区（如上下游地区）的发展受到妨碍；经济运行引致的公共风险，如传统产业的资产价值贬值而带来的系统性经济风险；社会运行引致的公共风险，如由资源环境政策引致的公共风险（失业、企业关停等）而导致社会的不满和动荡，等等。

（2）参与生态环境领域的财政统称绿色财政

政府为防范化解生态环境领域公共风险而颁布实施的一系列财政制度、财政政策、财政监管等的统称就是绿色财政。"绿色"是一个比喻的说法，是为了降低生态环境损害带来的风险、改善环境质量、提高居民福祉。

绿色财政要求突破传统财政"唯 GDP"的理念和做法，在财政核算、预算管理、支出测度、税收体制等方面引入绿色理念、标准和工具等内容。绿色财政的提出标志着财政治理的方式和范式的重大变革。基于防范化解生态环境领域公共风险的绿色财政将逐步纳入政府决策并被社会公众所接受。

2. 绿色财政转型是基于绿色低碳转型的财政

随着绿色财政概念的提出，如何向绿色财政转型便成为各界关注的话题。现有文献对绿色财政转型的理解大致有两种。一类是狭义的理解。如曾纪发认为绿色财政体系包括绿色预算、绿色税收、绿色转移支付、绿色政府采购、绿色财政管理等；刘西明认为绿色财政的框架包括绿色投资、绿色采购、绿色税收与补贴等。[①] 另一类的理解范围则更为宽泛，认为绿色财政的内容在包括绿色预算、绿色税收、绿色收费、绿色采购、绿色补贴之外，还包括绿色补偿、绿色转移支付、绿色投融资等内容。本文将绿色财政转型分为财政收入绿色转型、财政支出绿色转型、财政管理绿色转型。

（1）财政收入绿色转型

绿色财政转型的重要表现是财政收入的绿色转型。经济决定财政，经济发展方式和运行质量决定了财政收入的质量。在传统农业社会，财政收入来自农业生产。在传统工业社会，财政来自矿产和能源活动，以及工商业活动。在工业社会初期，技术水平不高，对资源能源的依赖度大，相当一部分财政收入来自煤炭和石油等自然资源。随着技术进步和政策导向的变化，产业随之转型，适应人民对美好生活向往的节能减排、绿色低碳发展、资源循环利用的生产方式和消费方式也成为发展的必然产物。相应地，财政收入（包括税收收入、非税收入、债务收入、其他收入）的来源结构发生变化，财政收入的"绿色"度逐步提升。

绿色财政收入包括一般公共预算收入（税收收入、非税收入等）、政府性基金收入、国有资本经营预算收入和社会保障预算收入等。当然，广义上的绿色财政收入还包括绿色债券等收入。与传统财政收入不同的是，绿色财

---

① 曾纪发：《构建我国绿色财政体系的战略思考》，《地方财政研究》2011 年第 2 期，第 64~67 页；刘西明：《中国绿色财政：框架与实践浅述》，《中国行政管理》2013 年第 1 期，第 124~125 页。

政收入强调财政收入来源的绿色低碳化。简言之，绿色财政转型过程也是产业绿色低碳转型的过程。

绿色财政收入制度作为一种制度安排，要明确财政收入对象（对哪些产业的哪些收入征收）、财政收入征收依据（征收依据是碳排放还是排污水平等）、财政收入负担（税费水平）、财政收入减免范围（什么情况下减免或者抵扣）、财政收入征收主体（是财政部门征收还是税务或者海关征收）、财政收入分成（是否在中央或者地方政府间分担）等。

（2）财政支出绿色转型

财政支出绿色转型的具体表现一是财政支出方式绿色化。绿色财政支出用于突出生态环境保护和生态修复、突出对产业绿色化的发展、对绿色低碳生活方式的支持以及对国际和贸易活动中对气候变化、生物多样性、降碳、节能等领域的支持。二是财政支出制度的绿色化。与财政支出活动绿色化相适应，财政支出科目、财政支出测度的标准和方法等基本财政制度也正展现绿色发展的要求。绿色财政支出制度作为一种制度安排，包括绿色财政支出的对象和范围（哪些领域需要优先支持）、绿色财政支出的方式（是财政直接投资还是通过政府引导基金投资、是前补助还是后补助等）、绿色财政支出的规模水平、绿色财政支出结构、绿色财政支出效果评估、绿色财政支出的资金来源（是哪一层级的政府）、绿色财政支出监督、绿色财政支出透明度、绿色财政支出的程序等。

（3）财政管理绿色转型

①财政核算绿色转型

现行财政制度和政策是基于传统经济价值和成本的核算、计量、统计等而构建起来的，未来的绿色财政制度和绿色财政政策要以核算生态环境价值和经济价值并重的价值结构为基础，财政基础核算的绿色化成为绿色财政支撑的"第一支柱"。为此需要重塑财政的微观基础，在碳核算、生态环境价值核算、测量和统计方法上进行重大改革和创新，以建立起新的收入、支出、会计、资产、负债等财政计量和核算体系，进而夯实绿色财政制度和政策的制度基础和微观基础。

②财政标准绿色转型

在建立起一套核算价值和成本的方法论体系之后，建立相应的绿色财政收支标准便成为绿色财政支撑的"第二支柱"，未来我国可通过大数据、互联网等现代财政管理方法，探索建立绿色财政支出、绿色财政收入的数据库，为绿色财政收支的标准化提供基础。

③财政绩效绿色转型

有了绿色财政的核算方法和核算标准，下一步就是建立绿色财政的收支科目，让绿色财政收入和支出的用途、规模等能在财政管理体系中显现出来，这便成为绿色财政的"第三支柱"。通过这一支柱性支撑，能够让政府部门、企事业单位等落实绿色财政制度和政策，进而发挥财政在国家治理中的基础性作用。

④财政体制绿色转型

绿色财政管理体制是财政体制在绿色低碳发展领域的一种延伸，主要包括以下方面的内容：一是绿色发展领域的政府事权和支出责任，它规定了不同政府级次和政府部门间在这一领域的事权和支出划分情况；二是政府间绿色转移支付，它规定了政府间绿色转移支付的形式、职责、流程、资金使用、管理范围、绩效评估等内容；三是财力和事权、支出责任匹配的制度安排，规定了绿色财力的来源和使用渠道。

（二）绿色财政转型的理论基础

1. 外部性理论的解释及其局限性

（1）外部性理论对绿色财政转型的解释

外部性是指经济主体的行为对其他经济主体行为带来影响但并没有承担相应的责任。外部性理论源于 Marshall[1] 和 Pigou[2] 对工业生产对于社会和个人影响的分析，分为正外部性和负外部性。

---

[1] Marshall A. , *Principles of Economics：An Introductory Volume*（London：Macmillan，1890）.

[2] Pigou A. C. , *The Economics of Welfare*（London：Macmillan，1920）.

在绿色低碳转型过程中出现的外部性问题，导致市场难以形成最佳均衡，造成市场失灵。如图 1 所示，市场供求关系在 $Q_{市场}$ 处达成均衡，但由于供应商通过技术研发等成本追加所形成的外部利益未充分体现，包括外部利益后的社会价值的均衡点为 $Q_{最佳}$，$Q_{最佳} > Q_{市场}$，市场供给不足，导致市场失灵。在工业化过程中，人类重视经济投入和产出，而忽视工业活动带来的生态环境资源的外部性问题，如资源枯竭和环境恶化。加勒特·哈丁将这一现象描述为"公地的悲剧"①。

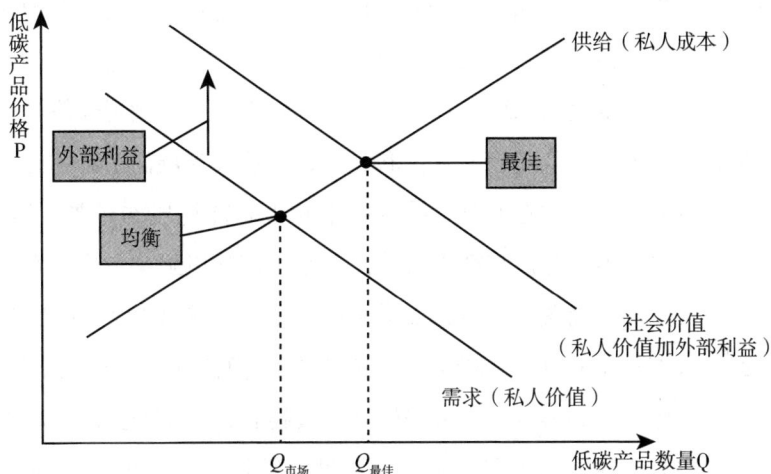

图 1　低碳产品市场中的外部性

解决外部性的关键点在于将外部性的成本或者收益进行内部化。如在图 1 中，政府通过财政补助等方式将这部分的外部利益返还给供应商，通过供应商付出成本或者将外部收益内部化为供应商收益的方式，形成新的最佳均衡点。②

外部性理论对于国内有关财政绿色转型、资源环境财政理论和政策等领域的研究影响较大。不少学者从绿色经济理论和可持续发展思想入手，吴玉

---

① Garrett Hardin, "The Tragedy of the Commons," *Science* 162（1968）：pp. 1243-1248.

② 解决外部性问题内部化的手段还有通过明晰产权以及环境规制实现内部化等。

萍、董锁成在分析西部大开发中的生态问题时强调了绿色财政政策的作用及理论依据，指出其内涵是为实现可持续发展目标而采取的一种政府矫正市场机制。① 此后很多学者也是沿着这一思路，认为绿色财政是面对资源稀缺情况为保证公共产品和服务高质量供给、矫正市场配置生态资源失灵而做出的制度安排，核心逻辑是将效率、公平、稳定融为一体。②

（2）外部性理论解释力不足

外部性理论在阐释绿色财政转型方面有一定的效果，如能够较好地解释补贴政策为何能够在解决新能源产业的社会成本和企业成本的不匹配问题上发挥作用，但该理论解释也有其内在缺陷。

一是对宏观层面公共风险关注不够。外部性理论基于微观经济学的厂商市场理论，考虑的是厂商的经济成本和收益，但从宏观层面来看，有不少情况是，除经济成本之外，还有其他社会成本和生态环境成本。典型案例是，人们为追求物质消费而过度掠夺大自然而导致生态环境恶化。这种发展范式打破了人与自然的平衡关系，也给人类可持续发展带来压力。③ 世界银行在"气候变化行动计划（2021~2025）：支持绿色、韧性和包容性发展"报告中也指出，气候变化的影响，如失去生计、食物和饮水不安全以及对人力资本的不利影响等，加上贫困和不平等，对世界银行集团（WBG）减轻极端贫困和促进共同繁荣的双重目标构成严重威胁。当气候变化与其他社会、经济和环境压力相互作用时，复合风险就会出现，加剧不满情绪，加深原有的社会脆弱性。④ 气候变化还会增加流离失所人员、移民和不稳定因素的风

---

① 吴玉萍、董锁成：《绿色财政政策——西部山川秀美的首选政策》，《开发研究》2001年第1期，第25~28页。

② 韩文博：《试论绿色财政》，《财政研究》2006年第1期，第56~58页；严立冬、郝文杰、邓远建：《绿色财政政策与生态资源可持续利用》，《财政研究》2009年第12期，第37~40页；魏娜：《"绿色财政"与"绿色经济"——以辽宁省为例》，《科技管理研究》2013年第7期，第214~217页。

③ Stiglitz E. J., *The Price of Inequality: How Today's Divided Society Endangers Our Future* (New York: W. W. Norton, 2013).

④ Rigaud, Kanta Kumari, et al., Groundswell: Preparing for Internal Climate Migration, 2018, https://doi.org/10.1596/29461.

险，并与地缘政治、区域发展失衡等密切关联，这些复合型的公共风险很难用传统的外部性理论来有效解释。

二是难以适应新的发展方式的要求。传统发展理论使用 GDP 这一产出衡量标准，将物质财富生产和消费最大化作为首要目标，夸大了商品和服务对福祉的作用，未充分考虑生产和消费对生态环境、公共卫生和社会福利的威胁。[①] 环境经济学理论关注经济发展对环境的影响，但其将环境挑战视为外部性问题，没有考虑到技术进步条件下传统工具和政策的管理问题。[②] 越来越多的学者认识到，绿色低碳发展不仅仅是外部性问题，也不仅仅是化石能源替代和技术进步问题，还涉及发展范式的转变。[③] 在新的发展范式条件下，与传统的公共财政相比，绿色财政治理和财政政策的理念、标准都要发生转型。

2. 公共风险理论为绿色财政转型提供理论支撑

基于不确定性的公共风险理论近年来在财政理论、财政政策、财政行为等研究方面得到广泛运用，其核心思想是防范和缓解公共风险，实现公共风险的最小化。公共风险理论从人与自然协调发展的角度，努力实现人与自然领域公共风险的最小化。

（1）绿色财政转型的目的是降低公共风险

绿色财政转型的目的是降低人与自然领域的公共风险。风险即发生损失的可能性，既包括市场风险也包括社会风险和自然风险，既包括国内公共风险也包括国际公共风险。财政的使命就是防范和化解绿色低碳转型过程中出现的公共安全和公共利益损害风险。

一是防范生态环境风险。我国一些地区特别是长江黄河上游地区，面积辽阔，生态位置凸显，但这些地方生态较为脆弱，地区固碳能力不强，如果

---

① Stiglitz E. J., Fitoussi P., Durand M., *Beyond GDP: Measuring What Counts for Economic and Social Performance* (Paris: OECD Publishing, 2018).

② Nordhaus W. D., "Climate Change: The Ultimate Challenge for Economics," *The American Economic Review* 6 (2019): pp. 1991-2014.

③ 朱民等：《拥抱绿色发展新范式：中国碳中和政策框架研究》，《世界经济》2023 年第 3 期，第 3~30 页。

不通过中央转移支付或者生态补偿的方式予以支持，会影响区域乃至全国的生态安全，也影响碳达峰碳中和目标的实现。

二是防范能源安全风险。开发利用非化石能源是实现碳达峰碳中和的必由之路，但非化石能源可能对电网消纳产生一定的冲击，影响供电安全，财政需要加强对新兴电力系统的支持。此外，防范碳达峰碳中和工作进程中的能源安全风险，也是绿色财政政策的重要任务。碳达峰碳中和目标提出后，一些地方理解中央碳达峰碳中和的精神不到位，为了减少碳排放，随意去产能，关停并转一些在建项目。为防范"碳冲锋"带来的经济社会风险，绿色财政政策应当支持传统能源产业有序和公正转型，如实施煤炭清洁化等。

三是防范发生地区风险。由于历史原因，资源枯竭型城市、东北老工业基地、西部地区在推进产业结构和能源结构转型升级等方面面临技术、资金、政策等方面的困难，单靠自身无力翻身，需要中央或者省级政府通过财政转移支付等方式予以扶持，以促进地区绿色低碳转型。

四是防范产业安全风险。碳达峰碳中和对传统高耗能产业提出了更高的要求，这些产业被要求进一步降低碳排放强度和提高能效水平，而我国自"十一五"时期以来将单位 GDP 能耗降低作为经济和社会发展的重要约束性指标之一，三个五年规划期以来，我国在该指标的引导下，高耗能产业通过淘汰落后工艺设备，实施重点节能工程，能源利用效率持续提升，目前很多产品和行业的能耗水平都已达到较为先进的水平，节能潜力已得到较为充分的释放。在短期内高耗能产业技术水平相对稳定的情况下，进一步减碳无疑将给传统能耗产业带来巨大的经营压力，并逐步影响到下游的高端制造业以及生产性服务业，危及我国产业链、供应链的安全，因此，为避免产业空心化，防止产业链的失衡，需保障各产业特别是制造业的产业安全，维持制造业在产业减碳过程中的平衡发展，维持经济和产业安全稳定。

五是防范外部输入风险。受资源能源禀赋、经济发展阶段和经济产业结构等方面的影响，我国碳达峰碳中和面临较大的要素约束压力，国外发达国家特别是欧美国家打着减缓气候变化压力的旗帜，以开展碳关税为名构筑绿色贸易壁垒，影响我国相关企业的出口和就业，给我国财政运行带来负面影响。在这种情况下，我国作为主权国家需要通过一系列财政制度和政策的安排，捍卫我国合法权益，防范外部输入风险。

（2）绿色财政转型的过程是降低公共风险的过程

财政覆盖范围广，关乎各主体的利益、成本和风险，绿色财政转型的进度、方式、范围等都受到各相关因素的影响而存在不确定性。选择绿色财政转型方式要充分考虑到公共风险的最小化，以防止转型失败。

一是绿色财政转型要考虑到经济产业发展中的公共风险。绿色财政转型伴随着产业绿色低碳转型，也伴随着产业转型摩擦，即产业绿色低碳转型过程中催生新业态的同时，也会增加传统产业转型和升级过程中的经济成本，如产量下降、价值降低、投资规模萎缩、产业外移等，特别是在我国实现碳达峰碳中和过程中必然伴随着大量传统产业的退出或者转型，这对于处于工业化中后期的中国而言，产业低碳转型摩擦成本及其经济风险将长期存在。

二是绿色财政转型要考虑到社会运行的公共风险。在产业绿色低碳转型过程中，传统产业调整导致就业机会减少，在新的产业带来足够的就业机会之前，面临着就业和社会保障问题，给社会稳定带来压力。此外，经济产业转型过程中伴随着财政收入的减少以及对民生保障投入的减少，可能引发新的社会矛盾。这种社会风险甚至有可能成为左右绿色财政转型的前置性要素，稍有不慎，将给社会安全和稳定带来重大风险。

三是绿色财政转型要考虑到财政自身的风险。绿色财政转型也可能对财政自身的可持续性产生影响。首先，产业绿色转型给财政带来风险。产业绿色转型短期内会减少传统产业带来的财政收入，而财政支出一般都有刚性，由此可能产生收支缺口，增加财政赤字和债务风险。其次，绿色财政转型带来的财政风险。从总量上看，财政收支浮动不大，但可能对某些地区（资源型城市等）产生较大的负面影响，导致这类地区财政状况紧张，在转移支付等没有到位的情况下，也容易产生财政风险。

（3）绿色财政转型的评估要考虑公共风险因素

对绿色财政转型涉及的多项内容（财政政策、财政体制、财政管理、财政监督等）的评估，也要充分考虑公共风险因素，即绿色财政转型的结果是否有利于降低公共风险，绿色财政转型的过程是否伴随着公共风险的累积等。

二 绿色财政转型的发展脉络

（一）绿色财政转型的初始期（1994～2012年）

1. 建立环境保护的税费框架

1994年我国初步建立起适应社会主义市场经济的财税体制。在消费税方面，主要是调整税率和税目，以促进环境保护和资源节约，更好地引导生产和消费。《财政部 国家税务总局关于调整和完善消费税政策的通知》（财税〔2006〕33号）对消费税税目、税率及相关政策进行调整。为促进节能减排，《财政部 国家税务总局关于调整乘用车消费税政策的通知》（财税〔2008〕105号）将乘用车消费税政策进行了调整，如对气缸容量在1.0升以下（含1.0升）的乘用车，税率由3%下调至1%。为促进节能减排和经济结构调整、规范政府收费行为和实现社会公平负担，《财政部 国家税务总局关于提高成品油消费税税率后相关成品油消费税政策的通知》（财税〔2008〕168号）讨论了提高成品油消费税税率后相关成品油消费税政策问题。

在资源税改革方面，从2005年起我国开始调整部分资源税应税品目税额标准。虽然资源税调整幅度不大，但其象征意义更加明显，主要体现国家开始通过税收手段重视资源开采利用带来的环境问题。当然，也存在资源税征税范围窄、计税依据不合理、税负低等问题，这也促成了日后资源税的全面改革。

此外，国家也在其他税收政策方面体现了绿色发展的要求，如2005～2007年国家分批分期调低了"两高一资"（高能耗、高污染和资源型产品）行业的出口退税率，以支持节约型社会的建设；2007年12月修订的《中华人民共和国耕地占用税暂行条例》提高了税额标准，将外资企业纳入耕地占用税的征收范围，从严控制减免税项目。

2. 设立节能减排财政支出科目

2007 年，我国新设"211 环境保护"支出科目。2008 年政府收支分类科目在 2007 年"211 环境保护"支出科目下新增加"能源节约利用、污染减排、可再生能源"共 3 款环境保护支出科目。2009 年，"211 环境保护"支出科目数量发展为 15 款。2011 年，我国在原"211 环境保护"支出科目下又新增了一些能源节约和资源利用款项，将科目名称改为"211 节能环保"，环境保护的范围由此从污染治理、生态修复扩大至能源节约等领域。

（二）绿色财政转型的加速期（2013~2023年）

1. 加大生态环境保护和修复财政投入

为打好污染防治攻坚战，我国也加大了相关领域的政府投入力度。一是增加大气污染成因攻关、燃煤锅炉治理、挥发性有机物治理等的投入力度，推动实现减污降碳协同治理、$PM_{2.5}$ 与臭氧协同治理等。二是支持打好碧水保卫战。三是支持打好净土保卫战。据统计，2016~2018 年，全国财政生态环保相关支出规模累计安排 24510 亿元，年均增长 14.8%，增幅高于同期财政支出增幅 6.4 个百分点，占财政支出的比例由 3.7% 提高到 4.2%。其中，中央财政生态环保相关支出累计安排 10764 亿元，发挥了重要作用。[①]

统筹推进山水林田湖草一体化保护和系统治理。我国通过竞争性选拔方式选择重要的功能生态区，进行重点项目的修复和治理，比如在"十三五"时期总共遴选 20 多个项目，在"十四五"时期的 2021~2022 年共遴选了 19 个项目，这些项目都是国家重点的功能生态保护项目，涉及长江、黄河以及松花江等重要区域，涉及青藏高原，涉及湿地保护，中央财政对每个项目补

---

① 《打好污染防治攻坚战 三年财政投入累计达 2.45 万亿》，人民网，2019 年 12 月 25 日，http://npc.people.com.cn/n1/2019/1225/c14576-31522676.html。

助 20 亿元。

此外，我国还积极完善林业草原的支持体系。中央政府安排林草基金深入推进大规模的国土绿化行动，大力支持天然林保护修复、退耕还林还草和林业草原治理等。

表 1　党的十八大以来部分中央财政示范试点项目

试点开始时间	项目	牵头单位	基本情况	投入资金
2016 年	山水林田湖草生态保护修复工程试点	财政部国土资源部环境保护部	2016～2018 年实施了 3 批"山水林田湖草生态保护修复工程"试点，每批 3 年时限	中央财政按照首批和第二批每个试点 20 亿元、第三批每个试点 10 亿元的标准下拨资金，2016 年以来，中央财政已累计下达重点生态保护修复治理资金 360 亿元
2016 年	蓝色海湾整治行动（海洋生态修复）	财政部国家海洋局	2016 年开始，连续实施 4 年	中央财政按照每个沿海省（自治区、直辖市、计划单列市）总额 4 亿元，一般市、区（地级市）总额 3 亿元的标准安排奖励资金
2017 年	北方地区清洁取暖试点	财政部住房城乡建设部环境保护部国家能源局	试点示范期为三年（2017～2019 年）	中央财政奖补资金标准根据城市规模分档确定，每年安排标准：直辖市 10 亿元，省会城市 7 亿元，地级城市 5 亿元
2018 年	黑臭水体治理示范城市	财政部办公厅住房城乡建设部办公厅生态环境部办公厅	试点期限为 2018～2020 年，分三批试点，每年支持 20 个左右城市	中央财政按第一批每个城市 6 亿元，第二批每个城市 4 亿元，第三批每个城市 3 亿元给予定额补助

资料来源：根据相关资料整理。

2. 明确中央和地方的环境事权划分

党的十八大以来，我国加快了绿色财政制度建设的步伐，突出表现为逐步形成和完善中央和地方在生态文明和绿色发展中的事权和支出责任。2016 年，国务院发布《国务院关于推进中央与地方财政事权和支出责任划分改革的指导意见》，要求适度加强中央的财政事权、保障地方履行财政事权。2018 年，国务院办公厅印发《基本公共服务领域中央与地方共同财政事权和支出责任划分改革方案》。2020 年，国务院办公厅印发《生态环境领域中央与地方财政事权和支出责任划分改革方案》，对生态环境规划制度制定、生态环境监测执法、生态环境管理事务与能力建设、环境污染防治等领域的中央与地方财政事权和支出责任进行划分。

3. 推进税收绿色化

在税收政策方面，我国注重发挥税收政策在节能环保和产业绿色转型中的激励和约束作用。就税收激励机制而言，对新能源汽车免征车辆购置税和车船税，对环境保护、节能节水项目给予企业所得税优惠，对资源综合利用产品实行增值税即征即退，对风电、核电等新能源发电实行增值税优惠政策，对生产大型清洁高效发电等重大技术装备所需进口的关键零部件和原材料免征进口关税和进口环节增值税，对电力、新能源、核能产业等国家鼓励类项目进口设备免征关税等。就税收约束而言，对排放大气、水、固体废物、噪声等污染物的单位征收环境保护税，大幅提高成品油消费税税率，通过提高进口关税来支持国内相关产业的发展。①

在税收制度方面，我国也注重建立健全绿色税制。2016 年 12 月 25 日，第十二届全国人民代表大会常务委员会第二十五次会议通过了《中华人民共和国环境保护税法》，2017 年 12 月 25 日，《中华人民共和国环境保护税法实施条例》获得通过并于 2018 年 1 月 1 日起施行。2019 年 8 月 26 日，第十三届全国人民代表大会常务委员会第十二次会议通过了《中华人民共和国资源税法》。

4. 深化财政管理方式改革

继续推动节能减排财政支出科目改革。2012 年以后，我国进一步调整和优化政府收支分类科目。例如，调整"天然林保护""风沙荒漠治理""退牧还草"等款项。2015 年，我国进一步将"资源综合利用"更

---

① 郗进兴：《支持绿色低碳发展的财政政策》，《财政科学》2023 年第 1 期，第 104~109 页。

名为"循环经济"。到 2022 年，我国共有 15 款 61 项"211 节能环保"支出科目。

（三）绿色财政转型的深化调整期（2024年起）

2024 年，深入学习贯彻全国生态环境保护大会精神，处理好高质量发展和高水平保护等关系，加强生态文明建设，全面推进美丽中国建设。持续深入推进污染防治攻坚，加大生态环境保护力度，积极稳妥推进碳达峰碳中和，以及健全生态文明建设相关制度机制等。[①]

三 绿色财政转型中的不确定性问题

绿色财政转型在减污降碳、打好污染防治攻坚战、促进生态保护修复和提升生态系统多样性稳定性持续性等方面发挥积极作用，同时也面临一系列不确定性问题，需要在未来的转型中予以关注。

（一）对绿色财政转型认知的不确定性

对于绿色财政转型，社会上对其要不要转、如何转等基本问题存在争议，不少地方政府担心绿色财政转型的风险，导致绿色财政转型的内生动力不足，尚未能形成绿色财政转型的行动自觉和制度自觉。

1. 绿色财政转型能否成功

绿色财政顺应了生态文明发展和"双碳"战略的需要，但在实际操作中，一些地方对财政是否需要转型仍心存疑虑，主要是担心地方财政风险。一方面，财政支出压力增加。对于地方而言，防范多重公共风险的压力并行。防范生态环境领域的公共风险和防范经济社会领域的公共风险都很重要，后者是显性的目标，必须完成，前者是隐性目标，虽然重要但缺乏明确

---

① 《关于 2023 年中央和地方预算执行情况与 2024 年中央和地方预算草案的报告》，财政部官网，2024 年 3 月 14 日，http://www.mof.gov.cn/zhengwuxinxi/caizhengxinwen/202403/t20240314_3930581.htm。

的激励约束机制，防范化解生态环境领域公共风险也会增加地方支出压力。另一方面，绿色财政转型可能影响财政收入。绿色财政转型要求传统产业特别是传统工业企业进行调整，而新的产业培育又有一个过程，如果转型失败，传统产业的税收收入锐减，而新的产业的税收在初期不大可能有明显增长，可能导致地方财政收入减少或者出现大幅波动，化解生态领域公共风险衍生出其他公共领域的风险。在这种情况下，一些地方推动绿色财政转型时的积极性、主动性和创造性大打折扣。

2. 绿色财政转型的公共收益和公共成本能否清晰界定

绿色财政的目的是公共风险最小化，而公共风险又是公共收益和公共成本的差额，公共成本高于公共收益越多，公共风险就越大。但在绿色财政转型过程中，科学合理界定公共收益和公共成本面临很大挑战。例如，就公共成本而言，既有现实的公共成本，如经济成本、社会成本以及生态环境领域的公共成本，也有历史成本，如何衡量这些成本成为现实的难题，若没有对成本的清晰判断，绿色财政政策的力度和方向的把握就无从谈起。同样的，公共收益（价值）如何判断、测算和计量，也是绿色财政转型需要认真考虑的问题。不同的社会领域对公共成本和收益的价值判断不同，这给绿色财政转型的方向、力度、标准、节奏带来不同的认知。

（二）绿色财政转型制度建设的不确定性

绿色财政转型的不确定性还体现在绿色财政自身建设的不确定性，这包括绿色财政标准体系建设、财政体制改革以及财政管理改革等方面面临的不确定性。

1. 绿色财政标准体系建设的不确定性

一是绿色财政测量标准的不确定性。正如财政收支核算要基于国民经济账户体系（SNA），绿色财政也要依赖相应的生态系统生产总值（GEP），没有充足的微观基础——价值和成本核算的基础体系、方法论体系、标准体系等作为基础支撑，绿色财政转型无论在理论体系构建还是现实政策活动上都难以落地。

二是绿色财政支出标准的不确定性。财政支出标准是财政治理活动的一个难点，通过大数据固然能够克服支出标准的不足，但由于样本存在区域和行业的"异质性"，一些项目支出标准存在不可比的问题，给财政规范化治理带来难度。就绿色财政转型而言，绿色财政支出标准也存在较大的不确定性，受地理位置、气候条件、区域面积、海拔甚至经济社会发展水平不同的影响，同样类型的绿色支出项目可能存在较大的支出标准上的差异。如何构建适合中国特色的绿色财政支出标准，也需要较长时间的检验。

三是绿色财政收入标准的不确定性。绿色财政转型的一个重要标志是财政收入有多少是"绿色"的，即财政收入多少来自绿色低碳产业。一般说来，绿色低碳产业比重越高，绿色财政收入的比重也相应提高。尽管如此，在实践中判断绿色低碳产业面临现实挑战。例如，光伏产业被公认为绿色低碳产业，因为光伏发电是公认的清洁能源，这是从结果层面来说的。但从过程层面来看，光伏发电的重要原材料硅片的生产过程耗费大量的电力甚至还伴随着一定程度的污染，从这个角度看，光伏发电产业也未必是绿色低碳产业，相应地财政收入也未必就是绿色财政收入。又如，传统高耗能产业（钢铁、水泥等产业），所产生的财政收入被认为是"黑色"或者"褐色"财政收入，但如果通过绿色低碳转型升级，达到控制污染和（或）降低能耗的目的，其财政收入就应当是绿色财政收入，不过在多数情况下，这种产业带来的财政收入通常又被计入非绿色财政收入。由此看来，绿色财政收入标准不能仅仅看字面上的产业分类，更多是看是否真正达到绿色低碳标准，而后者在实际判断和认定上存在着较大的争议。

四是绿色财政转移标准的不确定性。转移支付是处理政府间财政关系和理顺财政体制的重要一环，随着绿色发展理念的深入，如何将绿色发展的理念蕴含于转移支付之中，也是绿色财政转型不可回避的问题。我国在建设生态文明过程中，也出台了一系列带有绿色转移支付功能的转移支付政策，如重点生态功能区转移支付、资源枯竭型城市转移支付等，一些地方（浙江省等）近年来也在探索通过绿色转移支付推动绿色低碳发展、实现省内区域协同和共同富裕等目标，取得了不错的效果。不过，对于国内大部分地区而言，绿色生态转移支付刚刚起步，绿色转移支付的标准尚未建立健全，如何实现转移支付的绿色化与数字化、均等化等目标的协同，也有待解决。

2. 绿色财政体制改革的不确定性

政府事权、支出责任和财力的匹配是财政体制的重要方面，也是财政体制改革面临的现实难题之一，这种匹配随着绿色财政转型而变得复杂起来。

一是关注绿色财政转型中的政府间事权如何划分。绿色财政转型是一项系统工程，涉及面广，相关政府间事权划分较为复杂。以国家公园为例，在国家公园的建设运营中，中央、省和地市间的政府事权如何界定一直是困扰政府的一个现实难题，政府绿色事权涉及的范围广泛，包括生态修复、水环境治理、水生态保护、森林保护和修复、湿地保护、生物多样性、流域生态补偿以及相关产业转型中的经济政策（支持产业绿色低碳转型的财政政策等）和社会政策（相关安置人员的社会保障、就业、森林公安和治理等），这些事权涉及政府间、政府部门间的职责权利的关系，在实践中没有先例，需要逐步探索，稳步推进。

二是关注绿色财政转型中的支出责任如何确定。绿色财政转型中也涉及政府支出责任和市场责任的划分，一些项目应该由政府承担转型责任还是由市场承担责任，也需要在实践中逐步摸索。在绿色低碳转型中，一些绿色低碳项目属于政府和社会资本共同合作的项目，各自支出责任也更加复杂，也都需要在实践中逐步确定。

三是关注绿色财政转型中的财力如何保障。绿色财政转型需要财力保障，无论是对冲外部带来的成本收益不匹配问题，还是应对绿色转型中的经济转型摩擦成本补偿问题，都需要财力的保障。对于政府主体而言，是通过各类地方财政收入还是上下级政府的财政体制收入（转移支付收入或者上解收入），是通过政府一般预算收入还是通过政府债务收入，等等问题，都需要结合财政运行和各地经济社会实际情况综合判断。

四是关注上述三要素之间如何匹配。政府事权、财政支出和财力三要素的匹配也是一个现实难题，其匹配的目标、依据、标准、方式等也是一个复杂的系统工程，特别是在实现碳达峰碳中和过程中，各级政府上述要素之间的匹配，将是一个动态的适应性过程。

3.绿色财政管理改革的不确定性

一是财政科目账户管理制度建设的不确定性。现有有关绿色财政支出科目较多体现在生态环境修复保护、节能减排科目，大量有关绿色支出分布在科技、农业、林业、水利、工业等领域，导致缺乏专门的绿色支出统计制度、测量标准和方法论体系。

二是绿色资产负债和会计核算体系建设的不确定性。由于缺乏绿色核算的基础和方法论体系，在绿色资产、负债和会计核算方面缺乏相应的方法论体系和标准。

三是绿色采购制度的不确定性。当前，我国政府绿色采购工作取得很大进展，但同时也面临着采购范围有待拓宽、采购人绿色采购责任意识有待增强、政府绿色采购监管手段有待提升以及绿色采购的配套政策有待进一步丰富等短板问题。

四是绿色财政监督制度建设的不确定性。绿色财政更多是一种学术探讨和政策探索，有关绿色财政监督尚未从制度层面建立健全起来。

（三）绿色财政转型外部环境的不确定性

绿色财政转型也受到经济、贸易、能源、社会等外部环境的影响而出现不确定性。

1.经济环境的不确定性

绿色财政转型的力度、步伐和节奏，与经济环境有很大的关系。经济决定财政，有什么样的经济基础，就决定了有什么样的财政治理形态。产业绿色化、绿色产业化快速推进，也会对绿色财政转型的节奏和进度产生较大影响。但是，产业绿色化和绿色产业化是有成本的，企业和消费者能否从中获益，决定了产业绿色化和绿色产业化的进度和节奏，企业和消费者的投票结果，也决定了绿色财政转型的进度和节奏。在经济循环过程中，各种因素交织，共同决定了经济增长的规模和结构，也影响了经济绿色化的节奏和力度，进而对绿色财政转型产生影响。而这些因素的不确定性，也构成了绿色财政转型的不确定性。

2. 贸易环境的不确定性

随着我国产业竞争力的提高，发达国家借机对我国大打"环境牌"，多方面对我国施压。2021年7月19日美国参议员克里斯·库恩斯和众议员斯科特·彼得斯分别在参议院和众议院提出了将于2024年1月1日对进口到美国的特定商品施行"美国企业为遵守限制温室气体排放的法律法规而产生的成本"的"边境碳调整"法案（公平过渡与竞争法案）；① 2022年7月6日，美国民主党参议员怀特豪斯联合其他参议员在第117届国会上提出了美国设立的基于碳强度的碳边境调节的立法提案（清洁竞争法案）的草案；② 2023年6月7日，美国民主党参议员克里斯·库恩斯和共和党参议员凯文·克雷默联名提出了一项法案，要求排放强度可靠、客观、可核查并保持透明度；③ 2021年10月31日，美国和欧盟达成了美欧钢铝协议。美国上述涉碳方面的法案或者协议尚未正式实施，但也能清晰地反映出美国相关法案将对我国相关产业特别是高碳产业的发展产生重大影响。此外，2021年11月，美国国会正式通过《基础设施投资和就业法案》（又称两党基础设施法案），2022年8月9日美国总统拜登签署了《芯片与科学法案》，2022年8月16日签署了《通胀削减法案》，这些法案以发展经济和振兴产业为名，带有明显的针对中国新能源产业发展的意图。国外发达国家特别是欧美国家打着减缓气候变化的旗帜，以开展碳关税或者收费为名构筑绿色贸易壁垒，将气候变化议题政治化，影响我国相关企业的出口和就业，也给我国财

---

① White & Case, Legislation to Impose "Border Carbon Adjustment" Fee on Imported Steel and Other "Carbon-Intensive" Goods Introduced in US Congress, https://www.whitecase.com/insight-alert/legislation-impose-border-carbon-adjustment-fee-imported-steel-and-other-carbon.

② https://www.congress.gov/bill/117th-congress/senate-bill/4355/text? s=1&r=1.

③ https://www.cramer.senate.gov/news/press-releases/sens-cramer-coons-introduce-bill-to-identify-emissions-intensity-of-domestically-produced-goods.

政运行带来了负面影响。在这种情况下，我国作为主权国家需要通过一系列财政制度和政策的安排，捍卫我国合法权益，防范外部输入风险。

3. 能源环境的不确定性

防范碳达峰碳中和工作进程中的能源安全风险，也是财政政策的重要任务。自碳达峰碳中和目标提出后不久，一些地方狭隘理解中央碳达峰碳中和的精神，为了减少碳排放，随意去产能，关停并转一些在建项目，这种碳达峰变成"碳冲锋"的风险是巨大的，毕竟，煤炭在我国能源中的主体地位短期内不会改变，2020 年中国消费总量 49.8 亿吨标准煤，煤炭消费量占能源消费总量的 56.8%，2020 年电力行业碳排放占全国碳排放总量比重为 37%。[①] 在这种情况下，大量关停燃煤电厂固然可以大幅度降低碳排放总量，但传统燃煤电厂的迅速退出将对我国正常的经济和社会秩序产生极大的冲击，带来我国能源安全的不确定性，绿色财政转型应当支持传统能源产业有序实现绿色低碳转型，如实施煤炭清洁化等。

4. 社会环境的不确定性

社会环境是特定地区的人口构成和人的行为活动的总称。绿色财政转型的方向、需求和供给等基本问题，最终是由"人"推动和决定的。在建立社会主义市场经济体制中，人口规模和结构、人口转移、人口消费行为等存在不确定性，这种不确定性也决定了绿色财政转型的不确定性。

四　绿色财政转型的未来展望

未来绿色财政转型存在几个趋势性特点。

（一）全面转型

绿色低碳发展是国际潮流所向、大势所趋，绿色经济已经成为全球产业

---

① 贾卫列：《一文讲透碳中和：政策、机遇、挑战、应对…》，碳交易网，2022 年 3 月 25 日，http://www.tanjiaoyi.com/article-36772-1.html。

竞争制高点。未来财政绿色转型，要着力于解决资源环境生态突出问题，要把绿色转型与协同转型、创新转型、安全转型等结合起来，要把绿色生产和绿色消费结合起来，协同推进降碳、减污、扩绿和增长。

（二）重点转型

绿色财政转型也要聚焦经济社会发展的重点领域，着力推进产业结构、能源结构、交通运输结构、城乡建设结构等重点领域的转型，强化绿色科技创新和先进绿色技术推广应用，加快形成节约资源和保护环境的生产方式和生活方式。

（三）制度转型

绿色财政转型也要"刀刃向内"，推进财政体制机制的改革，包括但不局限于基于绿色低碳发展的财政标准体系建设、财政体制安排、财政管理制度建设等。可以预期，未来我国绿色财政转型将在这些方面逐步推进。

（四）协同转型

一是绿色财政政策工具手段的协同。绿色财政政策工具手段的协同是实施绿色财政政策的有力措施，根据绿色财政政策目的的不同，财政政策协同可以有多种组合多种分类：按照绿色财政收支政策组合形式分类，可以分为减支增收类政策协同、增支增收类政策协同、增支减收类政策协同等多种协同形态；按照收支政策预期效果划分，可以分为激励性财政政策和约束性财政政策；按照财政政策目标划分，可以分为保障绿色安全的财政政策和实现绿色发展的财政政策。

二是绿色财政政策工具与其他政策工具的协同。财政政策的外部协同体系包括：绿色财政政策与其他经济政策工具（绿色金融政策、价格政策、投资政策、土地政策等）的协同；绿色财政政策与社会政策的协同，包括绿色财政政策与人口政策的协同，以有效利用和分配绿色资源；绿色财政政策与生态环境政策等的协同，以发挥财政治理环境的基础性和保障性作用、实现生态环境保护、减少污染和碳排放、促进绿色发展等为目标。

参考文献

〔英〕亚当·斯密：《国民财富的性质和原因的研究》，郭大力、王亚南译，商务印书馆，2008。

李杰刚、成军：《河北省"四个财政"建设总体框架与基本思路》，《经济研究参考》2011 第 64 期。

Case A., Deaton A., *Deaths of Despair and Future of Capitalism*, (New Jersey：Princeton University Press, 2020).

Coase R. H., "The Problem of Social Cost," *The Journal of Law & Economics* 10 (1960).

Deaton A., *The Great Escape：Health, Wealth, and the Origins of Inequality* (New Jersey：Princeton University Press, 2015).

Easterlin R. A., "Does Economic Growth Improve the Human Lot? Some Empirical Evidence," in Paul A. David and Melvin W. Reder, eds., *Nations and Households in Economic Growth* (Cambridge：Academic Press, 1974).

Keynes J. M., *Translated by Wang Linanl：Keynes Collected Works* (Beijing：Reformation Press, 1999).

Piketty T., "About Capital in the 21st Century," *The American Economic Review* 5 (2014).

B.2

2023~2024年中国绿色财政政策实践：
分析与展望

樊轶侠*

摘　要：　2023年以来，中国绿色财政政策的实践主要体现在：支持打好污染防治攻坚战，污染防治向纵深、精准扩展；持续推动生态补偿和重要生态系统保护修复；稳中求进推进能源转型；建设绿色生态科技，推动产业链和创新链融合。本报告分析了2023~2024年中国绿色财政政策的亮点及存在的主要问题，建议下一步的绿色财政政策可从如下几方面着眼：一是加强整体观念，发挥财政政策在协同推进降碳、减污、扩绿、增长中的引领作用；二是加强统筹协调，进一步理顺生态环境领域的政府间事权与支出责任；三是推动绿色预算改革，进一步提高财政资金使用效率和综合效应；四是加强财政金融联动，发挥市场对绿色资源要素配置的决定性作用；五是适应绿色产业国际竞争新形势，完善支持产业绿色转型的财政政策体系。

关键词：　绿色财政　减污降碳　财政政策

一　2023~2024年中国绿色财政政策实践重点

（一）支持打好污染防治攻坚战，污染防治向纵深、精准扩展

一是蓝天保卫战持续推进。政府在推进"蓝天保卫战"方面取得了持

---

* 樊轶侠，经济学博士，中国财政科学研究院研究员、博士生导师，研究方向为绿色财政、财政理论与政策、数字经济。

续进展。2023 年，用于大气污染防治的预算达到 330 亿元，较上一年增长 10%（见图 1）。政策倾斜的重点领域是大气污染治理，并通过加强财政专项资金绩效和应用效果的评价，提高财政资金的使用效率，以协同推进减排和降碳工作。在北方地区，冬季清洁取暖政策得到深入实施，支持范围稳步扩大，清洁取暖资金额达 134.4 亿元，新确定了 25 个城市，纳入支持范围。这一系列举措旨在加强对空气质量的管控，促进环境保护和可持续发展。

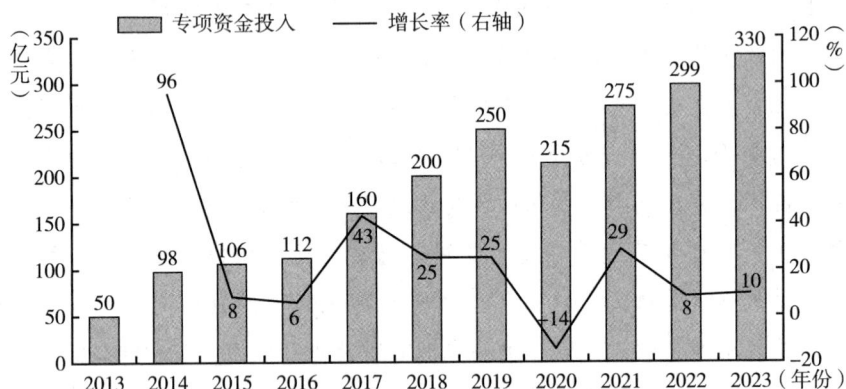

图 1　2013~2023 年大气污染防治专项资金投入

资料来源：财政部网站。

二是水质保卫战取得了显著进展。2023 年，用于支持长江、黄河等重点领域的水污染防治资金达到 257 亿元，该治理过程关注关键江河和湖泊水资源、水生态和水环境的整合和协调治理。政府采取措施通过优化横向流域生态补偿政策等措施引入多样化补偿策略加强流域之间的生态保护补偿。此外，拓宽农村黑臭水体的治理试点范围，为农村环境问题的解决提供了更多实践和经验。这一系列措施旨在加强对水资源的保护，推动水生态环境的改善，为全面推进水质保卫战提供了坚实基础。

三是持续推进土壤污染防治工作。2023 年，为打赢净土保卫战，政府投入了 44 亿元用于土壤污染的防治。防治的主要目标是处理重金属长期污染、保障农用地的安全、防控检测重污染企业，以及建设用地的可持续使用。为了实现这些目标，政府采取了一系列措施，包括提高地方绿色政策宣传力度等，推动污染治理和土地绿色化使用的风险管理。此举旨在确保农产品的质量，维护居民的生活环境安全，并通过引导地方加强项目规划和资金投入，全面推动土壤污染的防治工作。

总体而言，2023年中央财政投入水污染防治专项资金为257亿元，与上一年相比增长了8.9%，大气污染防治330亿元，与上一年相比增长了10%，土壤污染防治44亿元，与上一年持平，以及农村环境整治20亿元，与上一年相比下降50%。总体来看，财政环保支出投入呈现逐年增长趋势，特别是在水污染和大气污染防治领域，显示了政府对生态保护和环境治理的重视程度（见图2）。

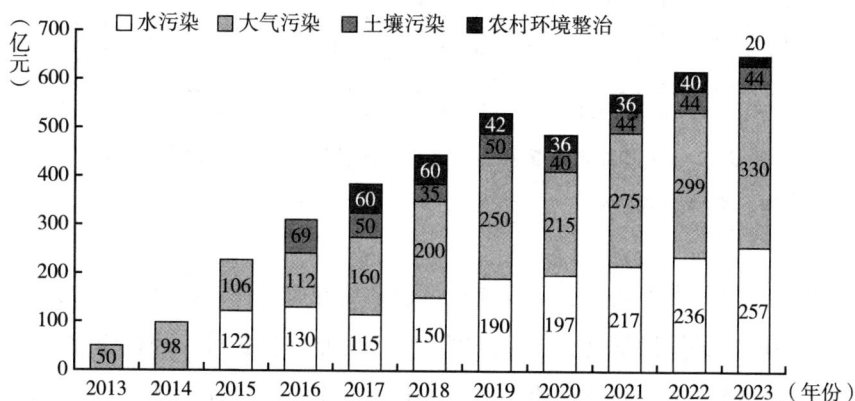

图2 2013~2023年中央财政对生态环境保护专项资金投入情况及其结构

注：水污染专项资金2015年设立，土壤污染防治资金2016年设立，农村环境整治专项资金2017年设立。

资料来源：财政部、中商产业研究院。

（二）持续推动生态补偿和重要生态系统保护修复

一是国家重点生态功能区转移支付稳步推进。从2011年开始，中央财政推出了国家重点生态功能区转移支付计划，资金逐年增长，从2011年的300亿元增加到2023年的1091亿元（见图3）。为适应新的情境和需求，财政部修订后的《中央对地方重点生态功能区转移支付办法》（以下简称《办法》）涵盖了不同类型的补助和考核奖惩措施。特别是转移支付的核算中，地区的生态环境保护投入与产出的变化是关键考量。总的来看，2023年的转移支付提升县级生态环境质量整体较好、稳中向好。

图3　2011~2023年国家重点生态功能区转移支付资金规模及占比

资料来源：财政部网站。

二是实施一批重大生态修复项目，包括处理历史遗留废弃矿山、进行林业和草原的生态保护修复、围绕国家公园实施整体保护等，通过修复项目建设自然保护地体系。此外，还在全范围开展国土生态环保行动，对天然的土地、林木、草地生态资源进行保护治理。加强生态补偿力度，提高生态保护的执法力度，多方面对国家野生动植物和生态湿地进行保护。对沙化的土地进行封禁保护并提供相应的生态补偿，进一步加强森林防火和有害生物防治工作。对那些在土地林草生态保护和修护工作中取得显著林长制工作成效的地区给予奖励。另外，中央财政的专项资金还用于支持沿海城市在全海域、全周期内进行海洋生态保护与修复，以提升海洋生态环境的质量并增强其碳吸收能力。

三是深入改革生态保护补偿机制，强化政府引导，鼓励社会参与，确保市场有效调控。首先，地方政府在2023年积极推动上下游流域横向生态补偿机制的建设。为了支持长江和黄河流域的水污染防治工作，中央财政分别划拨 20 亿元和 10 亿元，用于横向生态补偿机制的实施。此外，还安排了 6 亿元的奖励资金，用于支持其他流域的横向生态补偿机制的实施，包括对汀江—韩江流域、东江流域以及河北天津引滦入津流域各 2 亿元的资金支持。[①]

其次，于 2023 年 6 月发布的《财政部 生态环境部 水利部 国家林草局关于延续黄河全流域建立横向生态补偿机制支持引导政策的通知》支持黄河流域的生态保护工作，在资金利用的多元化、生态保护补偿机制、国土空间保护利用等方面引入了创新措施。中央财政计划设立专项资金，用于支持黄河流域的生态保护和高质量发展，主要包括加强生态保护和提升水资源利用效率等。要强化绩效管理，巩固生态保护补偿机制实施成果。要积极创新多元化补偿方式，探索建立全面覆盖、权责对等、共建共享的横向生态保护补偿模式，促进区域间良性互动，加快实现流域高水平保护和高质量发展。

最后，2022 年通过竞争性评审，25 个城市获得支持，全面启动海绵城市建设。同时，一些项目在山、水、林、田、湖、草的保护与修复上有所改进。中央财政在 2022 年为海洋生态项目拨款 40 亿元，资助 16 个沿海城市的相关项目。还有 40 亿元的奖补资金用于 20 个国土绿化试点项目，目的是加强国土的绿化工作，增强生态系统的碳吸收能力，进一步支持碳达峰碳中和工作。[②]

（三）稳中求进推进能源转型

为了贯彻落实《财政支持做好碳达峰碳中和工作的意见》，政府致力于进一步完备和优化财税政策，在工业、交通和建筑等重要行业支持绿色与低碳技术的创新。政府加强对清洁能源的支持，提高煤炭的清洁使用效率，同时促进可再生能源和非常规天然气的发展，旨在构筑新型能源体系。此外，政

---

① 《关于印发〈财政支持做好碳达峰碳中和工作的意见〉的通知》，中国政府网，2022 年 5 月 31 日，https://www.gov.cn/zhengce/zhengceku/2022-05-31/content_5693162.htm。

② 《关于印发〈财政支持做好碳达峰碳中和工作的意见〉的通知》，中国政府网，2022 年 5 月 31 日，https://www.gov.cn/zhengce/zhengceku/2022-05-31/content_5693162.htm。

府还通过绿色采购策略，引导更多的政府资金流入绿色低碳行业。为实现能源绿色转型目标，政府着力降低清洁能源生产成本，推动绿色可持续发展。进一步加强地区间的合作与交流，充分利用先进地区的经验，推广其成功模式。

一是支持常规和非常规天然气发展。鼓励地方政府出台相应的财政支持措施，加强相关基础设施如天然气管网、存储调峰设备、煤改气项目、天然气交通工具和船用 LNG 服务站等的建设。为了刺激天然气生产，中央财政采用"多增多补、冬采冬补"的原则，并根据产量进行不同级别的奖励。同时，为确保天然气的普及，一些地方政府对城乡低收入人群的天然气使用给予一定的补贴。

二是支持发展非化石能源。可再生能源电价附加补助资金筹集机制是一种通过对电价增加附加费用的方式来筹资的机制。这种机制旨在为电网企业提供资金，支持电网企业收购光伏、风电、生物质等可再生能源产出。此外，还通过所得税、增值税等方面的税收优惠政策，大力支持风电、光伏、核电等行业快速发展。自 2021 年起，国家财政资金不再为新安排的新增风电、太阳能发电（户用光伏除外）项目提供电价补贴，生物质能发电电价补贴也启动竞争配置确定电价并在几年内逐步退出电价补贴。自 2022 年起，户用光伏也全面进入无补贴阶段。

三是支持新能源汽车产业的发展。财政部门与相关机构一直在持续调整和完善新能源汽车的购置补贴政策。为了促进新能源汽车产业的健康发展，《财政支持做好碳达峰碳中和工作的意见》中对补贴的技术要求有所提高，并逐步调整了补贴金额。为进一步巩固和扩大新能源汽车产业发展优势，2023 年中央明确延续和优化新能源汽车车辆购置税减免政策，决定将新能源汽车车辆购置税减免政策延长至 2027 年年底，减免力度分年度逐步退坡，并对新能源乘用车减免车辆购置税设定减免税限额。初步估算，2024~2027年减免车辆购置税规模总额将达到 5200 亿元。[1]

---

① 《稳中求进推动能源转型》，国家能源局网站，2022 年 1 月 21 日，http：//www.nea.gov.cn/2022-01/21/c_1310437796.htm。

四是全面落实工业以及重点行业领域碳达峰实施工作。2023年继续推进支持建筑、交通和工业等关键领域的节能减排工作，促使这些行业更广泛地采用清洁能源、低碳能源和新能源，促进能源低碳绿色转型。2023年着重投产石化、船舶、航空等市场领域急需的关键零部件和重点材料，产业链、供应链绿色化、高端化和安全性水平持续提升；加快落实新能源汽车免征车辆购置税政策，鼓励新能源汽车消费，推动新能源产业发展；全面优化布局乙烯、煤化工等重大项目，落实绿色能源领域以及重点工业行业碳达峰实施计划。

（四）建设绿色生态科技，推动产业链和创新链融合

政策绿色创新计划着手攻克在绿色环保领域的创新型、前沿型和低碳型技术攻关项目。这些项目涉及可再生能源、煤炭清洁低碳使用、能源绿色转型和新能源汽车等，旨在进一步促进绿色低碳技术的研发和应用。同时，政府通过设立国家科技成果转化引导基金，以支持产业在绿色低碳方向的发展，加速了绿色生态科技效益的提高。政府通过选择若干关键战略性产业链，采用"按产业链确定攻关任务、揭榜挂帅确定攻关主体、依验收成效确定补助资金"的模式，促进绿色低碳技术的广泛应用，解决关键产业链的难题，推动实现高质量发展。总体而言，这一系列措施旨在降低环境影响，促进科技成果的产业化，推动经济向更绿色和可持续的方向发展。

二　2023~2024年绿色财政实施主要政策手段

（一）紧盯重点领域和关键环节，加大财政资金保障力度

中央先后发布文件，通过流程再造、权责重置等措施，明确资金的支持、分配、管理和使用等，进一步优化了资金分配流程，完善了资金管理体系，确保了财政资金的规范、高效和安全使用。

财政部于2023年4月发布了《关于修改〈节能减排补助资金管理暂行

办法〉的通知》，将节能减排财政支持资金的范围进行修改，具体包含：燃料电池汽车示范应用、新能源汽车推广应用补助资金清算、循环经济试点示范项目清算、充电基础设施奖补清算、节能降碳省级试点报经国务院批准的相关支出等六个方面。再如，财政部于2024年2月发布修订后的《重点生态保护修复治理资金管理办法》（以下简称《管理办法》），对重点生态补偿领域资金的预算管理、支持领域、分配措施等进行了具体规定。中央财政资金牢牢把握生态补偿的重点领域和关键环节，不但强化财政资金保障而且提供明确的财政支撑，建立多重长效机制不断提高资金使用效率。在全国范围存在财政紧张的形势下仍然加强对重点生态保护修复和治理的推动工作，发布的《管理办法》主张央地财政把资金用在关键领域，以更加精准、科学、系统地推动生态补偿工作，对未在自然保护、生态保护和耕地保护范围内的项目不予支持。

（二）完善市场化多元化投入机制，强化生态环境补贴政策引导功能

一是明确政策导向，为生态环境领域市场化多元化投入提供政策指导和方向。财政部2022年发布的《财政支持做好碳达峰碳中和工作的意见》，明确提出要健全市场化多元化投入机制、研究设立国家低碳转型基金等。中央财政通过设立生态保护和高质量发展奖补资金，明确支持建立以财政支持、市场参与为导向的资源多元化实施机制，提出积极利用世界银行、亚洲开发银行、欧洲投资银行等国际金融组织和外国政府贷款，开展生态环境保护与修复、绿色农田建设和农业高质量发展、沙化土地可持续治理等项目。

二是通过多种方式支持生态环境领域政府和社会资本合作项目。利用政府投资基金的引导作用，吸引社会资本参与生态环境保护和修复项目。例如，我国国家绿色发展基金探索实施的项目类投资模式是可复制、可推广的，基金参与的泗水河流域综合治理、长江下游生态综合治理、长江岸上的尾矿修复治理项目，都引导资金直接投向工程建设和项目的日常运营，而不是简单投到子基金或投到企业，有力推动了跨省重大项目的实施。

（三）提升政策效能，加强税收、补贴和政府采购等政策的协同

自党的十八大召开以来，"绿水青山就是金山银山"的理念已经深入人心，并促进了绿色与可持续发展相结合的税收体系的逐渐完善。在政策制定上，特别关注提升财政资金、税收、政府采购、金融等政策的"组合拳"效果。

绿色采购的应用范围逐年扩展。近几年，财政部主要通过政府绿色采购支持绿色建材品质提升试点工作，2022年10月，财政部将政策试点的实施范围拓展至48个市辖区，不断探索如何通过政府采购支持引导绿色建筑发展，从而降低建筑行业生产经营成本。绿色采购领域改革取得了卓有成效的阶段性成果，绿色建材运用比例大幅提高，建筑品质显著提升、建材行业转型升级。再如，2023年底，国家发改委发布的相关公告中强调，公共机构要充分发挥示范带动作用，积极落实政府绿色采购政策，鼓励采购先进水平产品设备。[①]

一些地方引入"金融活水"，推进财政金融全方位、宽领域、多层次融合。例如，浙江湖州等地开展绿色金融改革试点，率先将财政、发改、工信、环保等多个指导单位对产业绿色转型的相关要求和政策导向，与国家和区域特色相结合，构建了一套"非绿、浅绿、中绿、深绿"连续光谱的认定评价标准，推动金融机构对包括传统高碳企业在内的不同绿色等级的企业和项目，给予差异化的财政金融服务。同时，财政资金的有限性决定了其对金融资本的激励方式不能过于单一，仅依靠"补助"和"贴息"难以促进财政金融有效协同，浙江省推动政策有机联动，注重放大政策叠加效应，在财政带动社会资本投入、激励金融机构参与和创新金融产品等多个层面开展创新。

（四）不断加强财政预算管理，相关领域财政预算管理的底座逐步夯实

相关领域财政预算管理的底座逐步夯实。2022年3月，国家发改委和国家

---

① 《中央预算管理一体化系统操作规程科研项目管理补充规定》（财办发〔2023〕83号）。

统计局发布了《生态产品总值核算规范（试行）》，其中详细规定了生态产品总值的核算标准、方法、数据来源和统计标准。于 2022 年 12 月出台的《黄河流域生态保护和高质量发展奖补资金管理办法》，明确采取因素法测算分配奖补资金，主要包括生态环境保护因素、生态功能重要性因素、转型发展成效因素、补齐公共服务短板因素四大类。

预算绩效管理不断加强。财政部门出台或修订了一系列资金管理制度和绩效评价办法，理顺预算协议、资金使用、项目建设等重点领域的执行机制。2024 年，财政部、国家林草局发布的《国家公园资金绩效管理办法》要求加强国家公园资金使用管理，明确国家公园资金绩效管理坚持全程覆盖，实施绩效目标管理、绩效监控、绩效评价、结果应用等全过程绩效管理机制，坚持"一类一策"，区分不同国家公园定位，根据建设管理、生态保护修复、生态资产和生态服务价值、资金管理等，按照"一类一策""一园一策"的原则建立健全绩效指标体系。

三　2023～2024年中国绿色财政政策面临的主要问题和挑战

（一）降碳、减污协同的政策效应尚待提升

尽管中国已经制定了一系列环境保护和应对气候变化的政策，但在具体的执行中面临政策协同不足的问题。

一是财政在减污降碳协同增效中职责定位不清晰。在跨部门协同中，财政还广泛存在被动买单的现象。减污降碳工作由财政、发改、工信、环保等部门多头管理，分工和协调机制不明确。在不少省份，减污的资金管理和绩效考核主要由省生态环境厅完成，降碳工作主要是省发改委在牵头，政策制定多是从本部门所承担的职责出发，财政部门成为被动买单的角色，难以从更高层面形成政策和资金合力。高层次统筹机制的缺位导致减污降碳协同增效尚未成为各级财政政策制定、预算安排、绩效评价的主线。

二是减污降碳协同增效中的财政投融资带动机制有待健全。当前地方财政收入较为紧张，社会资本参与显得尤为重要。全国节能环保支出占一般公共预算支出比重 2019 年是高点，2020~2023 年地方自有资金进行的节能环保支出明显下跌，中央对地方转移支付只增不减。部分地方政府面临经济发展、民生保障和环境保护支出之间的权衡问题，在财政紧平衡的背景下，地方融资平台的投资能力受限，对社会资本的牵引作用就更为有限。"环保贷"、碳配额抵押等减污降碳融资手段在部分省份有试行，但还缺乏引导激励，也未能打通减污降碳协同融资增信的环节。

三是财政在减污降碳协同增效绩效管理上尚未将两个指标科学链接。一是财政实施减污降碳协同增效奖补的主要依据是环境改善和碳排放下降数据，但各地方统计口径和核算能力差别较大，造成奖补标准的权威性和科学性受损。二是大部分地方财政对降碳的奖补方案仍缺乏有效的数据抓手，普遍反映碳排放双控的基础尚未夯实。

（二）中央地方政府间绿色财政支出责任协调难度大

一是绿色技术创新方面的央地支出责任协调难度较大。从技术上看，减污降碳协同增效根本上靠技术，要抓紧布局低碳零碳技术研发攻关、成果转化等项目，力争以技术上的先进性获得产业上的主导权。中央和地方在基础性、通用性技术研发支持工作上如何形成合力，中央财政如何引导带动地方支持减污降碳协同增效技术研发，尚待探索。

二是横向生态补偿方面的央地支出责任协调难度大。如在黄河流域生态保护和高质量发展中，中央财政积极协调流域上下游、左右岸地区导向性实施生态保护补偿，强化中央生态补偿资金作用，进一步推动社会绿色发展预期。但是，横向生态补偿中往往面临着上下游利益难以协调的问题，如果中央的引导作用不予发挥，协议很可能谈不拢，机制也可能建不起来。同时，中央财政在水专项中对部分横向生态补偿典型地区给予奖补的做法，使资金使用面临绩效评估、支出范围等方面的现实制约，一些上游地区实际的生态保护投入缺口相当大。

三是国家公园领域的央地支出责任仍然存在模糊不清的情况。在国家公园管理的职能范围内，中央和地方之间的财政事权划分存在多个需要明确的方面。当前，国家公园管理中存在着权责边界不明确的问题。在大熊猫国家公园设计中，国家林业和草原局的下属机构大熊猫国家公园管理局作为试点的主体，在财政事权和支出责任方面仍然存在模糊不清的情况。与此同时，各省级林业和草原局虽然具有一定的财政实力，但财政事权和支出责任并未得到清晰划分。为了解决上述问题，一些地区采取了将责任下放的方式，导致不同级别管理机构之间存在矛盾和问题。这种状况需要更明确的财政事权划分和支出责任规定，以确保国家公园领域的管理更为稳健和高效。

（三）财政预算对经济社会发展全面绿色转型的牵引作用有待进一步发挥

在生态文明思想的指导下，我国不断强调财政预算对经济社会发展全面绿色转型的牵引作用，建设集约和可持续协同发展的现代绿色财政体制。绿色预算政策涉及多个领域，主要以"一事一议"的方式，政策缺乏足够的协同性，多层委托代理关系的存在导致绿色财政支出的归口缺乏管理和统筹机制。此外预算项目和环境贡献之间的影响因素复杂，存在项目和环境影响"一对多"的情况，再次增加了评估的难度。基础性制度设计方面，具体的标准和指南等尚待深入探索，生态补偿等方面的预算标准体系需要更为完善。总体来看，绩效评价指标主要关注反映预算资金的生态环境效益，对生态产品价值转化、带动社会资本投入等方面的评价有限，绩效指标设置科学性有待进一步提升。

（四）绿色财政与绿色金融的协同机制亟待探索

绿色金融宏观支持政策稳步推进，绿色金融产品创新激发市场活力，气候投融资试点启动。目前我国绿色财政和绿色金融政策在支持生态保护领域的耦合协调性不足。首先，在协同政策主体方面，中西部地区在跨部门沟通协作方面尚未建立有效的财政部门和金融部门沟通协同平台。其次，绿色财政和绿色金融政策在目标协同方面缺乏共识性，阻碍了生态产业发展、修复、保护的协同实施。再次，在政策措施实施过程中协同投入产出规模和结构不合理，存在协同技术和规模效率低等问题。最后，绿色财政和绿色金融之间的政策传导机制不畅通，在政策实施过程中存在各类的政策摩擦，不能达到互帮、互助、有效的政策合力效果。

（五）绿色贸易竞争加剧背景下我国绿色财政政策面临严峻挑战

在全球气候问题和工业污染影响的背景下，绿色低碳发展逐渐成为各国发展的目标，全球贸易逐步转向绿色发展贸易。各国都在积极推动绿色产业的发展，加强绿色技术的研发和应用，以提高本国绿色产品的竞争力。一些国家也在加强绿色贸易壁垒的设置，以保护本国的绿色产业和市场。2023~2024年全球绿色贸易竞争格局正在向更加多元化和复杂化的方向发展。欧美两大主要经济体频频围绕绿色能源、低碳转型和产业绿色发展发布各类政策，不断重塑国际气候治理格局，对全球产业链供应链绿色安全带来一定冲击。我国正在打造多元融合的绿色低碳产业链和高端战略性产业链，相关财政政策还有明显提升空间。

首先，一些国家以绿色低碳转型为借口，绕过世贸组织规则，增加其他国家产品进入这些市场的难度和成本，可能影响中国的出口和经济利益。如欧盟的《净零工业法案》、《新电池法》、碳边境调节机制等，都是以所谓的"强化绿色低碳发展"为由，对我国光伏、风电、锂电池、新能源汽车等优势产业出口和供应链安全造成一定冲击。

其次，欧美等发达国家在绿色低碳领域提供更多的财政补贴和政策支持，以扶持硅芯片和绿色技术的发展。但是，这可能引起国际间的"补贴竞赛"，加剧国际贸易的不平等性。如美国制定《削减通胀法案》，刺激绿色金融发展，将新能源汽车信贷拓展为清洁汽车信贷，取消每个制造商只能销售合格车20万辆的上限。欧盟则采取简化、加速和调整激励等措施，再放宽政策限制，以鼓励社会资金流向清洁技术研发，为欧盟发展高净零排放技术，提升产品制造能力提供有力的政策支持。我国需及时应对这些新竞争形势和国际环境，制定能源转型和绿色低碳重点建设项目的优先支持方案。

最后，欧盟2023年正式落地的碳关税政策对我国碳定价和绿色税收措施构成了挑战。当前中国全国碳排放行业只包含电力行业以及试点市场内部分欧盟碳边界调节机制（CBAM）相关行业。欧盟推出CBAM措施，势必与中国碳排放交易市场形成竞争。一是数据安全问题。由于在欧盟CBAM过渡期内需要将行业数据提交欧盟，会威胁到中国高碳行业碳排放敏感数据的安全。二是抵消标准问题。中国已经针对大气、水、固体废物、噪声等污染物实施了税费政策，对汽油实施了消费税，这些涉碳税费政策有效促进中国低碳目标的实现，然而对涉税、限制等措施没有明确的碳定价措施。未来中国如何调整绿色税收政策，以在对外贸易政策中体现出明显的碳排放调整作用，仍然面临诸多挑战，值得深入探讨。

四　中国绿色财政政策展望

（一）加强整体观念，发挥财政政策在协同推进降碳、减污、扩绿、增长中的引领作用

要加强整体观念，财政政策在协同推进降碳、减污、扩绿和增长中的引领作用，可以从以下几个方面进行。首先，确立整体目标，在财政政策的制定和执行过程中，明确降碳、减污、扩绿和增长的整体目标，确保各项政策措施相互协调、统一方向。在宏观层面完善绿色财政的发展原则和制度设计，破除绿色发展"唯GDP政绩论"，强调绿色标准对财政预算编制、税收政策和支出政策的指导，通过推动财政绿色转型顶层设计确保中央到地方各级政府发挥政策的绿色带头引领作用。

其次，促进多方参与，鼓励政府、企业、社会组织和公众等多方参与，共同推动降碳、减污、扩绿和增长的实现，形成政策共识和社会合力。进一步通过市场与政府协同发力构建绿色财政体制，坚持政府和市场双轮驱动，政府应通过政策参与引导市场资本的绿色投入，从而扩大市场，有效促进绿

色发展进程。加强国际合作与交流，学习和借鉴其他国家和地区的成功经验和做法，提升我国在降碳、减污、扩绿和增长等方面的政策水平和实践能力。

再次，优化资源配置，通过财政预算的调整和优化，重点支持与降碳、减污、扩绿和增长密切相关的项目和领域，确保资源得到有效利用和最大化效益。以供给侧绿色化改革为指引，在绿色金融、低碳行业等领域挖掘新增长点，运用绿色预算和绿色财政政策尽可能合理配置绿色资源。强化政策衔接，在降碳、减污、扩绿和增长等方面，加强政策的衔接和协同，确保各项政策措施之间的一致性和连贯性，形成政策合力。

最后，在微观层面培养社会主体的绿色生产和消费意识并规范其绿色行为。充分发挥微观主体的主观能动性，在生产领域以财政资金建立奖惩机制，推动企业绿色转型，以充足的财政资源支持绿色产业优先发展；在消费领域引导培育绿色消费意识，积极引导绿色低碳的消费模式。加强对行为主体的监督与评估，建立健全监督和评估机制，定期对财政政策在降碳、减污、扩绿和增长等方面的实施效果进行评价，随时修正和优化政策手段。通过以上措施，可以加强整体观念，发挥财政政策对降碳、减污、扩绿和增长等方面的协同引领作用，促进绿色和可持续发展的实现。

（二）加强统筹协调，进一步理顺生态环境领域的政府间事权与支出责任

加强统筹协调，进一步理顺生态环境领域的政府间事权与支出责任，可以从以下几个方面进行。首先，明确事权划分，在生态环境领域内，明确中央和地方政府的事权划分，确保各级政府在生态环境管理、保护和修复等方面的职责和权责清晰。健全并充分利用中央与地方的双重积极性机制，调整中央在生态保护等领域的责权分配，优化政府间的责权与财权界定，确立清晰的中央与地方财政关系。建立一个各级政府的职权、支出和财务能力相匹配的稳定体系，坚定地开展环境保护，加速生态文明建设，深化生态文明制度改革，为实现和谐共生的现代化美丽中国提供坚实支撑。

其次，建立中央和地方政府之间的生态环境协调机制，定期召开协调会议，及时解决事权和支出责任的问题和矛盾。构建生态文明建设的财政体制，使之与责权和支出相匹配。在纵向上，构建中央与地方以及省以下的生态项目财政补偿体系，确保财政投资力度，利用税收作为调节手段，提升财政支出的效益。同时，加大对生态创新、绿色科技等领域的财政支持，确保公共资金的最佳利用。建立健全生态环境领域的监督和评估机制，对中央和地方政府的事权执行和财政支出进行定期监督和评估，确保政策的有效实施。

最后，根据中央和地方政府的事权划分，统一生态环境领域的政策标准和执行规定，确保政策的一致性和连续性。在生态环境领域的财政支出责任划分中，明确中央和地方政府的财政支出责任，确保财政资源的有效配置和利用。鼓励政府、企业、社会组织和公众等多方参与生态环境领域的事权执行和财政支出，共同推动生态环境的改善和保护。加强中央和地方政府之间的信息共享和交流，提高政策的透明度和一致性，促进生态环境领域的统筹协调与合作。通过以上措施，可以加强统筹协调，进一步理顺生态环境领域的政府间事权与支出责任，促进生态环境的持续改善和保护。

（三）推动绿色预算改革，进一步提高财政资金使用效率和综合效应

构建绿色预算体系要从财政整体入手，基于国内发展状况，在借鉴国外成功经验基础上形成一套成熟和统一的绿色标准体系，在生态、效率、合理、科学发展理念的支撑下对政府支出展开评估，逐步形成以绿色支出和绿色税收为"两翼"、以政府和市场为"一体"的绿色预算体系。首先，明确绿色预算目标与指标，根据国家和地方的绿色发展目标，明确绿色预算的总体目标、中期目标和年度目标。设定具体的绿色预算指标，如节能减排、环境保护、资源循环利用等，为财政资金的使用提供明确的导向。建立绿色预算编制与执行机制，完善绿色预算的编制、审核、审议和执行流程，确保绿色预算的科学性、合理性和透明性。强化绿色预算的监督和评估机制，及时调整和优化绿色预算的使用方式和效果。

其次，加强绿色预算与政策的衔接，在绿色预算编制过程中，充分考虑各项绿色政策和措施的实施需求，确保财政资金的有效支持和保障。通过绿色预算促进相关部门和机构绿色发展的责任落实，推动绿色政策和措施的有效实施。激励绿色投资与创新，在绿色预算中设立专项资金或项目，鼓励企业、研究机构和社会组织参与绿色投资和创新活动。通过绿色预算提供财政支持和奖励，促进绿色技术、产品和服务的研发、应用和推广。

最后，加强绿色预算的信息披露与公众参与。完善绿色预算的信息披露制度，加强财政资金的透明度和公开度。通过绿色预算促进公众对绿色发展的了解和参与，提高社会各方对绿色预算的认同和支持。加强与其他国家和国际组织的绿色预算合作与交流，学习和借鉴国际经验和做法。通过绿色预算促进国际合作项目和活动的开展，共同推动全球绿色发展的实现。总体而言，推动绿色预算改革需要明确绿色预算目标与指标，建立绿色预算编制与执行机制，加强绿色预算与政策的衔接，激励绿色投资与创新，加强信息披露与公众参与，以及推动国际合作与交流，共同提高财政资金的使用效率和综合效应。

（四）加强财政金融联动，发挥市场对绿色资源要素配置的决定性作用

首先，加强财政金融联动并发挥市场在绿色资源要素配置中的决定性作用是一个多维度、多层次的任务。由于目前支撑产业绿色发展的财政、税收、金融政策体系的不完备，需要在不断优化绿色财政金融体系的基础上强化对政策实施绿色发展效果的评估，持续动态性地完善绿色财税金融体系。运用财政支出、税收调节、金融引导等手段，确保对制造企业绿色转型的全面覆盖，同时有针对性地支持关键领域的制造业企业，推动其更快速地实现绿色转型。强调财税金融政策的协调作用，共同推动制造业朝着绿色高质量发展的目标迈进。

其次，应当增强中央和地方财政对金融的支持，第一，设立专门的绿色金融支持基金，由中央和地方财政共同出资支持环保和绿色产业，包括但不

限于绿色债券、环境保护项目融资等。第二，制定和调整相关税收政策，对于从事环保和绿色产业的企业给予税收优惠，以激励其参与绿色转型。同时，建立健全的环境补偿税制，通过税收手段引导企业降低碳排放，减少污染。制定和完善绿色金融相关的法律法规，明确绿色金融的定义、标准和监管要求。建立统一的绿色金融信息披露和评估标准，提高市场参与者对绿色项目的信心。发布绿色投资的绩效评估和影响报告，为投资决策提供参考。

再次，优化绿色财政金融协同创新机制，促进绿色金融产品和服务的创新，支持绿色企业和项目的融资需求。通过财政政策和金融机制，降低绿色投资的风险和成本，吸引更多的投资者和资金参与绿色产业的发展。进行金融产品与工具创新，全面加强绿色财政金融信贷支持，促进多样化碳金融工具的发展，以提供更多选择，推动低碳经济的发展。开发和推广绿色债券、绿色信贷、绿色保险等绿色金融产品，满足市场投资者对项目的需求。推动绿色金融产品（债券、证券等）的创新，扩大绿色投资的规模和影响。

最后，加强对金融从业人员、企业家和公众绿色金融知识和意识的培训，提高其对绿色投资和可持续发展的理解和认识。建立多方合作与伙伴关系，建立和加强政府、金融机构、企业、非政府组织和国际机构之间的合作与伙伴关系，共同推进绿色金融的发展和实践。加强监管与风险管理，强化绿色金融的监管和风险管理机制，确保绿色投资的合规性和可持续性。加强对绿色项目的风险评估和管理，降低潜在的环境、社会和治理风险。通过上述措施和策略可以有效加强财政与金融的联动，发挥市场在绿色资源要素配置中的决定性作用，推动绿色和可持续发展的实现。

（五）适应绿色产业国际竞争新形势，完善支持产业绿色转型的财政政策体系

培育绿色产业核心竞争力是推动绿色经济发展和应对气候变化的关键。首先，加大财政支持力度。增加对绿色技术研发、示范项目和产业园区的财政投入，降低绿色企业的创新和发展成本。提供税收优惠、补贴和贷款担保等金融支持，吸引更多的资金和投资者参与绿色产业的发展。

其次，建立绿色产业标准与认证体系。制定和完善绿色产品和服务的标准与认证制度，提高绿色产业的市场准入门槛。通过财政补贴和奖励机制，鼓励企业提高产品和服务的绿色化水平，提升市场竞争力。加强绿色技术、产品和服务的国际合作和交流，引进和吸收国际先进的绿色技术和管理经验。通过财政支持和政策引导，鼓励企业和研究机构参与国际合作项目和活动，提升绿色产业的国际竞争力。

最后，进一步优化绿色税收政策体系。可进一步发挥燃油税、汽车购置税等绿色税收措施对碳减排的关键作用，结合欧盟 CBAM 等国际权威研究机构的计算方法对高碳全产业链产品涉碳税费进行统计，及时公布其碳排量和对应的减排效果，并争取进行豁免。加强碳减排政策措施的联动，做好碳定价机制内部协同，研究逐步引入碳配额有偿分配机制，从而通盘谋划碳定价机制构建、产业结构调整、能源结构调整和污染物减排节奏。

参考文献

安国俊：《绿色低碳发展的金融路径》，《中国金融》2024 年第 6 期。

安国俊、訾文硕：《绿色金融推动自贸区可持续发展探讨》，《财政研究》2020 年第 5 期。

樊继达：《财政支持生态文明建设：中国共产党的百年求索、经验及前瞻》，《财政研究》2022 年第 3 期。

冯帅：《面向碳中和的资金机制：欧盟方案与中国路径》，《求索》2024 年第 1 期。

胡丽娜、薛阳：《财政环保支出、财政压力与绿色发展》，《软科学》2023 年第 9 期。

石英华：《加大力度支持生态环保和绿色低碳发展》，《中国财政》2023 年第 11 期。

王桂娟、李充：《构建绿色财政加强生态文明建设》，《中国财政》2019 年第 12 期。

OECD, Green Budgeting: Towards Common Principles (2021).

专题篇

B.3
绿色转移支付的探索与展望

陈少强　何妮*

摘　要：　绿色转移支付是政府为了实现绿色低碳发展等目标而实施的转移支付行为，它是经济社会发展到一定阶段的产物。从改革路径来看，绿色转移支付按照多样化统筹的原则逐步推进。通过整理 2019~2023 年中央对地方转移支付相关数据发现，无论是一般性转移支付还是专项转移支付，转移支付绿色化的规模整体呈稳步上升趋势。在向绿色转移支付转型中，我国转移支付也面临着"绿色"元素如何体现、绿色转移支付如何制度化以及绿色转移支付如何可持续等现实问题。最后，本报告就绿色转移支付改革提出了科学界定绿色转移支付目标定位、转移支付体系有序体现"绿色"元素、推进绿色转移支付制度化、多措并举保障绿色转移支付可持续性等相关建议。

关键词：　绿色转移支付　绿色低碳发展　可持续发展

---

* 陈少强，经济学博士，中国财政科学研究院资源环境和生态文明研究中心主任、研究员，研究方向为资源环境财政政策；何妮，中国财政科学研究院研究生院博士研究生，研究方向为资源环境财政政策。

国内现有研究绿色转移支付的文献较少，主要体现在转移支付的绿色效应方面。有学者从生态转移支付的视角研究农产品开发后发现，生态转移支付对于支持绿色农产品开发具有环境效应与资金规模效应。[①] 也有学者从转移支付与绿色发展的关系入手进行研究，提出转移支付总体上对绿色发展存在"U"形关系，转移支付在跨越临界点前对绿色发展具有激励效应。[②] 随着我国生态文明思想的提出和践行，有关转移支付在生态和绿色低碳领域的政策改革实践也逐步展开，本报告主要分析我国绿色转移支付的探索实践，并对其未来展望作了简要勾画。

一　绿色转移支付相关概念

从现有文献来看，绿色转移支付的专门论述较少，大多集中在以下两个方面：一是绿色转移支付与生态转移支付等同，二是绿色转移支付既包括纵向转移支付，也包括基于生态补偿的横向转移支付。[③] 对于绿色转移支付内涵的表述，本报告认为有几个方面值得澄清。

（一）绿色转移支付和生态转移支付

生态是指生物在一定的自然环境下生存和发展的状态，也指生物的生理特性和生活习性。与生态相关的概念有生态系统、生态修复、生态环境保护修复等。生态系统指由生物群落与无机环境构成的统一整体。生态系统的范围可大可小，相互交错，人类主要生活在以城市和农田为主的人工生态系统中。生态修复的基础是生态学原理，结合各种物理、化学以及工程技术手

---

① 肖越、肖文海：《生态转移支付支持绿色农产品开发的机制分析与政策建议》，《江西社会科学》2021年第12期，第66~74页。

② 刘志强等：《转移支付对绿色发展的影响》，《合作经济与科技》2022年第7期，第167~169页。

③ 曾纪发：《构建我国绿色财政体系的战略思考》，《地方财政研究》2011年第2期，第64~67页。

段，达到修复污染环境效果佳和费用低的目的。综上，生态转移支付主要是基于人与生态系统的关系而言的，侧重于人类社会顺应自然、保护自然和修复自然的财政转移支付。

绿色转移支付的概念则较生态转移支付的概念要大。绿色转移支付不仅包括基于改善自然环境的转移支付，也包括人类社会内部的经济社会关系改善的财政支出。换言之，绿色转移支付的范围较生态转移支付的范围大的原因是，前者包括人类生产经营活动的更多方面，如绿色生产、绿色消费甚至绿色交换的部分内容，而不仅仅是改善生态环境的转移支付。

（二）绿色转移支付和纵向转移支付

纵向转移支付是指上级政府对下级政府的转移支付，如中央对各省的转移支付，以及省级政府对区县级政府的转移支付。在纵向转移支付中，近年来有日益增加绿色元素的倾向，如中央政府对地方政府的生态功能区转移支付、专项转移支付，以及部分省份基于绿色发展考量的转移支付或者补助。[①]当然，要说那些带有绿色特征的转移支付，是一种绿色转移支付制度，目前为时尚早，毕竟，绿色转移支付是建立在核算合理、标准科学、激励约束相容的基础上的转移支付制度。

（三）绿色转移支付和横向转移支付

绿色转移支付是否应体现为横向转移支付，即不同地区之间的政府通过建立资金池或者受益地区向提供生态环境服务的地区提供资金支持，也是绿色转移支付概念绕不开的一个命题。从财政运行的实践来看，中国客观上存着某些类似横向转移支付的支付行为，如对口援助、跨区域生态补偿和对口协作等。中国横向转移支付虽然客观存在，但并未在制度层面真正确立和实施。从这层意义上看，准确的说法应当是，绿色转移支付包含了某些横向转

---

① 正如本报告下文要阐述的，省级绿色转移支付的实施路径与中央绿色转移支付的实施路径更多地体现中央政策意图，具有强烈的自上而下特征，并且省级绿色转移支付改革探索更加灵活。

移支付特征，如政策导向性和政府合作性等。

本报告将绿色转移支付定义为：政府为了实现绿色低碳发展、碳达峰碳中和等目标而实施的转移支付手段。绿色转移支付本身是一种政府转移支付，是一种预算行为，要实现财政的其他基本职能，如资源配置、收入分配、社会稳定等。

二 中国转移支付的绿色化探索

（一）中央对地方转移支付的绿色化

1. 一般性转移支付的绿色化

（1）设立并完善国家重点生态功能区转移支付

重点生态功能区转移支付试点工作始于 2008 年，当时主要关注公共服务的均等化，促进地方经济社会协同发展。2011 年《全国主体功能区规划》出台后，重点生态功能区转移支付有了明确的划分和界定，并开始关注生态文明、绿色发展以及生态补偿体系的进一步完善。2016 年财政部将其设置为一般性转移支付子项目，所覆盖的县域数量也在不断增加，从 2008 年的 216 个逐渐扩展到 2024 年的 810 个，基本覆盖全国;[1] 从资金规模看，从 2008 年的 60 亿元增加到 2024 年的 1121 亿元，15 年间增加了约 18 倍。[2] 从分配方法和结构来看，主要采取因素法，即考虑人口规模、可居住面积、海拔、温度等成本差异系数，采用规范的公式化方式进行分配。从资金用途来看，主要由重点补助、禁止性开发补助、引导性补助和考核奖励与扣减构成，同时各年度根据国家生态文明建设进程增加了生态护林员补助等内容。从地区结构看，更倾向于中西部地区。

（2）持续关注资源枯竭型城市转移支付

为了解决资源枯竭型城市因资源开发产生的社保欠账、环境保护、公共

---

① 《全国生态功能区划（修编版）》。

② 财政部中央预决算平台。

基础设施建设和棚户区改造等历史遗留问题，自 2007 年起中央设立针对资源枯竭型城市的转移支付。

（3）生态环保因素在均衡性转移支付中的影响越来越大

现行中央对地方均衡性转移支付测算具有内在的"自动补偿"机制，标准收入主要根据税基和税率测算，标准支出根据人口、面积、海拔和各地成本差异等客观因素测算，地方政府因治理环境、减少污染、控制排放等削减工业项目以及生态环境工程建设等形成的财政减收增支，在其他条件不变的情况下，标准收支缺口自动放大，享受的均衡性转移支付规模也将相应增加。

（4）新增共同财政事权转移强调关注生态环保

2019 年，中央财政整合设立共同财政事权转移支付，用于履行中央承担的共同财政事权的支出责任，列入一般性转移支付。基础标准由中央制定和调整，所需资金按中央确定的支出责任分担方式负担。生态环保类项目是其中重要组成部分，既关系着基本公共服务水平，也影响经济社会发展水平。具体如表 1 所示。

表 1　共同财政事权转移支付下的生态环保类项目（部分）

项目资金	项目要点	项目文件
大气污染防治资金	专门用于支持大气污染防治和协同应对气候变化,实施期限至 2025 年; 重点支持范围:北方地区冬季清洁取暖,大气环境治理和管理能力建设,细颗粒物（$PM_{2.5}$）与臭氧（O_3）污染的协同控制,党中央、国务院交办的其他有关重要事项; 项目法与因素法相结合	《大气污染防治资金管理办法》
水污染防治资金	专门用于支持水污染防治和水生态环境保护,实施期限至 2025 年; 重点支持范围:流域水污染治理,流域水生态保护修复,集中式饮用水水源地保护,地下水水生态环境保护,水污染防治监管能力建设,其他; 项目法与因素法相结合	《水污染防治资金管理办法》

项目资金	项目要点	项目文件
清洁能源发展专项资金	用于支持可再生能源、能源清洁开发利用等,实行专款专用,专项管理,由财政部会同生态环境部负责管理; 重点支持范围:清洁能源重点关键技术示范推广和产业化示范,清洁能源规模化开发利用及能力建设,清洁能源公共平台建设,清洁能源综合应用示范,其他重要事项; 采用竞争性分配、以奖代补和据实结算等方式	《清洁能源发展专项资金管理暂行办法》
城市管网及污水治理补助资金	安排支持城市管网建设、城市地下空间集约利用、城市污水处理设施建设、城市排水防涝及水生态修复实行,由财政部会同住房城乡建设部负责管理,整体实施期限不超过5年; 重点支持:海绵城市建设试点,地下综合管廊建设试点,城市黑臭水体治理示范,中西部地区城镇污水处理提质增效; 采取不同方式进行分配	《城市管网及污水处理补助资金管理办法》
土壤污染防治专项资金	专门用于开展土壤污染综合防治、土壤环境风险管控等,促进土壤生态环境质量改善的资金,实施期限至2020年,后续根据情况延续; 重点支持范围:土壤污染状况详查和监测评估,建设用地、农用地块调查及风险评估,土壤污染源头防控,土壤污染风险管控,土壤污染修复治理,支持设立省级土壤污染防治基金,土壤环境监管能力提升以及与土壤环境质量改善密切相关的其他内容; 项目法与因素法相结合	《土壤污染防治专项资金管理办法》
农村环境整治资金	用于支持地方开展农村环境保护工作,促进农村生态环境质量改善、提升农村人居环境水平,实施期限至2020年,后续根据情况延续; 重点支持范围:农村污水和垃圾处理,农村饮用水水源地环境保护,水源涵养及生态带建设,规模化以下畜禽养殖污染治理,其他需要支持的事项; 按照因素法分配	《农村环境整治资金管理办法》
重点生态保护修复治理资金	支持山水林田湖草沙冰一体化保护和修复、历史遗留废弃工矿土地整治等生态保护修复工作; 资金分配原则:公益导向、合理划分事权、统筹集中使用、资金安排公开透明等; 采取项目法分配	《重点生态保护修复治理资金管理办法》

项目资金	项目要点	项目文件
自然灾害防治体系建设补助资金	用于开展地质灾害综合防治体系建设、提高地质灾害防治能力等，以减少和消除地质灾害险情； 采取因素法和项目补助两种分配方式； 经费投入依据各省上一年年度财政决算中地质灾害防治经费规模	《特大型地质灾害防治专项资金管理暂行办法》

资料来源：中央对地方转移支付管理平台以及国务院政策文件库。

2.专项转移支付的绿色化

近年来，中央财政通过森林生态效益补偿、流域生态效益补偿、草原生态保护补助奖励、山水林田湖草生态保护修复治理补助等资金渠道，不断加大生态补偿投入规模，并逐步提高补偿标准。通过林业改革发展资金，支持做好国家级公益林生态效益补偿工作，不断健全补偿标准动态调整机制，促进加强国家级公益林保护和管理；通过农业资源及生态保护补助资金和林业草原生态保护恢复资金，支持实施新一轮草原生态保护补助奖励政策，提高禁牧补助和草畜平衡奖励标准，加强草原生态修复治理；推进山水林田湖草生态修复工程，支持地方对生态系统严重受损、开展治理修复最迫切的地区实施山水林田湖草生态保护修复重大工程。这些转移支付的共同之处在于专款专用专项管理，多由财政部会同生态环境部负责管理，实行全过程预算绩效管理（见表2）。

表2　专项转移支付下的生态环保类项目（部分）

项目资金	项目要点	项目文件
节能减排补助资金	实行专款专用、专项管理原则，最新实行期限至2025年； 资金支出范围：新能源汽车推广应用补助资金清算支出，充电基础设施奖补清算支出，燃料电池汽车示范应用支出，循环经济试点示范项目清算支出，节能降碳省级试点支出，报经国务院批准的相关支出； 按照因素法计算，主要采用补助、以奖代补、贴息和据实结算等方式	《节能减排补助资金管理暂行办法》 《关于修改〈节能减排补助资金管理暂行办法〉的通知》 《关于修改〈节能减排补助资金管理暂行办法〉的通知》

项目资金	项目要点	项目文件
林业草原生态保护恢复资金	由财政部、国家林草局负责管理,最新实行期限至2025年; 资金支出用途:国家公园及其他自然保护地、国家重点野生动植物等保护、森林保护修复、生态护林员聘用等; 采取因素法分配,支持涉农资金统筹整合,分配给832个脱贫县	《林业草原生态保护恢复资金管理办法》
林业改革发展资金	由财政部、国家林草局负责管理,实施期限至2025年; 资金支出用途:国土绿化、非国有林生态保护补偿、林业草原支撑保障、林长制督查考核奖励等; 因素法和项目法相结合,分配给832个脱贫县,同时向革命老区、民族地区、边疆地区、脱贫地区倾斜	《林业改革发展资金管理办法》
农业资源及生态保护补助资金	安排用于农业资源养护、生态保护及利益补偿等的专项转移支付资金; 主要按照因素法进行分配; 实行"大专项+任务清单"管理方式	《中央财政农业资源及生态保护补助资金管理办法》 《财政部农业农村部关于修订农业相关转移支付资金管理办法的通知》
海洋生态保护修复资金	用于支持对生态安全具有重要保障作用、生态受益范围较广的海洋生态保护修复的共同财政事权; 采用因素法分配将预算执行率、绩效评价结果作为重要参考依据; 实施全过程预算绩效管理	《海洋生态保护修复资金管理办法》

资料来源:中央对地方转移支付管理平台以及国务院政策文件库。

3. 转移支付的绿色化程度: 规模、结构

（1）转移支付绿色化的规模

从 2019 年开始,一些有关生态环保的转移支付法规陆续出台,统计口径也逐步统一,本节主要整理 2019~2024 年生态环保类转移支付的数据（见表3）。

表 3　2019～2024 年中央一般性转移支付中生态环保类转移支付（部分）

单位：亿元

年份	重点生态功能区	资源枯竭型城市	共同财政事权转移支付				
			节能减排补助资金	林业草原生态保护恢复资金	林业改革发展资金	农业资源及生态保护补助资金	海洋生态保护修复资金
2019	811.00	212.90	520.05	408.84	502.80	241.35	30.00
2020	794.50	222.90	432.23	470.24	536.17	418.59	35.00
2021	881.90	222.90	651.35	477.70	548.62	368.66	40.00
2022	992.04	232.90	688.73	476.23	551.52	446.09	40.46
2023	1091.00	232.90	481.30	527.54	500.90	231.96	40.00
2024	1121.00	232.90	381.30	688.23	269.00	231.96	40.00

资料来源：财政部中央预决算平台。

　　从绝对规模看，一般性转移支付中重点生态功能区转移支付的资金规模最大，2019～2024 年增速较快，平均达到 8.28%，主要是落实深化生态保护补偿制度改革要求，增强重点生态功能区财力保障。资源枯竭型城市转移支付的资金规模平稳增长。共同财政事权转移支付每年的资金总额是有增有降，由 2019 年的 1703.04 亿元增长至 2022 年的 2203.03 亿元，后降至 2024 年的 1610.49 亿元，也体现了目前工作重点的变化。其中最为明显的是节能减排补助资金及林业改革发展资金降幅明显，背后成因复杂，但是可以看出的信号是新能源汽车行业在受到多年政策扶持后已经发展到一定规模，进入退补阶段；农村人居环境整治的步伐减慢，从过去重视投入和数量转变为关注运营和质量。林业草原生态保护恢复资金增速较快，2019～2024 年平均增速为 11.51%，且林业方面的投入在这一部分占主导，可以看出国家近几年对于林草生态保护恢复支持的力度不断增强。海洋生态保护修复资金投入总体呈增长态势，但占比最低。

表4　2019~2024年中央生态环保类专项转移支付（部分）

单位：亿元

年份	大气污染防治资金	水污染防治资金	清洁能源发展专项资金	城市管网及污水治理补助资金	土壤污染防治专项资金	农村环境整治资金	重点生态保护修复治理资金
2019	250.00	190.00	57.32	186.22	50.00	59.84	120.00
2020	250.00	197.00	44.82	126.21	50.00	36.00	102.00
2021	275.00	217.00	22.69	126.33	44.00	36.00	119.00
2022	300.00	237.00	70.00	150.00	44.00	40.00	170.00
2023	330.00	257.00	76.72	150.00	44.00	40.00	172.00
2024	340.00	267.00	47.41	150.00	44.00	40.00	172.00

资料来源：财政部中央预决算平台。

如表4所示，2019~2024年在专项转移支付中，大气污染防治和水污染防治资金规模最大，且增速较快，平均分别为6.40%和7.08%。清洁能源发展专项资金经历2020年和2021年两年的回落之后迅速增长，2022年投入超前一年的2倍，然而在2024年再次同比下降38.2%。城市管网及污水治理补助资金同样也是回落两年后再增长，但整体呈稳定趋势。土壤污染防治专项资金和农村环境整治资金也都呈现下降趋势，而重点生态保护修复治理投入方面波动较大，2020年同比下降约15%，2022年增长迅猛，较上年增长42.86%，后续增长平稳。

如图1、图2所示从相对规模看，生态环保类转移支付在一般性转移支付中的比重2019~2022年处于整体上升阶段，2023年有所回落，主要是因为这方面的转移支付总额出现下降，平均降速为6.95%，而一般性转移支付在这三年间平均增速约为5.02%。这并不代表转移支付的绿色化程度下降，而是对于资金投入方向做了调整。相应的，生态环保类转移支付在专项转移支付中的比重，2022年增速明显，2023年稍微出现回落，但整体较为稳定。

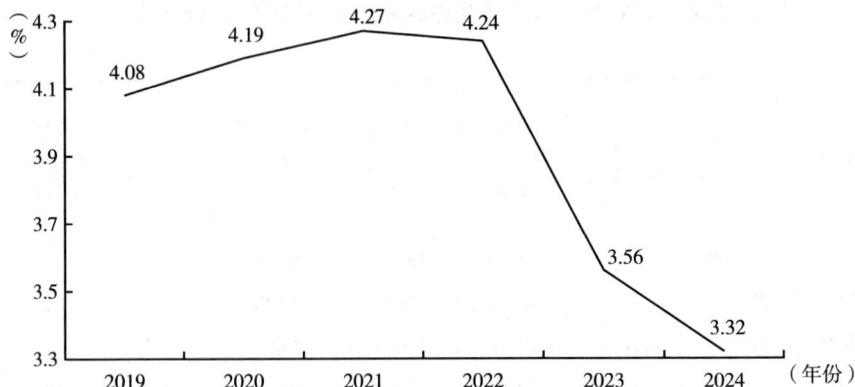

图1 2019～2024年生态环保类转移支付在一般性转移支付中的比重

资料来源：财政部中央预决算平台。

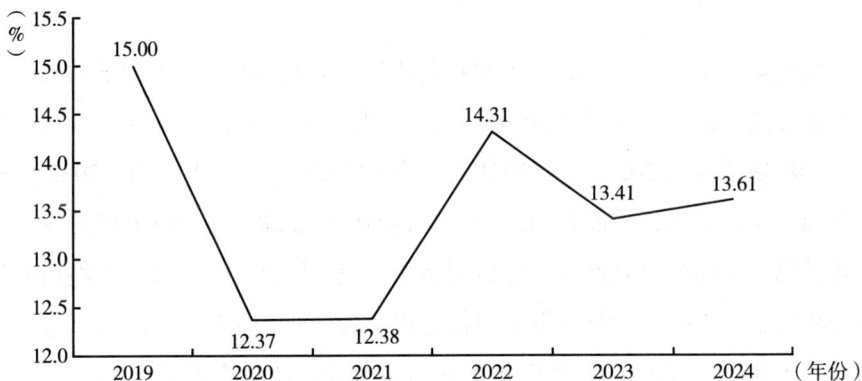

图2 2019～2024年生态环保类转移支付在专项转移支付中的比重

资料来源：财政部中央预决算平台。

（2）转移支付绿色化的结构

可以看出在一般性转移支付中，重点生态功能区转移支付始终是最主要的投入部分，平均占比达到1/3；节能减排补助资金，虽然比重逐渐下降，但2019～2024年平均占比依旧是17%左右；林业草原生态保护恢复和林业改革发展资金，2019～2024年平均占比分别约16.70%和15.90%；农业资源及生态保护补助资金平均占比约10.50%；资源枯竭型城市转移支付，平均占比约 7.40%。

在专项转移支付中，各子项目比重相较于一般性转移支付更为均衡，最主要部分为大气污染防治资金，2019~2024 年平均占比约 30.60%；水污染防治资金和城市管网及污水治理补助资金，2019~2024 年平均占比约为23.90% 和 15.70%，可以看出国家对水污染关注较密切；重点生态保护修复治理资金，平均占比约 14.80%，自 2021 年起占比明显提升；土壤污染防治专项资金和农村环境整治资金占比较少，均约占 4%。

近几年国家在转移支付完善和改革的过程中都开始重视生态保护，不管是一般性转移支付还是专项转移支付都出现了许多更为细致、详细的类目划分，执行和管理办法也在不断修订并趋于规范，均有着专款专用、全过程绩效管理等特点，体现了转移支付的绿色化趋势。生态类转移支付的规模整体呈稳步上升趋势。

（二）地方转移支付的绿色化[①]

本节以浙江省为案例，分析地方转移支付绿色化的实践。之所以选取浙江省，一方面浙江省是"两山"理论的发源地，另一方面是考虑到浙江省属于东部沿海地区，经济社会发展比较均衡，选择该省作为案例可以更加清晰地看到生态转移支付如何与共同富裕、区域协调发展等的密切联系。

1. 浙江省绿色转移支付改革探索

（1）初步探索阶段（2005~2010 年）

2005 年 8 月 15 日，时任浙江省委书记的习近平同志在安吉余村考察时，首次提出"绿水青山就是金山银山"这一科学论断。同年，省政府下发的《浙江省人民政府关于进一步完善生态补偿机制的若干意见》（以下简称《意见》）明确把完成生态环保任务作为兑现省对市县财政体制中"两保两挂""两保一挂"财政奖补政策的前置条件，对环境保护工作做得好的

---

① 作者实地调查。

地区予以财力补助和奖励，对环境保护工作做得不好的地区扣减财力补助和奖励，从财政体制上入手，进一步强化地方政府生态环保职责。

2005 年，浙江省财政在全国率先建立了生态环境保护的财力转移支付制度，对钱塘江源头地区的 10 个市县推行专项补助试点政策，具体做法是：省财政每年安排 2 亿元转移支付资金，按"因素法"进行分配，资金由当地政府统筹，用于生态环境保护，这种机制突破了以往局限于按项目分配生态环保补助资金的模式，是转移支付支持方式的重大创新。

2008 年，浙江省在总结试点工作的基础上，率先在全国开展省内全流域生态补偿试点，即，以林、水、气等作为区域生态环境质量的基本要素，对在八大水系源头地区的 45 个市县实施生态环保财力转移支付。到 2010 年，生态环保财力转移支付资金规模增加到 12 亿元。

（2）扩面提标阶段（2011~2015 年）

2011 年，浙江省将生态环保转移支付范围扩大到了全省所有市县，并对生态环保财力转移支付的考核奖罚标准、分配因素和权重设置等进行了完善。

为保障林农权益，有效发挥生态公益林在涵养水源、固碳减排、改善人居环境等方面的特有功能和作用，浙江省早在 2004 年就开始探索实施生态公益林补偿机制，省级以上公益林的补偿标准从 2004 年的 8 元/亩提高到 2010 年的 17 元/亩。从 2011 年开始，浙江省对省级以上森林类自然保护区核心区和缓冲区集体林开展国家租赁试点工作。2013 年，浙江省将国家租赁试点范围扩大到省内整个保护区，租赁价由原来的每年 33.2 元/亩提高到 38.2 元/亩。在此期间，省级生态公益林补偿标准逐步提高到 2015 年的 30 元/亩。政策完善后，资金规模也逐步增加到 2015 年的 18 亿元。

为更好地支持生态保护重点区域的发展，促进这些地区享受均等的基本公共服务，2011 年起，浙江省每年安排 16.8 亿元资金，对财政困难地区中发展水平较低又地处生态屏障区的 12 个重点市县实行特别扶持。2013 年起，浙江省又开始实施山区经济发展专项资金政策，每年安排 10 亿元，以财政困难山区县为重点扶持对象，帮助这些困难地区改善环境、增强内生发展动力、发展生态经济。

2013 年 9 月，浙江省主体功能区规划出台后，省财政主动介入，着力研究实施与功能区划相适应的财政政策。特别是省政府明确 2014 年起在开化县、淳安县开展重点生态功能区示范区建设试点后，2015 年省政府出台《浙江省人民政府关于全面开展县域经济体制综合改革的指导意见》，提出建立生态环境财政奖惩制度，在全省重点生态功能区县全面建立财政奖惩与主要污染物排放总量挂钩、财政生态补偿与出境水质和森林覆盖率挂钩机制，并在保持原有的体制基础上，给予试点县省对县财政体制一类一档财政支持，实施工业税收收入保基数、保增长政策。2015 年起，又将上述政策推广到文成、泰顺、景宁、庆元 4 个重点生态功能区县。

在加大污染治理财政投入的同时，浙江省财政也一直在思考如何创新机制，引导地方政府加大治污减排力度，加快改善生态环境质量。2015 年，浙江省全面推广实施与污染物排放总量挂钩的财政收费制度，对各地每年排放的主要污染物，按每吨 3000 元收缴，并建立收费返还激励约束机制。该项制度在政策设计上体现了"三大特点"。一是在收费计量上，做到与总量挂钩；二是在收费标准上，做到分步到位；三是在收费返还上，做到区别对待。

（3）机制整合阶段（2016~2019 年）

2016 年，浙江省提出"加强生态功能区建设，扩大重点生态功能区范围，支持衢州、丽水全域建设生态功能区"。随着国家"创新、协调、绿色、开放、共享"五大发展理念的提出，浙江省财政按照有机整合、分类实施、奖惩结合、加大投入的总体思路，研究起草健全浙江省生态文明建设财政政策体系方案。2017 年，浙江省在有机整合现行生态环保类财政政策的基础上，创新财政奖补机制和资金分配方式，要求绿色发展财政奖补机制的政策层次更加分明、导向更加鲜明、功能更加完善，推出了主要污染物排放财政收费、单位生产总值能耗财政奖惩等八项政策，以更好地促进"两美"浙江建设和绿色发展。

一是构建生态环境奖惩的新格局。从 2017 年起，将生态环保财力转移支付制度、重点生态功能区示范区建设试点财政政策和污染物排放财政收费制度三项政策进行整合，并对杭州开化等 50 余个市县分类实施生态环境财政奖惩政策，从而使政策格局更加合理。

二是树立节能降耗奖惩的新导向。推动节能降耗是促进产业结构优化和经济转型升级的重要手段，也是推动产业绿色发展的重要基础。实施单位生产总值能耗财政奖惩政策，将地方单位生产总值能耗变化与财政奖惩挂钩，对单位生产总值能耗每年比上年降低 1 个百分点的市县，奖励 50 万元；其中，降幅超过全省平均降幅部分，每 1 个百分点奖励 100 万元，对单位生产总值能耗每比上年提高 1 个百分点的市县，扣罚 100 万元。通过采取财政奖惩的措施，督促各地加快经济转型升级。

三是启动森林生态补偿的新标准。生态公益林建设对于保护生态环境、维护生态平衡、提高人民生活质量具有十分重要的意义。2004 年起浙江省建立的生态公益林补偿机制，在促进生态公益林建设方面发挥了积极作用。省级以上公益林最低补偿标准一直位居全国各省首位，也远远超过国家补偿标准。为进一步发挥生态公益林补偿基金效益，从 2016 年起，在保持省级以上公益林最低补偿标准 30 元/亩的基础上，浙江省对主要干流和重要支流源头县以及国家级和省级自然保护区公益林提高了补偿标准，从 2016 年的 35 元/亩提高到 2017 年的 40 元/亩。

四是实施生态建设激励的新机制。在生态建设领域创新实施财政专项资金竞争性分配，在统筹财力的基础上，建立了区域协调和绿色转化两类财政专项激励机制，采取竞争性分配方式确定扶持范围。2017~2019 年，每年安排 36 亿元，共计 108 亿元，择优支持 30 个市县。这项政策的实施，创新了资金分配方式，强化了市县生态建设的主体责任意识，要求市县围绕生态文明建设目标，统筹自身财力，引导社会资本、金融资本，自主选择项目，更好地实现集中财力办大事。同时，坚持绩效导向，浙江省在政策实施 3 年后对各市县进行绩效考核，考核结果未达到预期的，相应扣回财政资金，这种做法有利于促进各地努力实现"该花的一定要花、不该花的一定不花、该少花的不多花、该多花的不少花"的目标,精打细算,进一步提升财政专项资金使用绩效。2020 年,结合首轮政策实施情况,加大资金支持力度,共安排 39 亿元。

五是实现流域横向补偿的新突破。浙江省探索建立省内流域上下游横向生态保护补偿机制,做到纵向补偿与横向补偿相结合,实现了从单向补偿到多向发力的提升,以加快形成"成本共担、效益共享、合作共治"的流域保护和治理长效机制,使保护自然资源、提供良好生态产品的地区得到合理补偿。结合生态环境现状、保护治理成本投入、水质改善的收益、下游支付能力和下泄水量保障等多种因素确定流域上下游市县补偿标准。

2017~2020 年,浙江省分别兑现绿色发展财政奖补资金 119.72 亿元、122.67 亿元、116.43 亿元、135.88 亿元,合计 494.7 亿元,取得了较好的政治效益、社会效益、经济效益和生态效益,有效促进了浙江省绿色发展和生态文明建设,市县反映良好。

(4) 改革深化阶段 (2020 年至今)

浙江省首轮绿色发展财政奖补机制实施情况总体较好,但仍存在出境水水质财政奖惩制度有待完善、生态公益林补偿"同林不同命"现象、海岛地区未纳入生态建设财政专项激励政策范围等问题,需要进一步研究完善。

2020 年,浙江省对标集中财力办大事财政政策体系,遵循"扩面、提标、协调"的工作思路和"完善体系、科学分类、统筹协调、激励与约束相结合"的原则,坚持问题导向,出台了新一轮绿色发展财政奖补机制,将原有的 8 项政策调整为 11 项政策,既有对现行政策体系的重构,又有对现有政策的优化完善,也有结合新形势、新要求出台的新政策,更加注重与地方努力程度相挂钩,更加注重激励与约束相结合,力求在推动生态环境质量全面提升上更加精准发力。总体来看,新一轮奖补机制体现了四个"新变化"。

一是政策体系更加完善。拓展生态补偿范围,试行湿地生态补偿机制,按 30 元/亩给予补偿。财政奖补机制与生态产品质量和价值挂钩,按相关市县生态系统生产总值（GEP）及其增长情况实行因素法分配激励。

二是分类施策更加精准。结合各地生态环保实际，对特别生态功能区、重点生态功能区和非重点生态功能区分类实施差别化的生态环境质量财政奖惩制度，以进一步强化政策效果。例如，浙江省将非重点生态功能区的生态环保财力转移支付制度与"绿色指数"挂钩分配，将重点生态功能区的财政奖惩与出境水水质、森林质量和空气质量挂钩分配，而对特别生态功能区的生态环境质量财政奖惩的奖惩标准则更高。

三是政策衔接更加协调。在空气质量方面，首轮奖补机制仅涉及对非重点生态功能区实行的生态环保财力转移支付制度，新一轮奖补机制增加了对特别生态功能区和重点生态功能区的空气质量财政奖惩制度。此外，海岛县区也被纳入绿色转化财政专项激励政策竞争性分配参与范围，进一步提升了政策协同和区域协同。

四是奖惩机制更加合理。考虑到出境水水质提升到高位后，继续提升难度大、空间小，且动态奖罚标准过高，容易造成市县财政年度支出不均衡，新一轮奖补机制适当提高水质占比（静态）奖惩标准，降低水质变化（动态）奖惩标准。

2. 浙江省绿色转移支付经验总结

（1）一以贯之，动态调整

经过20年的探索实践，浙江省的绿色转移支付体制机制不断走深走实，并在实践中逐步完善。

一是紧紧围绕绿色低碳发展不动摇，切实从财政政策上予以支持和调整。浙江省发挥敢为天下先的作风，从绿色低碳发展所需要的大气、土壤、河流、森林等绿色标准出发，根据发展目标调整转移支付的内容、标准和支持对象，促进绿色低碳发展。

二是政策内容根据形势的需要而调整。从浙江省实践来看，绿色转移支付的对象、标准、范围、管理方式等随着不同阶段的要求不同而有所不同，以最大化地实现政策目标，这也充分体现了浙江省财政务实创新的特点。

（2）系统推进，统筹协调

一是注重保护与发展相结合。浙江省在注重生态环境保护的同时，也注意推进各地区的协同发展，实现绿色发展与区域协同发展的融合。尤其是浙江省经济欠发达地区的生态环境质量通常很好，为此，浙江省在对这些地区进行功能分类的基础上，实施绿色转移支付政策，对生态环境质量改善给予足够的奖励补贴，以保障这些生态地区在保护生态环境的同时，所享受的公共服务质量与其他地区趋同，从而实现环境保护与区域协同和共同富裕同步。

二是注重激励与约束相结合。浙江省将生态环境质量纳入政府绩效考核之中，并通过财政手段进行奖惩，例如，生态环保财力转移支付与"绿色指数"挂钩，主要污染物排放财政收费返还奖励与各地环境质量分值挂钩，等等。通过上述方式，浙江省充分调动了地方保护生态环境的积极性、主动性和创造性。

（3）体现差异，分类推进

浙江省对生态功能区、重点生态功能区、非重点生态功能区分类实施差别化的生态环境质量财政奖惩制度，构建与主体功能区布局相符合的绿色发展财政政策格局。例如，对非重点生态功能区实行与"绿色指数"挂钩分配的生态环保财力转移支付制度；对重点生态功能区实行分别与出境水水质、森林质量和空气质量挂钩的财政奖惩制度，而对特别生态功能区则实行奖惩标准更高的生态环境质量财政奖惩制度，进一步强化政策效果，体现科学分类、精准施策的政策导向。

（4）以人为本，讲求实效

浙江省在推进绿色生态转移支付过程中，始终体现人本思想，注重效率和公平的兼顾，讲求政策实效。例如，浙江省通过改变政策碎片化和资金分散化的现状，整合生态环保类的财政政策和资金，每年安排绿色奖补资金100亿元以上，真正做到了集中财力办大事。

无论是中央层面还是地方层面的绿色转移支付，都是经济社会发展到一定阶段的产物。在人民生活水平不高的时代，财政支出更多用于投资建设和消费，用于改善生态环境的支出不是政府的优先支出事项。随着经济社会发展和政府财力水平的提升，国家越来越认识到绿色发展和高质量发展的重要性，在这种情况下，国家提出建设生态文明，并在不同时期体现不同的特点，如新近提出的碳达峰碳中和目标就较之前的目标更加明确具体。无论如何，以关注绿色发展为主要目标的绿色转移支付逐步从概念、理论变为现实、行动，并相应地带动财政制度的改革。

中央绿色转移支付的改革也是逐步推进的。资源枯竭型城市较早的转移支付并不只用于生态环境保护，而是随着资源能源过度消耗产生环境问题，政府方划分出环保、社会民生等多项新型转移支付内容。从这个角度看，我国较早的绿色转移支付是逐步从一般性转移支付分离出来，转向专项绿色转移支付的。即便如此，像国家重点生态功能区转移支付也不全是用于生态环境保护，还有一部分用于改善地方基本公共服务水平。即便后来发展具有横向转移支付特征的跨区域（地区）流域生态补偿资金，其用途也逐步从生态环境保护转移到更宽泛的用途上去。这说明，我国绿色转移支付并不是纯粹的用于"绿色"领域的财政支出，而是一种或多或少体现绿色发展功能的转移支付，同时具有财政支出的其他本质属性，承担其他相关功能，如安全稳定、资源优化配置、收入分配等。

地方绿色转移支付政策是逐步推进的。从浙江省的案例可以看出，以下几个规律性倾向值得关注。一是绿色转移支付离不开高位推进。时任浙江省委书记的习近平同志在安吉余村考察时首次提出"绿水青山就是金山银山"这一科学论断，为全省深入推进绿色发展指明了方向。二是绿色转移支付需要财力支撑。随着地方财力的不断增强，县级政府有能力去推进生态环保和绿色低碳转型，省一级政府有财力推进各类绿色转移支付工作，并实施财政奖补政策。三是绿色转移支付的改革在不断深化。地方绿色转移支付在改革发展过程中，也经历了扩围（从大气、水、土壤逐步扩展到森林、湿地等领域）、扩面（试点区县逐步增加）、提标（提高公益林的补助标准等）、协调（逐步从补助的绿色性转向绿色发展与区域协同发展、共同富裕发展等协同推进）和创新（最终带动财政基础制度的创新，如基于 GEP 核算的财政制度）等阶段，每一次改革都彰显解决问题的科学化、精准化和系统化。

三　绿色转移支付改革中的困难和问题

绿色转移支付在改革中也面临一些现实挑战，这些挑战包括：如何有效体现转移支付的"绿色"元素，如何实现绿色转移支付的制度化，以及如何实现绿色转移支付的可持续性等。

（一）如何有效体现转移支付的"绿色"元素

一是转移支付绿色化的内涵如何体现。绿色转移支付是基于地方从事绿色发展活动而给予的激励或者奖励。但在实际操作中，对转移支付绿色化的内涵标准仍然存在不同的理解。绿色是指减污，还是降碳，还是扩绿，还是存在其他的判断标准？在当前实施生态文明、绿色发展、生态环境保护和修复、碳达峰碳中和、美丽中国建设等背景下，如何判断各自背后的转移支付的绿色化内涵，是当前和今后我国一段时期绿色转移支付需要认真研究的问题。

二是转移支付绿色化的外延如何界定。即便确定了转移支付绿色化的某一个标准如减污，也存在着对不同领域具体标准判断的认定问题。传统的污染防治攻坚战（大气、土壤和水污染治理）有着明确的污染治理标准，但其他领域的如林草和湿地等的治理标准如何把握则存在现实难题，这些领域的标准如果不做清晰的界定，则很难在转移支付绿色化中得到体现。还有一个较大的问题是，转移支付绿色化的目标和内容是强调产业绿色低碳转型还是侧重于消费绿色升级，目前并无定论。从理论上讲，无论是产业绿色低碳转型还是消费绿色升级，都是绿色发展的内容，但从转移支付政策层面而言，上级政府如何设计绿色转移支付政策则面临很大挑战，因为在实际层面通常很难判断绿色生产和绿色消费的区别。从上述浙江省转移支付绿色化的案例也可以看出，浙江省对绿色转移支付的认识也是在不断深化的，从最早的污染防治到后来的绿色指数，也都在淡化具体领域的绿色标准界定问题。从浙江一个省份的试点案例看出，绿色转移支付实施起来仍然是可行的。但全国资源禀赋和绿色发展进程层次不一，如何在转移支付中嵌入各行业的绿色化也是一个难题，否则就难以兼顾转移支付的科学、公平和有效。

三是绿色的程度如何界定。鉴于转移支付绿色化的内涵和外延难以界定和划分，在此基础上的绿色转移支付"色谱"划分也将面临现实的挑战。

（二）如何实现绿色转移支付的制度化

绿色转移支付作为一项改革探索，在实践中不断完善，要发挥其作用，必须在转移支付"绿色化"的基础上，实现其制度化。一是绿色转移支付管理的规范化。要明确上级政府和下级政府在绿色发展领域的事权和支出责任，并建立一套与之相适应的财力保障体系，明确绿色转移支付资金使用用途、转移支付结构比例等。二是实现预算管理的科目化。绿色转移支付是转移支付体系的一部分，归根结底属于预算管理的范畴，为此就需要重新评估现有的预算科目设置的合理性，如评估现有节能减排科目范围大小的科学性和合理性等。三是实现绿色转移支付的动态化。从浙江省绿色转移支付的案例可以看出，绿色转移支付也是动态发展变化的，需要根据形势的发展不断调整转移支付的范围、对象、标准等。

（三）如何实现绿色转移支付的可持续性

绿色转移支付的可持续性包括政策层面的可持续性和财力层面的可持续性两方面，目前这两个方面都面临现实挑战。

1. 政策层面可持续性面临的挑战

绿色转移支付政策层面的可持续性面临的挑战，主要来自国家政策变化而引起的扰动。从我国现行中央转移支付的政策试点示范实践来看，通常有一个时间节点，过了试点示范周期之后中央政府又去开展其他政策试点示范项目，这主要是受到我国不同发展阶段面临的不同任务的影响。这种制度安排有其客观合理性，但也存在一个突出问题，就是政府缺乏系统评估绿色转移支付政策的动力，各方难以做到转移支付政策的"回头看"，缺乏巩固绿色转移支付成果的长效机制，结果可能导致出现绿色转移支付成果的"半拉子工程"，好看不好用。

2. 财力层面可持续性面临的挑战

财力层面的绿色转移支付可持续性面临的挑战则更为直接。受到宏微观、国内外等多种因素的影响，中央和地方政府的财力波动将对绿色转移支付可持续性产生很大影响，中央或者地方政府很有可能因为财力有限或者不足放缓绿色转移支付增长的速度甚至削减相关预算支出，导致绿色转移支付的进程受阻或者有结构性的重大调整，进而影响政策层面的稳定性和连续性。

四 绿色转移支付改革未来展望

（一）科学界定绿色转移支付目标定位

1. 体现转移支付改革目标要求

绿色转移支付作为转移支付的重要内容，其目标定位也要体现转移支付目标定位的要求。自1994年实施分税制财政管理体制以来，我国就转移支付改革提出了若干要求，如《国务院关于改革和完善中央对地方转移支付制度的意见》、2020年修订的《中华人民共和国预算法实施条例》、《国务院办公厅关于进一步推进省以下财政体制改革工作的指导意见》以及党的二十大报告就转移支付的顶层设计、支出用途、绩效管理、透明度等做出的相应规定，在国家部委层面，我国也在积极推进转移支付改革的落实（见表5）。

表5 国务院关于规范财政转移支付情况的报告

年份	已有做法和进展	下一步改革完善建议
2007	建立和完善财政转移支付体系,促进地区间基本公共服务均等化; 加大财力性转移支付规模,均衡地区间财力差距; 增加专项转移支付,重点支持经济社会发展的薄弱环节; 加强转移支付管理,提高资金使用的规范性、安全性、有效性	加快建立财力与事权相匹配的财政管理体制; 进一步优化转移支付结构; 清理整合专项转移支付项目设置; 提高专项转移支付管理透明度; 研究规范专项转移支付的配套政策; 积极研究创新专项转移支付管理方式; 研究建立财政转移支付的法律法规体系; 推进省以下财政体制改革,规范省对下转移支付
2016	转移支付资金管理办法逐步规范; 转移支付结构进一步优化; 专项转移支付数量明显压减; 转移支付预算执行进度明显加快; 转移支付预算公开力度不断加大; 转移支付绩效管理稳步推进	促进转移支付与财政事权和支出责任划分相适应; 加大转移支付资金的统筹力度; 进一步清理整合专项转移支付; 逐步取消竞争性领域专项; 建立健全专项转移支付设立、定期评估和退出机制; 不断强化转移支付管理; 推动地方完善财政转移支付制度; 加快政府职能转变和深化财政体制改革
2023	健全转移支付制度顶层设计; 建立财政资金直达机制; 建立定期评估机制; 完善预算管理; 切实强化绩效管理	推动完善转移支付法律制度; 建立健全转移支付分类管理机制; 改进转移支付预算编制; 加强转移支付分配使用和绩效管理; 进一步推进省以下转移支付制度改革

资料来源:全国人大网站和其他公开网站信息。

2.体现绿色低碳发展目标要求

与其他转移支付资金相比,绿色转移支付的支出用途有其自身特点。按照党的二十大报告的描述,绿色转移支付主要是推动绿色发展以及人与自然和谐共生。具体而言,绿色转移支付未来将聚焦以下领域。一是促进发展方式绿色转型。绿色转移支付应有利于调整和优化产业结构、能源结构和交通运输结构,有利于推进各类资源的节约集约利用,以及有利于产业的绿色低碳转型和节能降碳先进技术研发与推广应用。二是继续推进环境污染防治。

三是提升生态系统多样性、稳定性、持续性。四是积极稳妥推进碳达峰碳中和。

3. 体现区域协调和实现共同富裕的要求

绿色转移支付还要体现转移支付目标的其他要求。一是实现区域协调发展的要求，绿色转移支付应有利于实现区域均衡发展，而不是拉大区域发展差距。二是实现共同富裕的要求，绿色转移支付的根本目的是促进开放共享和包容性发展，实现人的全面发展，从这层意义上讲，绿色转移支付还有利于全体人民共同富裕目标的实现。

（二）转移支付体系有序体现"绿色"元素

一是在现行专项转移支付体系中引入"绿色"元素，将绿色发展、环境保护等因素渗透到转移支付目标考核体系中。例如，可考虑在产业结构调整、基本建设投资以及交通能源类转移支付中引入绿色发展的考核指标和目标等。

二是在现行转移支付与绿色发展直接相关的转移支付中，如水污染防治和环境治理等，逐步细化和完善绿色标准，如将绿色的色谱进一步细化为深绿、绿色、浅绿、非绿等，并根据政策导向及时调整绿色标准，以实现对相关产业和事业的精准支持，使之更加能够反映绿色发展的实际和要求。

三是在上述改革基础上，逐步完善现行预算管理科目，如拓宽"211 节能环保"支出科目范围，将绿色发展和绿色安全的范畴更多地引入其中，从制度上保障绿色转移支付制度的实施。

（三）推进绿色转移支付制度化

1. 事权和支出责任划分制度

绿色转移支付作为地方财力的一种方式，需要与事权和支出责任的划分相匹配，这就要求要进一步划分政府间绿色发展的事权和支出责任。绿色发展的事权不仅涉及传统意义上的环境保护事权，也涉及生态修复、产业发展、碳排放和碳强度双控、绿色消费、绿色基础设施建设和运营等，目前我国在这方面的制度尚处于空白。因此，我国亟待推进绿色领域事权和支出责任划分制度的建设。

2. 资金分配制度

绿色转移支付作为一种制度形态，其落地需要配套的资金管理和分配制度。目前，我国对转移支付制度整体设计已有较为明晰的思路，有关资金管理和分配已在现有的部分转移支付制度，如国家重点生态功能区转移支付中得到部分体现，但绿色转移支付作为一项专门的转移支付，其制度实施仍然需要相应的资金管理和分配细则。鉴于生态文明建设是一项长期的工作任务，与之相关的绿色转移支付资金管理制度未来也将逐步从理论探讨演变为现实制度。

3. 预算科目制度

绿色转移支付预算科目管理涉及绿色转移支付性质和功能的定位，即绿色转移支付究竟是一般性转移支付还是专项转移支付还是共享事权转移支付需要明确划分。目前绿色转移支付的制度划分和实际用途之间存在一定的不匹配性。例如，资源枯竭型城市转移支付被纳入一般性转移支付，但其又规定了生态环境保护的职责；重点生态功能区转移支付被视为一般性转移支付，用于提升重点生态县域的基本公共服务水平，引导地方政府加强生态环境保护。也就是说，现行有关涉及绿色发展的转移支付虽然名为一般性转移支付，其实在承担绿色发展相关的专项职责，这种制度安排也带来一些新的问题，就是转移支付的目标定位不清晰，如何进行绩效评估不好进行，即究竟是评估其推进生态环境保护的效果还是评估其推进公共服务的效果，这一问题尚不清晰。由于缺乏明确的制度导向，绿色转移支付的作用不能有效发挥。建议未来进一步理清绿色转移支付的属性分类，并考虑将其纳入专项转移支付或者共享转移支付的范畴。

4. 测量统计制度

评价绿色转移支付的绿色发展效果，包括生态环境效果、社会效果、经济效果等，还需要有一套完备的评估测量体系和方法，没有扎实的效果评估微观计量工具、标准体系、测量方法和统计制度，绿色转移支付政策效果评估和政策完善将是空中楼阁。从长远来看，完善国民经济和资源环境的绿色核算体系将是大势所趋。

（四）多措并举保障绿色转移支付可持续性

1. 政策层面的可持续性

从短期来看，需要保持绿色转移支付政策的相对稳定。具体建议适当延长中央财政相关绿色低碳试点示范项目的周期，例如从现行的 3 年期试点延长到 5 年期试点，因为生态环保类的试点示范项目不同于一般的基本建设类项目，其周期长、见效慢，需要久久为功，这样也有利于强化中央和地方推进绿色转移资金和项目的预期和稳定性。

从长期来看，需要强化制度建设。具体建议在法律法规中，明确引入"绿色发展"理念，并将绿色转移支付明确纳入转移支付范畴。

2. 财力层面的可持续性

绿色转移支付的实施需要强有力的财力保障，具体建议如下：一是调整支出结构，提供必要的政府财力保障；二是完善财税体制，扩大主要税种，如增值税或者消费税的地方分配比例，随着新能源产业的发展，相关税收如车购税可以减半征收或取消，为地方绿色发展提供保障。

B.4
绿色财政支出的测度研究

汪兵韬　刘晓婷*

摘　要：　绿色财政支出为政府行使环境事权、履行绿色发展职能提供了重要的资金保障，对推动我国经济社会绿色低碳化发展发挥着积极作用。为了在未来更好地评估政府生态环境公共政策的影响和提高财政支出效率，需要对绿色财政支出进行测度。本报告参考总结了国内相关文献内容，对绿色财政支出的概念和分类进行界定。对我国 2013~2022 年绿色财政支出进行测度发现，绿色财政支出规模总体呈上升趋势，财政支出绿色化程度加深；绿色财政支出科目较为完善，功能结构逐渐完备。对我国绿色财政支出进行评价和提出完善建议后，本报告指出对绿色财政支出进行测度需要注意科目设置、测度标准和测度方法等关键性问题。

关键词：　绿色购买性支出　绿色转移性支出　绿色财政

绿色发展理念要求，经济建设要站在人类与自然和谐共生的高度谋划，同步推进生态环境保护和经济社会高质量发展。由于生态环境具有外部性，政府必须通过实施不同的公共政策来实现绿色发展。公共政策不仅会影响绿色发展水平，还会通过形成财政支出对财政可持续性造成潜在影响。准确地测度绿色财政支出是制定有效环境决策的重要基础，不仅有助于判断财政支持绿色发展的举措是否具有成本效益，同时也是财政可持续性管理的关键因

---

*　汪兵韬，经济学博士，中国财政科学研究院资源环境和生态文明研究中心助理研究员，主要研究方向为财政理论与财政政策；刘晓婷，中国财政科学研究院硕士研究生，主要研究方向为税收理论与政策。

素。然而，当前研究测度绿色财政支出的文献依然较少，对我国的绿色财政支出也缺乏较为全面的测度。本报告在总结国内外与环境支出测度相关的文献基础上，对绿色财政支出的概念、范围和分类做出界定，并基于当前政府预算的支出科目，尝试测度我国的绿色财政支出。

一　绿色财政支出的概念、文献和测度标准

（一）绿色财政支出的概念

政府的主要经济职能一是在非市场的基础上向居民提供商品和服务，二是通过转移支付重新分配收入和财富。相应地，财政支出是一国政府为了满足集体或个人的公共物品和公共服务需求进行的支出，如养老、医疗、安全、教育、基础设施等方面的支出。财政支出在经济中发挥着重要作用，政府将通过税收等收集起来的社会资源进行使用和分配，决定了经济收入和收入分配水平。财政支出的方向、规模和结构及其分权制度反映了政府的行为选择。

为了更好地测度我国的绿色财政支出，首先要明确绿色财政支出的定义。国外关于绿色财政支出的定义与绿色预算息息相关。2018 年，经济与合作发展组织（OECD）将绿色预算定义为利用预算决策工具帮助实现环境目标和可持续增长，欧盟认为，绿色预算意味着利用预算决策工具帮助实现气候和环境目标，其目的是使预算政策与环境目标更好地结合起来。国内学者曾尝试定义绿色财政支出。曾纪发认为绿色财政支出是在绿色经济条件下，政府为提供绿色公共产品和绿色服务，满足社会共同需要而进行的"绿色"财政支付。[①]

结合财政支出的定义和国内外相关研究对绿色预算、绿色财政支出的定

---

① 曾纪发：《构建我国绿色财政体系的战略思考》，《地方财政研究》2011 年第 2 期，第 64~67 页。

义，本报告将绿色财政支出定义为：在实现经济绿色低碳发展目标的过程中，政府为了满足集体或个人对绿色公共物品和绿色公共服务需求进行的支出。绿色财政支出不仅包含了政府推进绿色低碳发展进行的财政支出，还包含对私人部门由于提供绿色产品和服务带来的损失进行的收益补偿。

绿色财政支出的目标应建立在绿色发展理念的内涵基础之上。绿色发展是指在创新传统发展模式下的创新，是在资源承载力和环境容量的约束下，通过良好的生态环境实现可持续发展的一种全新发展模式。那么与之相对应，绿色财政支出的目标应为，通过完善财政资金结构，充分利用作为经济社会发展投入要素的环境资源，通过促进经济活动在过程中和结果上的绿色化和生态化，最终实现经济社会环境的可持续发展。

绿色财政支出的最终目的是支持绿色低碳发展，比如生态保护、污染防治、减缓和适应气候变化，以及促进生产生活方式绿色转型等。然而，还有其他一些领域的财政支出，例如为了推进产业高端化智能化进行财政支出，虽然主要目的不是绿色低碳，但由于他们展开的活动的性质，可以对绿色发展起到积极作用，这些可以视为次要的绿色财政支出。因此，绿色财政支出包括的范围非常广泛，既可以包括经济、生态各方面的与绿色发展相关的综合性财政支出，又可以包括科技、产业、民生、社会等方面与绿色发展相关的专项财政支出。例如，政府为了支持绿色产业发展，通过加强对低碳、环保、绿色企业支出政策的扶持，加强对绿色技术的研究投入，推动绿色发展和绿色转型。

（二）测度绿色财政支出的文献回顾

1. 财政支出的测度范围逐步拓展

环境相关的财政支出测度最初源于国际组织对环境支出进行跨国比较的需要。OECD 为了收集成员国的可比环境数据，在 20 世纪 70 年代制定了污染减排和控制（PAC）的支出框架，该框架随着时间的推移演变为国家框架。1996 年，OECD 将 PAC 活动定义为"旨在预防、减少和消除生产过程或商品和服务消费残留物产生的污染或干扰的活动"，该框架下按照三个部门衡量支出：公共部门、商业部门和家庭部门，同时，该定义下的环境支出侧重于"棕色"的环境问题，不包括自然资源管理和自然保护等绿色环境问题。① 后来，OECD 使用的环境保护支出定义在 PAC 支出框架基础上增加了生物多样性保护和景观保护（自然保护），以及技术改进相关的研发支出，但仍不包含与水相关项目的支出。在与非成员国合作的框架内，OECD进一步扩大了环境支出涵盖的范围，将饮用水供应和其他自然资源管理投资与运营支出包含在内。不同国家也做出了自己的环境支出定义。例如，在英国，环境支出被定义为"政府、企业、家庭和其他组织发生的可以明确识别并明确归因于直接改善和维持环境质量的资本和运营支出"。② 孟加拉国使用的定义基于 Brandon 和 Ramankutty 对环境项目的定义，他们明确提到"工业和能源项目相关的环境支出是解决所有形式的工业污染减排的组成部分"。③ 在此基础上，来自世界银行的 Swanson 和 Lundethors 给出了公共环境支出的一般定义，建议将其定义为公共机构用于预防、减少和消除人类活动造成的污染或其他任何环境破坏的活动支出，以及不以资源开发或生产为目的的自然资源管理支出。④

目前，国内学界对绿色财政支出的研究较少，与此相近的还有对政府收支分类的探讨。例如，一些研究对比了中外政府收支的功能分类科目设置和经济分类科目设置，认为我国科目设置与国际标准相比还存在分类不详细、分类标准不统一等问题；⑤ 何文兵和信俊汝认为财政支出分类对提升财政支出绩效评价科学性具有重要意义，讨论了分类思想、分

① OECD, Pollution Abatement and Control Expenditure in OECD Countries, *Organisation for Economic Co-operation and Development* (1996).

② Pizarro R., et al., "*A Conceptual Framework for the Classification of Government Spending on Climate Change*," (2022).

③ Brandon C., Ramankutty R., *Toward an Environmental Strategy for Asia* (World Bank Publications, 1993).

④ Swanson A. P., Lundethors L., "Public Environmental Expenditure Reviews (PEERs)," *Environment Strategy Papers* 7 (2003).

⑤ 田志磊等：《支出功能分类：一种教育财政研究新工具》，《华东师范大学学报》（教育科学版）2019 年第 2 期，第 81~93 页；衣光春：《中国财政支出经济分类存在的问题和改革建议》，《投资与创业》2020 年第 21 期，第 91~93 页。

类原则和分类维度等问题。[①]

2. 绿色财政支出测度与绿色金融的发展密不可分

目前国际层面对确定和评估绿色财政支出的方法尚未达成一致。同时，由于受到各国公共支出管理制度的限制，对绿色支出进行分类也受到一定限制。为了系统地识别、分类和衡量不同部门的绿色经济活动，鼓励绿色领域的投资，欧盟 2020 年公布《欧盟可持续金融分类方案》并制定了欧盟分类法（EU Taxonomy）。分类法根据 6 大环境目标确定了可持续经济活动，这些目标包括减缓气候变化、适应气候变化、水和海洋资源保护利用、循环经济、污染防治，以及生物多样性与生态保护等环境目标，为 67 项经济活动提供了技术筛选标准。绿色分类标准通过建立技术方法学并进行相应的制度安排，对市场主体、产品与项目、主体行为等进行分类，判定其"绿"与"非绿"，界定其绿色程度。

为了评估有关预算政策对气候目标的影响，政府部门开始对标记气候相关支出产生兴趣，其中用的一个重要工具是气候预算标签。2019 年，联合国开发计划署（UNDP）将气候预算标签（CBT）定义为"一种在政府预算系统中识别、分类、加权和标记气候相关支出的工具"。世界银行认为，使用预算标签可以提高财政部门和职能部门对气候变化的认识、支持气候变化政策制定和跨部门资源分配、查明融资缺口、调动国内外气候行动资源，以及改进对气候变化支出的报告和监测。[②]

Pizarro 等人则提出了一个对政府气候变化支出进行分类的概念框架，该框架在政府职能分类系统的基础上，使用复式记账功能分类矩阵，考虑与气候变化相关的主要目的和次要目的。[③] 一旦政府支出被确定为与气候相关的支出，就可以根据支出与气候管理的相关程度和影响程度，在气候变化的

---

① 何文兵、信俊汝：《分类方法在财政支出绩效评价中的应用》，《中国财政》2019 年第 16 期，第 22~24 页。

② World Bank, Climate Change Budget Tagging: A Review of International Experience（2021）.

③ Pizarro R., et al., "A Conceptual Framework for the Classification of Government Spending on Climate Change,"（2022）.

各项目标维度（缓解、适应和恢复气候变化等）对政府支出进行定义和分类。同时，政府支出既包括对气候管理产生正面影响的支出活动，也包括产生负面影响的支出活动。

我国的绿色领域支出分类与绿色金融的发展息息相关。在国家层面，我国发布了《绿色债券支持项目目录》，并根据国家生态文明建设重大任务、生态环境保护和污染防治攻坚战工作重点、绿色产业内涵调整、技术标准更新等具体情况，对其进行调整和修订;[①] 在地区层面，绿色金融的创新发展催生了多样化的绿色分类标准。例如，2017 年 6 月我国在浙江、江西、广东、贵州、新疆 5 省份成立了绿色金融改革创新试验区，各地区建立了符合当地实际的绿色分类标准体系。[②]

3. 尚需对绿色财政支出的准确测度

首先，从已有研究来看，对公共环境支出、环境保护财政支出或节能环保支出的论述较多，但对绿色财政支出的研究相对少见。[③] 可以说，虽然现存文献将以上概念视为等同，但并未对以上对象的范围做出清晰界定。本报告认为，绿色财政支出和另外 3 种表述所涵盖的范围虽然有重合，但仍存在较多差异。绿色发展无疑涵盖了节能减排和各类环境问题的改善，节能环保支出会通过节能减排、污染治理等，对绿色低碳起到直接促进作用。虽然公共环境支出或环境保护财政支出的目标都是实现绿色低碳，但本报告认为，绿色财政支出包括的范围应比节能环保支出的范围更大。

其次，已有研究倾向于使用节能环保支出衡量绿色相关的财政支出。[④] 这是由很多原因造成的，主要原因是，当前国内外并没有公认的分类方法，为绿色财政支出的测度提供明确的标准。2007 年我国根据国际货币基金组

---

① 李研妮:《中欧绿色分类标准比较分析》,《金融纵横》2020 年第 10 期, 第 26~31 页。

② 殷红:《全球绿色分类标准及发展》,《中国金融》2020 年第 9 期, 第 65~67 页。

③ 卢洪友、祁毓:《我国环境保护财政支出现状评析及优化路径选择》,《环境保护》2012 年第 17 期, 第 28~31 页; 张硕:《我国环境保护财政支出的现状及建议》,《河北经贸大学学报》2016 年第 6 期, 第 80~85 页。

④ 赵世萍:《节能环保视角下财政支出政策的思考》,《财政科学》2019 年第 7 期, 第 55~63 页。

织（IMF）的标准原则将财政支出科目进行重新设置，将"节能环保"列为与财政支持绿色低碳最相关的科目，选择节能环保支出具有研究上的便利性。这一倾向使与此相关的研究面临较严重的局限。

（三）绿色财政支出的分类测度标准

按照绿色财政支出的经济性质，本报告将绿色财政支出分为绿色购买性支出和绿色转移性支出，具体见表1。

表1 绿色财政支出的经济分类

绿色财政支出性质	类型	支出分类	具体内容
绿色购买性支出	小口径绿色财政支出	一般公共预算中的节能环保支出	反映财政支持环境保护和绿色发展的节能环保支出
	中口径绿色财政支出	节能环保支出和一般公共预算中其他用于环境保护与绿色发展的支出	包括城乡社区环境卫生、农业资源保护利用与修复、水资源节约管理与保护等节能环保支出以外的其他一般公共预算支出
	大口径绿色财政支出	一般公共预算和政府性基金预算中与绿色发展相关的财政支出	进一步包括政府性基金预算中的可再生能源电价附加、船舶油污损害赔偿基金、废弃电器电子产品处理基金、核电站乏燃料处理处置基金和污水处理费等
	全口径绿色财政支出	与绿色发展相关的所有财政支出	通过财政预算直接安排的绿色支出，固定资产投资、专项债投入、融资平台投资和PPP项目投资等
绿色转移性支出	绿色财政转移支付	一般性转移支付	共同事权转移支付、重点生态功能区转移支付等
		专项转移支付	大气污染防治资金、水污染防治资金、土壤污染防治资金、农村环境整治资金、清洁能源发展专项资金等

1.绿色购买性支出

在测度绿色购买性支出时，本报告将绿色财政支出分为四个口径：小口径、中口径、大口径和全口径。小口径，即一般公共预算中的节能环保支出；中口径，即节能环保支出和一般公共预算中其他用于环境保护与绿色发展的支出；大口径，即一般公共预算和政府性基金预算中与绿色发展相关的财政支出；全口径，即政府安排的与绿色发展相关的所有财政支出，不仅包括通过财政预算直接安排的绿色支出，还包括固定资产投资、专项债投入、融资平台投资以及政府和社会资本合作开展的项目（PPP 项目）投资等。

此前，与绿色发展相关的直接财政支出已经纳入我国政府预决算体系，但尚未划分为如教育、卫生、文化、体育等公共服务的类级科目。一般公共预算中的节能环保支出体现了政府绿色发展的主要责任，是绿色财政支出的主要研究对象，也是小口径绿色财政支出所指的主要测度对象。

在一般公共预算中，除了节能环保支出，农林水支出中包含的动植物保护、农业资源保护利用与修复等项目，以及自然资源海洋气象类支出也应包含在绿色财政支出的范围内。因为以上财政支出虽然不直接针对环境保护，但可以通过生态质量改善对绿色发展起到一定积极作用，因此应包含在中口径绿色财政支出的测度范围内。

进一步地，大口径绿色财政支出还应当包括政府性基金中与绿色发展相关的财政支出，如政府性基金预算中的可再生能源电价附加、废弃电器电子产品处理基金、核电站乏燃料处理处置基金、污水处理费等。相比于一般公共预算支出，政府性基金预算安排的支出对绿色发展起到了次要作用，应包含在大口径绿色财政支出的测度范围内。

最后，还有些财政支出虽然并非由预算直接安排，但是由财政支持的有针对性的绿色发展的支出，应计入全口径绿色财政支出。因此全口径绿色财政支出既包括大中小口径中的直接财政支出，也包括其他形式的间接财政支出。然而，由于对全口径的绿色财政支出测算缺乏统一标准，且不同支出方式的资金来源存在交叉，因此本报告在测算绿色财政支出时侧重于小口径、中口径和大口径，并在此基础上判断我国财政支出的绿色化程度。

按照财政支出在绿色低碳发展中的具体功能，可以进一步将绿色购买性支出归纳为 4 个方向，分别为生态保护与修复支出、污染防控支出、能源节约与利用支出、基础保障事务支出。其中，生态保护与修复支出包括自然生态保护和天然林保护等支出，污染防控支出包括污染防治和污染减排支出，能源节约与利用支出包括能源节约利用、可再生能源等支出，基础保障事务支出则包括环境保护管理事务、环境监测与监察等支出。每个方向具体包含的绿色购买性支出项目见表2。

表 2   绿色购买性支出的功能分类

功能分类	项目	内容
生态保护与修复	自然生态保护	生态保护、农村环境、生物物种、草原生态修复、自然保护地等支出
	天然林保护	天然林保护工程的各项补助支出
	退耕还林还草	退耕还林还草工程的各项补助支出
	风沙荒漠治理	风沙荒漠治理方面的支出
	退牧还草	退牧还草方面的支出
	已垦草原退耕还草	已垦草原退耕还草的支出
污染防控	污染防治	大气、水体、土壤、固废、噪声、辐射等污染治理的支出
	污染减排	环境监测和执法、污染减排、清洁生产等污染减排的支出
能源节约与利用	能源节约利用	能源节约利用方面的支出
	可再生能源	可再生能源方面的支出
	循环经济	循环经济方面的支出
	能源管理事务	能源科技装备、行业案例、能源管理、信息化建设、农村电网建设等能源管理方面的支出
基础保障事务	环境保护管理事务	生态环境宣传、气候变化管理等环境保护方面的管理事务支出
	环境监测与监察	环境监测监察方面的支出
	其他节能环保支出	兜底项目

2. 绿色转移性支出

在测度绿色转移性支出时，本报告的测度对象主要为绿色财政转移支付，其中又包含了一般性转移支付和专项转移支付。

绿色转移支付是重要的政府间转移支付制度，财政资金分配标准应取决于绿色治理目标和生态质量指标。通过绿色财政资金在中央和地方政府之间以及不同地方政府之间的合理分配，以激励或补偿的形式提高地方政府绿色发展的主动性或弥补支出缺口。关于一般性转移支付，我国在 2011 年出台了《国家重点生态功能区转移支付办法》，规定在中央财政的一般性转移支付下设立重点生态功能区转移支付。重点生态功能区转移支付又分为 3 项，分别是重点补助、禁止开发补助和引导性补助。省、市、县可以自主决定重点生态功能区转移支付的资金用途，因此资金使用方向非常灵活，地方政府在使用这部分转移支付资金时，会根据地方财力情况决定支出方向。绿色专项转移支付是指政府用于绿色发展的专项资金，如用于发展清洁能源、防治大气污染、防治土壤污染、整治农村环境等。绿色财政转移支付是一种积极的财政手段，它除了可以解决绿色发展的外部性问题，还可以平衡不同层级政府之间的偏好不一致问题。

二 绿色财政支出规模和结构的测度

（一）绿色财政支出规模测度

1. 绿色财政支出规模总体呈上升趋势，财政支出绿色化程度加深

表 3 中列出了我国 2013~2022 年大、中、小口径绿色财政支出的绝对规模和相对规模。2022 年，我国小口径绿色财政支出规模为 5413 亿元，比前一年降低 2.03%。2013~2019 年，小口径绿色财政支出总额呈稳步上升趋势。2020 年开始，我国小口径绿色财政支出逐年下降。2022 年，小口径绿色财政支出占全国财政支出的比重为 2.08%，占全国 GDP 比重为 0.45%。

2022 年，我国中口径的绿色财政支出规模为 12663 亿元，较前一年小幅增加了 0.42%。与小口径财政支出总额的变化趋势相似，中口径绿色财政支出在 2020 年开始减少，不同的是到 2022 年已经开始出现回升趋势。2022 年，中口径绿色财政支出占全国财政支出比重为 4.86%，占 GDP 比重为 1.05%。

2022 年，我国大口径的绿色财政支出规模为 16550 亿元，较上年出现较大幅度增长，增加了 16.27%。大口径绿色财政支出虽然在 2020~2021 年出现了连续下降，但是 2022 年的迅速回升使其已经超过 2019 年的支出水平。2022 年，大口径财政支出占全国财政支出比重达 6.35%，占 GDP 比重为 1.37%。

表 3 2013~2022 年绿色财政支出规模和变化情况

年份	小口径绿色财政支出（亿元）	中口径绿色财政支出（亿元）	大口径绿色财政支出（亿元）	全国财政支出（亿元）	GDP（亿元）	占全国财政支出比重（小口径）（%）	占全国财政支出比重（中口径）（%）	占全国财政支出比重（大口径）（%）	占全国GDP比重（小口径）（%）	占全国GDP比重（中口径）（%）	占全国GDP比重（大口径）（%）
2013	3435	7966	8256	140212	592963	2.45	5.68	5.89	0.58	1.34	1.39
2014	3816	8910	9394	151786	643563	2.51	5.87	6.19	0.59	1.38	1.46
2015	4803	10494	11309	175878	688858	2.73	5.97	6.43	0.70	1.52	1.64
2016	4735	10471	11439	187755	746395	2.52	5.58	6.09	0.63	1.40	1.53
2017	5617	12339	13492	203085	832036	2.77	6.08	6.64	0.68	1.48	1.62
2018	6298	13537	14888	220904	919281	2.85	6.13	6.74	0.69	1.47	1.62
2019	7390	14979	16433	238858	986515	3.09	6.27	6.88	0.75	1.52	1.67
2020	6333	13952	15718	245679	1013567	2.58	5.68	6.40	0.62	1.38	1.55
2021	5525	12610	14234	245673	1149237	2.25	5.13	5.79	0.48	1.10	1.24
2022	5413	12663	16550	260609	1210207	2.08	4.86	6.35	0.45	1.05	1.37

注：1. 全国财政支出指一般公共预算支出。2. 按前定义义此表不包括"绿色转移性支出"，如无特殊说明则下同。

资料来源：财政部网站。

在 2013～2022 年，无论是绿色财政的绝对支出规模还是用财政总支出占比衡量的相对支出规模，均整体呈先稳步上升后下降的趋势。绿色财政支出规模下降始于 2020 年，与新冠疫情暴发的时间是一致的，同时，支出下降的速度持续放缓。

如果用绿色财政支出占财政支出的比重衡量财政支出绿色化程度，可以发现，2013～2019 年财政绿色化程度不断提升，以小口径绿色财政支出衡量的财政支出绿色化程度由 2.45% 提高至 3.09%，以中口径绿色财政支出衡量的财政支出绿色化程度由 5.68% 提高至 6.27%，以大口径绿色财政支出衡量的财政支出绿色化程度由 5.89% 提升至 6.88%。2020 年开始，由于应对疫情的支出和基层三保压力增加，绿色财政支出受到挤压，导致财政绿色化程度持续下降。2023 年后在经济下滑压力下，财政收入下滑，同时刚性支出增加，财政绿色化程度可能继续呈下降趋势。

2. 绿色转移支付规模持续增长，转移支付绿色化程度提升

重点生态功能区一般性转移支付的增长趋势与均衡性转移支付的增长趋势基本一致。2008 年，中央财政设立重点生态功能区转移支付。2013～2022年，转移支付覆盖范围不断拓展，支付力度不断加大。过去十年，中央财政累计下达重点生态功能区转移支付 6809.44 亿元。重点生态功能区转移支付由 423 亿元提高至 992.04 亿元。2013～2022 年，均衡性转移支付年均增长 8.93%，重点生态功能区转移支付年均增长 9.93%。2007 年，《国务院关于促进资源型城市可持续发展的若干意见》首次提出设立资源枯竭型城市转移支付，我国分 3 批确立了 69 个城市作为补助对象。2013～2022 年，资源枯竭型城市转移支付年均增长 3.70%。中央对地方的一般性转移支付可以通过"粘蝇纸"效应，促进地方财政支出规模的扩大。重点生态功能区转移支付作为调节地方差异的绿色财政支出，可以提高生态功能重点地区的基本公共服务保障能力，鼓励地方政府加强生态环境保护。

为了推进中央和地方的财政事权和支出责任划分，我国在 2019 年大幅调整了转移支付的口径，在一般性转移支付中增加"共同财政事权转移支付"，同时将部分 2019 年前属于专项转移支付中的项目划转至共同财政事权转移支

付。例如，将与绿色发展相关的节能减排补助资金、林业生态保护恢复资金等专项转移支出项目划转至共同财政事权转移支付。2019~2022年，绿色共同财政事权转移支付金额呈逐年上升趋势，由2249.98亿元增至2806.24亿元。如果用绿色共同财政事权转移支付占共同财政事权转移支付比例来衡量财政转移支付的绿色化程度，发现财政转移支付的绿色化程度从7.05%上升至7.72%。

以上结果表明，在疫情和刚性支出压力下，中央对地方的绿色转移支付依然保持稳定增长的态势，特别是绿色共同财政事权转移支付的稳步增加，体现出中央和地方在绿色领域事权和支出责任的匹配度不断提高。2013~2022年全国财政转移支付和绿色财政转移支付规模具体情况见表4。

表4 2013~2022年全国财政转移支付和绿色财政转移支付

单位：亿元

年份	一般性转移支付	均衡性转移支付	重点生态功能区转移支付	资源枯竭型城市转移支付	共同财政事权转移支付	绿色共同财政事权转移支付
2013	24538.35	9812.01	423.00	168.00	—	—
2014	27568.37	10803.81	480.00	178.00	—	—
2015	28455.02	18471.96	509.00	178.00	—	—
2016	32017.82	20709.97	570.00	186.90	—	—
2017	35145.59	22381.59	627.00	192.90	—	—
2018	38722.06	24442.28	721.00	192.90	—	—
2019	66798.16	15632.00	811.00	212.90	31902.99	2249.98
2020	69459.86	17192.00	794.50	222.90	32180.72	2449.03
2021	74799.30	18929.00	881.90	222.90	34258.82	2660.60
2022	80811.30	21179.00	992.04	232.90	36354.12	2806.24

注：均衡性转移支付、重点生态功能区转移支付、资源枯竭型城市转移支付共同财政事权转移支付均属于一般性转移支付；绿色共同财政事务转移支付为共同财政事权转移支付的组成部分。

资料来源：作者根据财政部网站数据计算所得。

（二）绿色财政支出结构测度

1.绿色财政支出科目和功能结构

（1）绿色财政支出科目较为完善

从我国绿色发展相关的财政支出方向和数额看，我国的绿色财政支出仍然以污染防治为重点，说明相比生态环境的事前保护、事中控制，目前更加重视事后治理。其中，管理事务性支出逐年上升，其他绿色支出项目呈上升趋势，但在具体年份中的支出有增有减。在小口径的绿色财政支出（节能环保支出）中，2022年排名前三位的支出项目分别是污染防治、自然生态保护和环境保护管理事务，且这3项总体保持持续增长态势。相比之下，退耕还林还草和风沙荒漠治理等绿色支出逐年下降。过去十年的绿色财政支出具体情况见表5。

中口径的绿色财政支出还包括了一般公共预算中其他与绿色发展相关的支出。其中，城乡事务类别下的"城乡社区环境卫生"支出在2013～2019年呈逐年增长趋势，这和我国提出的乡村振兴战略密不可分。生态宜居是乡村振兴战略的重要组成部分，要求在农村人居环境治理的基础上发展绿色经济，使农村环境更加舒适。农林水支出和自然资源海洋气象等类级项目支出。农林水支出类别下的"农业资源保护修复与利用""林业和草原""水资源节约管理与保护"支出在过去十年总体呈增长态势。自然资源海洋气象等支出总体呈逐渐上升态势，从过去3年该项目资金数额看，受疫情影响的程度比其他支出更小。

大口径的绿色财政支出进一步整合了政府基金预算中的绿色财政资金。政府基金预算是一般公共预算支出外最重要的绿色财政支出来源和资金补充。2013～2022年我国政府基金预算中的绿色支出规模总量逐年递增（除2021年略有下降外），在鼓励再生能源发展和污水治理领域发挥重要作用。以2022年为例，可再生能源电价附加收入安排的支出为3087.44亿元，是上一年的3.5倍。

（2）绿色财政支出的功能结构逐渐完备

表6中展示了绿色财政支出资金（小口径）投向的规模情况。从功能分类的角度看绿色财政支出结构发现，用于污染防控的财政支出最多，平均占比为41.17%，大于用于生态保护与修复（18.99%）和能源节约与利用（18.14%）的财政支出之和，用于基础保障事务的财政支出约占绿色财政支出的1/5。2013～2022年，不同功能的绿色财政支出均呈先升后降趋势，

表5 2013~2022年绿色财政支出情况

单位：亿元

	年份	2013	2014	2015	2016	2017	2018	2019	2020	2021	2022
一般公共预算	节能环保 · 环境保护管理事务	165.96	185.08	242.26	251.01	320.93	355.81	453.98	434.81	442.22	451.74
	环境监测与监察	43.85	48.37	55.22	63.31	71.79	94.77	98.15	87.10	86.13	86.89
	污染防治	904.79	1084.54	1314.16	1447.55	1883.02	2441.29	2629.62	2434.78	2032.69	2007.03
	自然生态保护	186.29	308.31	305.36	326.54	537.10	616.60	798.90	690.53	631.83	637.62
	天然林保护	175.22	170.55	229.87	274.09	273.65	282.70	295.08	273.71	283.59	270.51
	退耕还林还草	284.53	290.26	334.80	276.04	143.20	240.11	185.03	172.27	96.88	80.71
	风沙荒漠治理	38.99	40.61	42.36	43.45	45.25	17.28	11.38	6.17	13.27	5.52
	退牧还草	24.37	17.03	18.91	23.99	20.88	18.63	16.85	5.92	5.92	0.59
	已垦草原退耕还草*	0.04	0.15	4.26	3.97	3.92	—	—	—	2.40	0.59
	能源节约利用	682.04	580.65	833.46	622.65	668.28	645.64	677.79	533.12	483.05	431.36
	污染减排	327.41	299.15	315.48	315.28	306.52	309.47	460.71	482.01	448.34	449.15
	可再生能源	197.06	146.62	164.71	86.12	52.99	56.73	78.95	51.61	65.75	58.19
	能源综合利用	87.82	83.78	—	—	—	—	—	—	—	—
	循环经济**	87.82	83.78	71.72	61.62	67.33	59.85	53.95	54.66	47.47	57.04
	能源管理事务	6.72	226.69	301.33	151.44	233.58	259.90	241.38	176.72	142.07	146.81
	江河湖库流域治理与保护***	—	—	60.44	—	—	—	—	—	—	—
	其他节能环保支出	271.72	361.86	512.66	787.49	880.10	894.90	1384.52	928.45	749.45	729.64
	城乡事务 · 城乡社区环境卫生	1163.80	1389.31	1653.49	1915.03	2270.45	2576.93	2844.81	2646.93	2520.72	2430.50

续表

	年份	2013	2014	2015	2016	2017	2018	2019	2020	2021	2022
一般公共预算	农林水支出 农业资源保护修复与利用	208.33	222.82	254.03	256.22	300.58	323.27	415.14	458.46	373.31	449.48
	林业和草原	1204.34	1348.79	1613.38	1696.64	1724.92	1931.32	2007.7	2035.1	1771.12	1788.28
	水资源节约管理与保护	47.91	50.93	55.67	81.35	121.41	133.82	138.08	143.81	136.21	129.49
	自然资源海洋气象等支出	1906.12	2083.03	2114.70	1787.06	2304.15	2273.58	2182.70	2333.94	2283.16	2452.86
	占全国财政支出(%)	5.72	5.94	5.97	5.58	6.02	6.13	6.27	5.68	5.13	4.86
政府基金预算	可再生能源电价附加收入安排的支出	282.31	448.43	579.60	595.06	712.09	838.79	858.95	923.56	890.38	3087.44
	船舶油污损害赔偿基金支出	0	0	0	0	0.01	0.16	0.17	0.35	0.17	0.17
	废弃电器电子产品处理基金支出	7.53	33.92	53.97	47.14	0.66	22.74	34.84	24.22	30.61	28.32
	核电站乏燃料处理处置基金支出	0.70	1.59	4.32	0.52	2.55	14.97	8.15	10.39	10.81	7.11
	污水处理费相关支出	0	0	176.78	324.73	437.80	474.44	552.02	807.72	692.85	763.33
	占广义财政支出(%)	4.81	5.03	5.23	4.96	5.35	5.25	5.26	4.52	4.09	4.37

资料来源：财政部网站。

注：＊项于2019年划入退牧还草；＊＊项由2015年的"能源节约利用"更名而来；＊＊＊项为2015年新增，并于2017年划入农林水支出。

2020 年受到外部冲击后开始下降。过去十年平均增速最快的支出方向为基础保障事务支出，平均增速 11.36%，在疫情冲击下该项支出保持相对平稳，下降幅度最小；这也从侧面说明绿色发展领域尚有诸多问题没有厘清，亟须绿色财政支出科目的调整优化。污染防控、生态保护与修复领域资金平均增长率分别为 7.97% 和 3.83%。用于能源节约与利用的支出出现负增长，平均增长率为-3.70%。

表6　2013~2022 年不同功能的绿色财政支出规模

单位：亿元，%

功能分类	2013	2014	2015	2016	2017	2018
污染防控	1232.20	1383.69	1629.64	1762.83	2189.54	2750.76
生态保护与修复	709.44	826.91	935.56	948.08	1024.00	1175.32
能源节约与利用	973.64	1037.74	1371.22	921.83	1022.18	1022.12
基础保障事务	481.53	595.31	810.14	1101.81	1272.82	1345.48
功能分类	2019	2020	2021	2022	平均增长率	平均占比
污染防控	3090.33	2916.79	2481.03	2456.18	7.97	41.17
生态保护与修复	1307.24	1148.6	1027.97	994.95	3.83	18.99
能源节约与利用	1052.07	816.11	738.34	693.4	-3.70	18.14
基础保障事务	1936.65	1450.36	1277.8	1268.27	11.36	21.70

2. 中央和地方绿色财政支出结构测度

（1）地方绿色财政支出在绿色财政支出中的占比提升

表7 中列示了 2013~2022 年中央、地方不同口径绿色财政支出的规模和变化情况。地方的绿色财政支出和全国绿色财政支出变动基本一致，这是由中央本级绿色财政支出占比过低所致。过去 10 年，地方绿色财政支出在绿色财政支出中的占比一直在稳步提升，这是由中央的绿色转移支付一直是地方绿色财政支出的重要组成部分所致，中央绿色转移支付的提高相应增加了地方绿色财政支出规模。

表 7　中央本级和地方绿色财政支出规模和变化情况

单位：亿元

年份	中央本级绿色财政支出			地方绿色财政支出		
	小口径	中口径	大口径	小口径	中口径	大口径
2013	100.26	416.57	510.52	3334.89	7549.08	7745.67
2014	344.74	753.78	1190.36	3470.90	8156.74	8204.10
2015	400.41	794.48	1315.54	4402.48	9699.68	9993.29
2016	295.49	662.45	1215.91	4439.33	9808.67	10222.66
2017	350.56	710.87	1362.82	5266.77	11627.97	12129.13
2018	427.56	852.40	1658.77	5870.05	12684.50	13229.23
2019	421.19	801.54	1623.58	6969.01	14177.09	14809.18
2020	344.26	665.18	1539.19	5989.14	13286.46	14178.69
2021	273.78	619.03	1496.35	5251.36	11990.63	12738.13
2022	176.96	475.44	3531.03	5235.84	12187.97	13018.75

资料来源：财政部网站。

（2）地方绿色财政支出平稳增长，中央本级绿色财政支出波动较大

为了更好地观察中央和地方绿色财政支出的变化趋势，图 1 中绘制了全国、中央和地方的小口径绿色财政支出增长率，即一般公共预算中的"节能环保"支出增长率。中央本级的绿色财政支出的波动性总体上大于地方政府的绿色财政支出波动性。2014 年，由于节能环保支出科目内容得到扩充，中央本级的绿色财政支出大幅增加。其中，"资源勘探电力信息事务"类中的"农村电网建设"项被划归至"211 节能环保"支出科目下的"能源管理事务"，中央本级"农村电网建设"支出为 108 亿元，较上年增加 24 亿元。同时，中央本级的"其他能源管理事务"支出由 2013 年的 0.03 亿元提高至 2014 年的 57 亿元。此外，中央本级的"能源节约利用"支出由上年的 18 亿元增加至 62 亿元。以上原因共同导致了 2014 年中央本级绿色财政支出的大幅增长。

地方绿色财政支出的增速与全国绿色财政支出增速基本一致，在 2013~2022 年呈现逐渐放缓的趋势。2013~2019 年，地方绿色财政支出增速变化

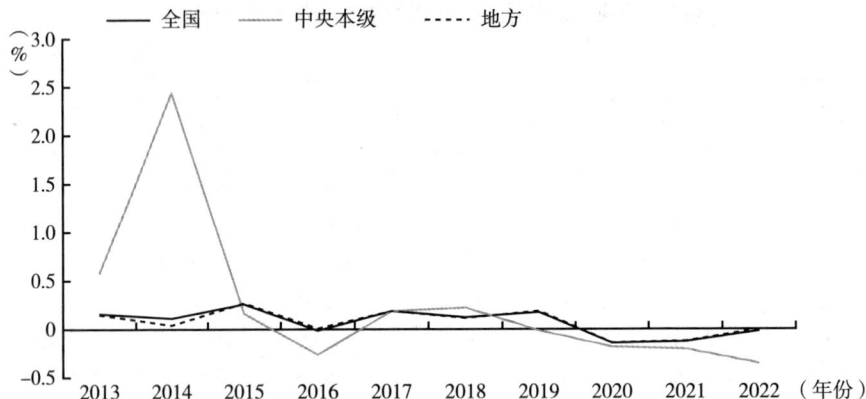

图1 2013~2022年全国、中央本级和地方的绿色财政支出（小口径）增长率

相对平稳，2015年、2017年和2019年增幅较大，而2020~2022年，地方绿色财政支出呈负增长。随着疫情影响的消除和经济的逐渐复苏，地方绿色财政支出呈上升趋势。

3.绿色财政支出区域特征及差异测度

（1）各省绿色财政支出规模差异明显，省际差距在缩小

2018~2022年多数省份的绿色财政支出总体上保持正向增长，但仍有部分省份绿色财政支出出现负增长。2018~2022年，小口径绿色财政支出增速排名前五的省份分别为辽宁、甘肃、浙江、湖北、湖南，中口径绿色财政支出增速前五名的省份分别为海南、辽宁、甘肃、江苏、陕西。小口径支出增加额排名前五名的省份分别为重庆、吉林、山西、甘肃、江苏，中口径支出增加额排名前五名的省份分别为重庆、天津、山西、甘肃、上海。可以看出，甘肃省的绿色财政支出增长最为显著，总体来看东中部地区的省份在绿色发展领域的投入较多。

如表8所示，2018年小口径和中口径下绿色财政支出规模最高省份和最低省份的差额分别为228.19亿元和366.56亿元。2022年各省绿色财政支出规模差异较明显，小口径下排名靠前的省份有北京、上海和黑龙江等，排名靠后的省份有宁夏、新疆和西藏等，最高省份和最低省份的差额为

160.92 亿元；中口径下排名靠前的省份同样是北京、上海和黑龙江等，排名靠后的省份则为西藏、宁夏和安徽等，最高省份和最低省份的差额为271.94 亿元。2018~2022 年，绿色财政省际支出差距不断缩小，表现为绿色财政支出规模最高和最低省份支出之间差额的下降。

结合 31 个省份 2018~2022 年绿色财政支出的变化趋势，可以发现以下几个特点。一是虽然部分省份的绿色财政支出变化波动较明显，但支出规模排序未发生显著变化。例如，北京虽然在 2022 年绿色财政支出下降了，但其支出规模排名一直处于第一位。二是个别年份出现绿色财政支出的普遍下降。如 2020 年，大部分省份的绿色财政支出都减少了。三是多数省份的绿色财政支出呈总体上升趋势。即使经历了 2020 年绿色财政支出下降的负面冲击，多数省份 2022 年的绿色财政支出仍高于 2018 年的支出水平，说明各省对绿色发展的重视程度在不断提升。

表 8　2018 年、2022 年全国 31 个省份中、小口径绿色财政支出规模及对比分析

省份	小口径绿色财政支出			中口径绿色财政支出		
	2018 年	2022 年	2018~2022 年	2018 年	2022 年	2018~2022 年
	规模（亿元）		平均增长率（%）	规模（亿元）		平均增长率（%）
北京	229.42	163.80	-8.08	376.90	281.95	-7.00
天津	14.88	14.78	-0.17	43.90	65.63	10.58
河北	7.63	7.83	0.65	35.79	43.11	4.77
山西	12.83	27.71	21.23	43.88	65.43	10.50
内蒙古	34.12	40.43	4.33	73.08	80.31	2.39
辽宁	1.23	5.01	42.18	10.34	17.49	14.04
吉林	26.19	43.64	13.62	41.81	57.77	8.42
黑龙江	90.67	59.10	-10.15	122.74	103.62	-4.14
上海	138.80	137.30	-0.27	147.90	165.50	2.85
江苏	13.52	21.44	12.23	26.03	39.61	11.07
浙江	2.71	6.71	25.48	12.22	17.48	9.36
安徽	4.75	5.81	5.17	10.52	14.35	8.08
福建	5.38	10.58	18.43	15.63	21.37	8.13
江西	12.84	11.16	-3.44	25.26	21.93	-3.48
山东	5.89	9.17	11.68	25.44	31.05	5.11

续表

省份	小口径绿色财政支出			中口径绿色财政支出		
	2018 年	2022 年	2018~2022 年	2018 年	2022 年	2018~2022 年
	规模(亿元)		平均增长率(%)	规模(亿元)		平均增长率(%)
河南	17.99	10.69	-12.19	31.81	25.26	-5.61
湖北	3.88	9.30	24.44	21.12	28.73	8.00
湖南	4.74	10.77	22.79	25.14	36.89	10.06
广东	57.42	13.10	-30.89	79.35	54.51	-8.96
广西	5.10	11.34	22.10	23.26	29.21	5.85
海南	3.52	6.83	18.06	13.38	27.74	19.99
重庆	35.94	57.99	12.70	58.36	83.96	9.52
四川	16.23	20.85	6.47	23.40	34.52	10.21
贵州	13.89	15.02	1.97	26.84	28.93	1.89
云南	4.76	8.03	13.95	14.63	20.15	8.32
西藏	8.12	4.85	-12.06	15.92	10.01	-10.95
陕西	6.74	13.33	18.60	25.65	39.00	11.04
甘肃	5.98	15.55	26.97	30.38	50.28	13.43
青岛	13.05	16.43	5.91	24.01	25.32	1.34
宁夏	4.23	2.88	-9.16	11.45	11.85	0.86
新疆	23.15	3.23	-38.86	36.27	31.73	-3.29

资料来源:财政部网站。

（2）不同地区的绿色财政支出规模呈相同变动趋势，华北地区绿色财政支出规模最大

为了更好地分析各地区的绿色财政支出特征和差异，本报告依据国家统计局的常规区域划分方式，将全国 31 个省份划分为六大区域，观察区域内和区域间的绿色财政支出变动情况。图 2 和图 3 分别展示了小口径和中口径下各地区的绿色财政支出情况。

从区域内部变动的角度看，两种口径下的地区绿色财政支出规模呈现相似的变动趋势，均在波动中上升。同时，中口径的地区绿色财政支出曲线变动更加平缓，说明中口径的绿色财政支出波动程度小于小口径下地区绿色财政支出的波动程度。

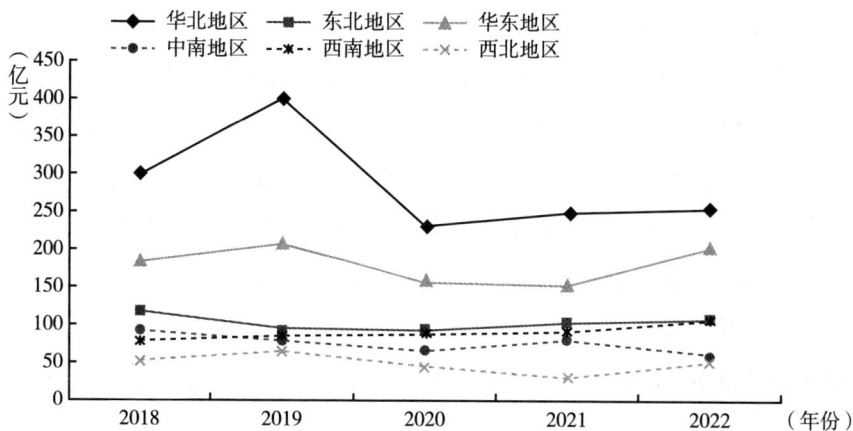

图 2　2018～2022 年小口径下各地区绿色财政支出情况

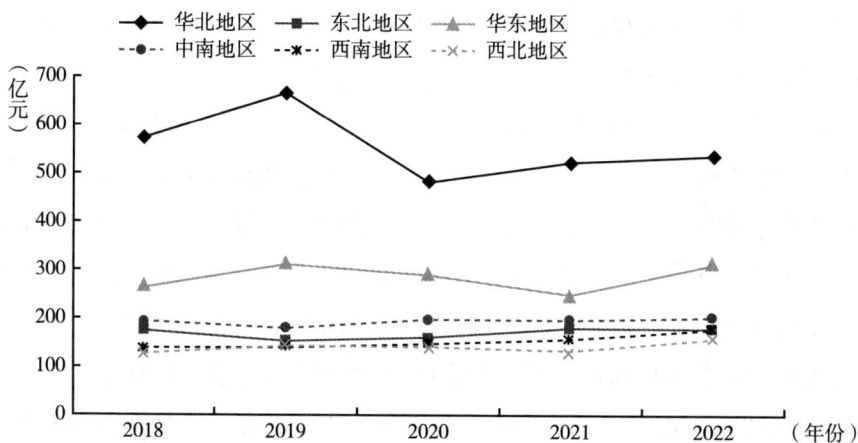

图 3　2018～2022 年中口径下各地区绿色财政支出情况

　　从区域间差异的角度看，华北地区和华东地区小口径的省本级绿色财政支出规模最大，2022 年分别以 254.5 亿元和 202.2 亿元位列地区前两位。东北地区小口径绿色财政支出以 107.8 亿元位列第三，西南、中南和西北地区分别以 106.7 亿元、62 亿元和 51.4 亿元排在后三位。在中口径绿色财政支出的分析框架下，同样地，2022 年，华北和华东地区的省本级绿色财政支出分别以 536.4 亿元和 311.3 亿元位列地区前两位。

然而，与小口径下的情况不同的是，中口径下中南地区的绿色财政支出以 202.3 亿元位列第三，而东北、西南和西北地区分别以 178.9 亿元、177.6 亿元和 158.2 亿元排在后三位。在两种口径下，华北地区的绿色财政支出均最高，而西北地区的绿色财政支出均最低。华东、中南、西南地区在中口径和小口径下排名的区别主要是由中南地区中口径下支出规模排名提高引致的。进一步探究原因可知，中南地区省份有相对较高的自然资源海洋气象支出，如 2022 年，湖南、广东和海南的自然资源海洋气象支出分别为 22 亿元、25 亿元和 17 亿元。而自然资源海洋气象支出属于中口径的绿色财政支出。

3. 绿色财政转移支付结构不断优化，专项转移支付支出规模大幅下降

2021 年，《中央生态环保转移支付资金项目储备制度管理暂行办法》对绿色发展领域的中央和地方财政事权和支出责任进行了划分，明确了绿色转移性支出的使用方向和范围。

从项目上看，我国绿色专项转移支付项目不断减少，在 2019 年增加设立共同财政事权支出后，绿色专项转移支付的项目数量和支出规模均发生了大幅下降。剩余的专项转移支付多集中于全国性的与绿色发展相关的环境治理工程项目。其中，对大气、水、土壤污染防治和重点生态保护修复的专项转移支付持续增加，转移支付更加注重资金的竞争性分配和项目化管理，绿色发展的指向性更加明显，财政资金绩效激励机制增强。林业补助资金在 2016 年后被取消并新增林业改革发展资金。节能减排、林业生态保护恢复和林业改革发展等转移支付由专项转移支付划为一般性转移支付的共同事权转移支付后，由中央负责统筹、地方负责执行，有利于根据我国绿色发展的需要，发挥中央—地方积极性。

从规模上看，部分地方绿色发展项目的财政支出对绿色转移支付的依赖程度较高，如 2022 年，地方的农业资源保护修复与利用支出几乎全部来自中央对地方的专项转移支付，地方的林业和草原支出中至少有 58% 来自中央对地方的专项转移支付。从结构上看，我国绿色转移支付正在由过去的条块型配置、项目式发展向系统性配置和协调性发展转变。

三 绿色财政支出测度需要注意的关键性问题

（一）绿色财政支出的科目设置

从 2013~2022 年我国绿色财政支出包含的科目来看，具体科目设置还有待完善。一方面，我国绿色财政支出相关的科目调整频率较高。与绿色发展相关的财政款级支出科目频繁调整。例如，"江河湖库流域治理与保护"仅在 2015 年出现在小口径绿色财政支出（节能环保支出）中，后划入中口径绿色财政支出（农林水支出）管理。另一方面，本应统计在一类账户中的部分绿色财政支出并未纳入同一个统计口径，导致绿色财政支出统计起来较为困难。绿色财政支出散落于不同的支出科目。例如，类级科目"212 城乡社区"支出和"211 节能环保"支出科目中的项目均与绿色发展相关，"21105 天然林保护"和"21302 林业和草原"项目均属于与森林草原相关的生态管理但分别属于两个支出方向。绿色生态转移支付科目并非全部属于节能环保类。例如，农业绿色发展专项（长江生物多样性保护工程项目）和中央财政"国有天然林停伐补助资金"均属于农林水类。以上反映出我国绿色财政支出的方向存在模糊重叠的问题，需要优化相关科目设置。

一是适当删减合并性质相似的科目。例如，可以增设"森林资源保护"款级科目，将"21105 天然林保护"和"21106 退耕还林还草"降级并划入该科目；增设"草原修护"科目，将"21108 退牧还草"和"21109 已垦草原退耕还草"合并划入该科目。鉴于当前部分省份的环保监察、监测和执法机构已进入了垂直综合执法阶段[①]，可以在合适时机，将"2111101 生态环境监测与信息"和"2111102 生态环境执法监察"合并后，划入"21102

---

① 见 2016 年中共中央办公厅、国务院办公厅印发的《关于省以下环保机构监测监察执法垂直管理制度改革试点工作的指导意见》第三条和第四条。

环境监测与监察"科目。

二是适当转换增加关系紧密的科目。例如，可以将农林水支出中的"21302 林业和草原"款级科目划转为"21104 自然生态保护"支出的下级款项等，使绿色财政支出科目更加综合全面。

三是考虑将"节能环保"科目名称改为"绿色低碳"，从减污、降碳、扩绿、增长等角度突出财政的综合性支持，改善绿色财政支出科目设置。

（二）绿色财政支出的测度标准

本报告从政府支出科目出发，对绿色财政支出进行了测度。虽然我国目前的支出分类体系体现了政府职能，也有与生态环境对应的支出科目，但是在对绿色财政支出进行测度和分类时还远远不够。一方面，根据政府职能进行的支出分类较为有限，无法说明政府支出履行的多重职能，其中包括与绿色低碳有关的职能。同时，虽然存在以环境为工作导向的政府职能部门，但不足以确定所有环境相关的支出，也缺乏与绿色低碳相关的所有政府职能的明确界定。另一方面，当前的支出分类没有体现出财政支出目标的多重性，或者说，与这些支出相关的活动可能产生其他次要影响或外部性，这限制了对绿色财政支出测度的准确性。即使某项财政支出的目的与绿色低碳无关，但如果对绿色低碳产生了正向影响，也应该确定为绿色财政支出。

因此，要从根本上提高绿色财政支出测度的准确性，需要建立更完善的测度标准，从而更好地对绿色活动进行识别和分类。可以参照已有的相对完善的绿色分类方法，如欧盟的环境保护支出账户、绿色国民经济核算体系，以及绿色金融领域的分类标准，明确财政支出中哪些是绿色的、哪些是非绿的，建立相应的绿色财政支出的测度标准和测度体系。

（三）绿色财政支出的测度方法

可以考虑在已有的财政支出账户基础上，建立按复式记账法分类的预算标记，对已有的支出进行重新分类。在统计各项支出规模时，根据某项财政支出与绿色低碳的相关程度和该项支出对不同低碳目标的影响程度，计算相应类别的绿色财政支出数额，并登记在相应的绿色支出账户细分项目中。在收集数据时，既可以使用事前标记法，在源头或事前对绿色支出进行标记，允许绿色财政支出自动记录和分类，这需要在已有的账户中纳入绿色相关的功能维度；也可以使用事后标记法，即通过重新评估和重新分类，将已经分类的预算支出数据进行事后分类，采用这种方法需要与财政支出相关的政府职能部门的支持帮助。

四 对我国绿色财政支出的评价和建议

（一）财政支出绿色化程度和绿色财政支出稳定性有待提高

从我国近十年绿色财政支出的变动趋势来看，目前仍存在财政支出绿色化程度"变浅"、绿色财政支出不稳定的问题。一方面，绿色财政支出虽然不断增长，但与财政支出的增长和经济增长的协同性不足。具体表现是，2013~2022 年的绿色财政支出的绝对规模呈上升趋势，然而占财政支出的比重和占 GDP 的比重等相对规模指标在持续下降，导致财政支出绿色化程度呈现"变浅"的趋势。另一方面，绿色财政支出的稳定性不足。在疫情等外部风险冲击下，绿色财政支出占财政支出和 GDP 比重在 2020 年均出现下降，直接影响地方政府承担绿色发展相关事权责任的能力。基于此，提出以下建议。

一是适度提升财政支出绿色化程度。1997 年，世界银行通过总结国际经验发现，当环境财政支出占 GDP 比重在 1%~1.5% 时，环境恶化的趋势可以被控制；当这一比重在 2%~3% 时，环境质量则可以得到显著改善。因此，绿色财政支出的增长应在注重绝对规模提升的同时，提高绿色支出占GDP 的比重和占财政支出的比重。应参照国际标准，充分考虑我国国情，结合绿色发展任务轻重、市场主体绿色投入规模、财政支出总体增速等确定绿色财政支出相对规模，确保财政支出的绿色化程度由"浅绿"向"深绿"

过渡。

二是提高绿色财政支出的稳定性。鉴于绿色财政支出应对外部风险冲击的能力较弱，建议把绿色财政投入放在更加重要的位置，注重绿色财政支出的稳定性，在重点领域设立专项资金，制定符合绿色发展理念的绿色财政支出中长期规划，使资金能维持绿色发展，不至于出现断流或猛增的情况。

（二）绿色财政支出结构的合理性有待增强

从绿色财政支出的功能结构看，当前我国的绿色财政支出仍主要用于污染防控领域。2022年，用于污染防控的财政支出占绿色财政支出的比例高达45%，甚至大于生态保护与修复（18%）和能源节约与利用（13%）两项占比之和。当前的支出结构已经难以满足我国构建绿色低碳经济体系的要求。我国绿色财政支出结构改革应围绕生态文明建设和高质量发展主线，实现从末端治理向前端清洁生产和生态系统固碳增汇的蜕变。

一是向能源节约与利用方向倾斜。首先，加大可再生能源投入力度，鼓励建立清洁低碳安全高效的能源体系。可以考虑根据清洁能源发展实际、能源技术种类"可再生能源"科目下的项级明细科目，或可再生能源研发应用环节布设科目和分配资金。同时，由于新能源技术应用周期较长，现阶段仍要研发应用化石能源脱碳技术，帮助实现能源结构转型和过渡。相应地，可以考虑细化能源节约利用科目支出内容，突出财政支持重点。其次，加大对循环经济的支持力度，鼓励可持续的绿色生产与消费行为。循环经济款级科目为2015年新设，目前并无具体支出内容。建议从废弃物资利用、闲置资源共享、二手交易、废旧物资循环、政府绿色产品和服务采购等方面细化支出内容。最后，加大能源管理科目支出规模。目前能源管理支出多用于能源管理事务性支出，内容较分散、重点不突出，可以通过支出项目优化调整体现能源管理特点和绿色低碳发展特征。

二是向生态保护与修复方向倾斜。生态保护与修复有助于巩固碳汇。然而，目前财政在该方向上的支出较为分散和繁杂。林业和草原支出散落于211和213科目。211支出科目中与林业相关的款级科目为"天然林保护"

"退耕还林还草",与草原相关的款级科目为"退牧还草""已垦草原退耕还草"。建议整合支出内容、突出生态系统治理重点,与绿色发展目标更好衔接。特别是在"双碳"目标下可以考虑设置统一的"生态系统碳汇"支出科目按"森林碳汇""草地碳汇""湿地碳汇"等分开列示。

(三)绿色财政支出的透明度有待提升

目前仍有部分绿色财政支出不透明。例如 2019 年,与生态保护与修复相关的财政支出为 1307.2 亿元,与能源节约与利用相关的财政支出为 1052.1 亿元,而"其他节能环保支出"高达 1384.52 亿元,且并未给出明确的支出方向。由于绿色财政支出的具体方向模糊不清,既影响绿色财政支出的测算,也不利于绿色目标的实现。建议细化"其他节能环保支出"内容,将规模庞大的其他绿色支出分散到不同的支持方向上去,合理设置款级科目。

(四)绿色转移支付体系仍需进一步完善

一是健全生态产品价值科学评估和衡量标准体系,以生态产品价值核算结果作为绿色转移支付资金分配的重要因素,特别要增加对重点生态区域的补偿。二是厘清各类绿色转移支付的定位。一般性转移支付不限制下级政府资金适用范围,要建立合理增长的机制,既要考虑到对当地绿色低碳领域的资金支持,还要平衡好地方的财力情况。共同财政事权转移支付虽然划入一般性转移支付,但要求地方政府在获得上级资金的同时安排相应足额资金承担支出事权,因此应进一步明确绿色共同事权支出责任分担比例。三是健全绿色横向转移支付制度。由于绿色领域具有外部性,因此跨区生态环保、跨区域流域治理等外溢现象普遍存在,有必要持续完善横向转移支付制度。在汲取地区先进试点经验基础上,进一步明确绿色横向转移支付应用范围、绿色目标设定、资金分配方式、事权与支出责任划分标准、监督约束机制等,推动横向转移支付立法。

参考文献

张征宇、朱平芳：《地方环境支出的实证研究》，《经济研究》2010 年第 5 期。

Bain N. , Nguyen L. , Baboyan K. , *Knowing What You Spend: A Guidance Note for Governments to Track Climate Change Finance in Their Budgets* (UNDP, 2019).

Gupta R. , "Public Expenditure Policy and the Environment: a Review and Synthesis," *World Development* (1995).

Kooroshy J. , Dai L. , Clements L. , "Sizing the Green Economy: Green Revenues and the EU Taxonomy," *FTSE Russell report* (2020).

Le Gallo J. , Ndiaye Y. , "Environmental Expenditure Interactions among OECD Countries 1995-2017," *Economic Modelling* (2021).

OECD, "*Pollution Abatement and Control Expenditure in OECD Countries*," *Organisation for Economic Co-operation and Development* (1996).

B.5
绿色税收收入的测度：基于碳排放视角

刘 昶*

摘 要： 在"双碳"目标的推动下，产业绿色转型的步伐不断加快。作为政府重要的税源基础，产业绿色转型也意味着税收收入绿色化程度的提高。本报告从产业碳排放的视角，对绿色税收收入进行了量化测度。定量分析结果显示，分产业的碳排放总量增加，碳排放强度降低，与此同时税收收入的绿色化水平逐年提高。

关键词： 绿色税收收入　产业绿色转型　"双碳"

　　财政包括收入和支出两个方面，而税收是财政收入最主要的形式，本报告将从绿色税收收入角度观察和反映绿色财政转型的情况。有两种不同性质的绿色税收收入定义，一种是传统的，另一种是新兴的。其中，传统的绿色税收是基于调节功能视角的定义，关注的是税收在经济社会发展全面绿色转型中所发挥的激励和约束调节作用。新兴的绿色税收是基于收入功能视角的定义，关注的是税源绿色转型以及相应的税收收入绿色化问题。

一　两种不同的绿色税收定义

　　目前存在两种不同的绿色税收定义，分别对应着两种不同的思路和视角。

---

* 刘昶，经济学博士，中国财政科学研究院公共收入研究中心助理研究员，主要研究方向为财税理论与政策。

（一）调节功能视角下的绿色税收

调节功能视角下的绿色税收，就是将税收作为调节的手段或工具，凡是能起到生态环境调节和保护作用的税收都是绿色税收。调节功能视角下的绿色税收，也是传统视角下的绿色税收，是目前使用最为广泛的关于绿色税收的界定。比如，荷兰国际财税文献局（IBFD）出版的《国际税收辞汇》[①]将绿色税收定义为"对污染产业和污染物的使用所征收的税，或对投资防治污染或环境保护的纳税人所给予的税收减免"。再如，经济合作与发展组织（OECD）将对能源产品（燃料、天然气、煤、电力等）、机动车辆和运输服务、污染排放物（如废气、废水、消耗臭氧层物质、某些弥散性水污染源、废物等）以及自然资源（水、土地、土壤、森林、野生动物保护区等）等征收的税统称为绿色税收。

此外，通常将绿色税收收入占税收总收入的比重或绿色税收收入相对于GDP 的百分比作为衡量和评估一国税收或税制绿色化程度的指标。并且，该数值越大表明税收的绿色化程度越深。

调节功能视角下的绿色税收存在两个衡量难题。其一，为发挥绿色税收激励作用而采取的税收优惠政策，通常会带来税收收入的减少，进而导致税收绿色化程度指标数值的下降。其二，从发挥约束作用的税收政策来看，也存在相似的情况。以环境保护税（以下简称"环保税"）为例，环保税是传统绿色税收体系中的典型税种，它的税基为污染物的排放量，在税率和税收征管措施不变或一定的情况下，污染物的排放量越少，相应的税收收入也越少。而这种环保税收入的下降也恰恰表明了其效果，而不是说环保税收入越高其效果越好。

（二）收入功能视角下的绿色税收

收入功能视角下的绿色税收，就是来自绿色税源的收入的统称。收入功

[①] 《国际税收辞汇》是荷兰国际财税文献局（IBFD）出版的定义和解释税收和税收相关术语的工具图书，首次出版于 20 世纪 80 年代，历经多次修订，是全球财税领域公认的权威工具性图书。

能视角下的绿色税收是一种新型的绿色税收定义。目前，大家对这种绿色税收的关注还比较少。更没有相应的测度标准和方法。

收入功能视角下的绿色税收，关注的是税收收入本身绿色与否以及绿色化程度的问题。收入功能视角下的绿色税收收入的比重越高表示税收绿色化程度越高，税收收入质量越好。

二　绿色税收收入的测度思路

如前所述，本报告区别于传统的思路，从一个全新的视角重新定义了绿色税收，并将来自绿色税源的收入统称为绿色税收。所以，测度绿色税收收入的关键就是分辨哪些税源是绿色税源，哪些税源是非绿色税源，并测度相应税源的绿色化程度。

产业是政府最重要的税源基础，产业绿色转型必然带动相应税源的绿色转型，进而税收收入也就实现了绿色转型。所以测度绿色税源的问题就相应地转变为测度产业绿色化程度的问题。如果能够分辨出哪些产业是绿色产业，哪些产业是非绿色产业，以及产业的绿色化程度，绿色税收测度问题自然就迎刃而解了。因此，就形成了"产业绿色化—税源绿色化—税收收入绿色化"这样一个测度的思路。

判断一个产业的绿色化程度通常包含两个维度的指标，一个是污染物排放指标，另一个是碳排放指标。如果能够同时衡量二者的话，就可以更加准确地衡量产业绿色化程度。但是，受数据可得性所限，本报告重点从碳排放的视角关注产业税源绿色化和税收绿色化的问题。特别是在"双碳"背景下，判断一个产业绿色与否及其绿色化程度，主要取决于其碳排放情况。通常认为碳排放量较低的产业相较于碳排放量较高的产业要更加符合绿色发展的理念，因此也更加绿色。而且，我们将来自低碳产业的税收收入称为低碳税收，来自高碳产业的税收收入称为高碳税收，低碳税收的绿色化程度显然要高于高碳税收。高碳税收越少，低碳税收越多，整个税收收入的绿色化程度也就越高。因此，我们就可以根据产业碳排放的情况来判断其绿色化程度，进而判断该产业税收收入的绿色化程度。

三　绿色税收收入的测度结果

遵循前文的测度思路，我们首先要分析各个产业的绿色转型情况，考虑到各产业的特点，包括历史发展基础、投入产出状况、可用的技术条件等，不同产业的绿色转型速度和进程也有所差异。

（一）分产业的二氧化碳排放量持续增加，碳排放强度持续下降

产业绿色转型的最终结果体现在产业的二氧化碳排放情况上。本报告旨在从产业二氧化碳排放总量和单位增加值二氧化碳排放量（碳排放强度）两个角度，分析我国产业绿色转型的进展情况，结果表明我国产业绿色转型的任务较重压力较大。

1. 从二氧化碳排放总量来看，各产业二氧化碳排放量持续增加，但是增速在总体上呈现波动下降的趋势

本报告采用特定的方法来测算分产业的二氧化碳排放量数据。关于具体测算方法的详细说明，请参阅专栏1。从全行业及三次产业的数据来看，2004~2021年，二氧化碳排放量基本呈现持续增长的态势，如图1所示。尽管二氧化碳的排放总量持续增加，但排放量的增速总体呈现波动下降的趋势，如图2所示。各大产业排放量的增速基本上从最初的10%以上降至5%~10%。2020年9月，习近平主席代表中国向全世界做出了碳达峰和碳中和的庄重承诺。受新冠疫情影响，2020年第三产业的二氧化碳排放量出现了历年来的最大降幅，增速为-2.8%，这也是该产业自2005年以来唯一的负增长。此外，2020年全行业和其他产业的二氧化碳排放量增速也都有较为明显的下降。然而，由于经济增长的快速修复和上年的低基数影响，2021年各产业二氧化碳排放量的增速回升较快。其中，全行业的二氧化碳排放量增速为5.6%，而第三产业的二氧化碳排放量增速高达9.5%。

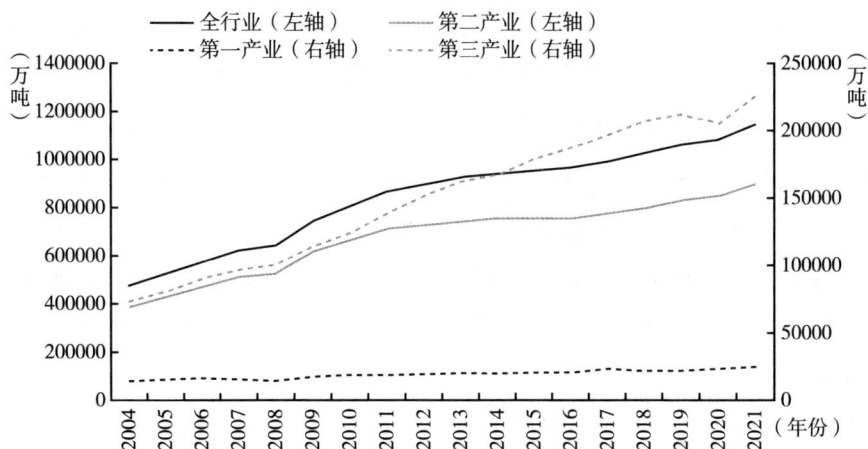

图1　2004~2021年全行业及三次产业碳排放量情况

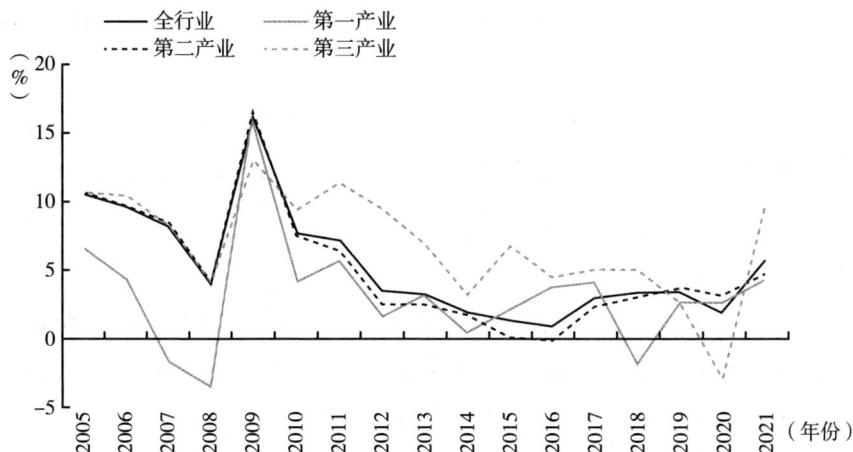

图2　2005~2021年全行业及三次产业碳排放量增速情况

专栏1　分产业二氧化碳排放量的测算方法与数据说明

1. 测算方法

分产业的二氧化碳排放量通常是通过将分产业的能源消耗量乘以特定的排放系数进行测算。这个方法涵盖了多个关键步骤。

首先，需要对各产业的能源消耗量进行精确的测定，并将其转换为标准煤消耗量。这一步骤的重要性在于，它确保了测量的能源消耗量具有可比性，使得不同产业、不同地区的能源消耗量可以公平地比较。为了实现这一目标，我们需要借助各种可靠的能源统计数据和转换系数。

其次，需要确定碳排放系数，即1吨标准煤完全燃烧产生的碳排放量。碳排放系数的单位为：吨碳/吨标准煤。这个系数是一个关键的参数，因为它决定了测算二氧化碳排放量的基础。为了获取这个系数，本报告参考了美国能源信息署（EIA）、日本能源经济研究所（IEEJ）和中国国家发改委能源研究所给出的碳排放系数参考值。为了增加科学性，本报告取这三者的平均值0.68作为碳排放系数。

再次，需要确定二氧化碳排放系数。这个系数是通过碳原子的相对质量和氧原子的相对质量计算得出的。由于碳原子的相对质量为12，氧原子相对质量为16，因此1吨碳在氧气中完全燃烧后产生的二氧化碳量为44/12（约3.67）吨。这个系数是用来将碳排放量转化为二氧化碳排放量的关键参数。

最后，将前述数据相乘，即可得到分产业的二氧化碳排放量数据。这种方法充分考虑了各种因素，包括能源消耗量、碳排放系数和二氧化碳排放系数等，以确保结果的准确性和科学性。同时，这种方法还可以根据不同的需求和条件进行灵活的调整和优化。

此外，为了提高测算的精度和可靠性，还可以引入更多的细节和参数。例如，可以考虑不同产业的特点，引入更有针对性的排放系数；还可以引入能源品质和燃烧效率等因素，更加准确地反映实际情况。

总之，分产业的二氧化碳排放量测算方法是一个科学、合理的方法，可以帮助我们准确地了解各产业的碳排放情况，为制定有针对性的减排政策提供数据支持。同时，这种方法还可以根据不同的需求和条件进行灵活的调整和优化，以适应不同的应用场景和需求。

2. 数据选择说明

本报告所引用的数据主要是来自《中国统计年鉴》以及国家统计局等官方统计年鉴和网站，这些数据经过严格的审核和验证，具有较高的可信度和准确性。在选择产业类别时，主要基于数据的可获取性原则，即只要产业数据可得，就会进行测算。这样做可以确保数据来源广泛、准确可靠。所选取的数据的时间跨度为 2004~2021 年，起始点选择在 2004 年是因为从这一年开始，分产业增加值的数据相对较全，这使得我们能够更全面地分析各产业的发展趋势和变化情况。

3. 需要说明的其他情况

中国碳排放量数据一直备受关注。目前，尽管一些研究机构使用特定方法测算出了二氧化碳排放量数据，例如中国碳核算数据库（CEADs），但这些数据无法满足本报告对逻辑一致性的需求。因此，本报告自行计算了二氧化碳排放的相关数据。

在计算过程中，报告采用了国际上通用的排放因子法，结合中国的实际情况，选取了具有代表性的产业和地区进行测算。同时，也参考了国内外权威机构发布的指南和标准，以确保计算结果的准确性和可靠性。

需要强调的是，此处采用的方法和测算结果仅适用于本研究报告。虽然测算结果可能存在一定的误差，但计算方法和过程是完全透明且可复制验证的。

从细分产业的情况来看，各产业的二氧化碳排放量与三次产业的排放情况基本一致（见图 3、图 4）。在二氧化碳排放总量上，除少数产业（采矿业等）外，其他产业基本呈现出排放总量逐年增长的态势。采矿业的二氧化碳排放量总体上呈现倒 "U" 形态势，2004~2012 年排放量呈上升趋势，而 2013~2021 年则呈现下降趋势。在二氧化碳排放量增速上，各细分产业也基本呈现波动下降的趋势。2020 年采矿业，交通运输、仓储和邮政业以及批发和零售业 3 个产业的二氧化碳排放量增速为负值，分别为 -9.3%、-5.9% 和 -3.3%。其他细分产业（制造业除外）的二氧化碳排放量增速也有一定幅度的下降。2020 年制造业二氧化碳排放增速为 4.2%，较上年提高了 0.4 个百分点。这表明在全球受新冠疫情影响下，中国的制造业克服了疫情困难，加大产能保障对国内外需求的供应，出口量增速 4% 即印证了这一点。同样，受经济增长快速修复和 2020 年低基数的影响，2021 年各细分产业的二氧化碳排放量增速回升较快。批发和零售业以及其他行业的增速均超过两位数，分别为13.1%和12.5%。

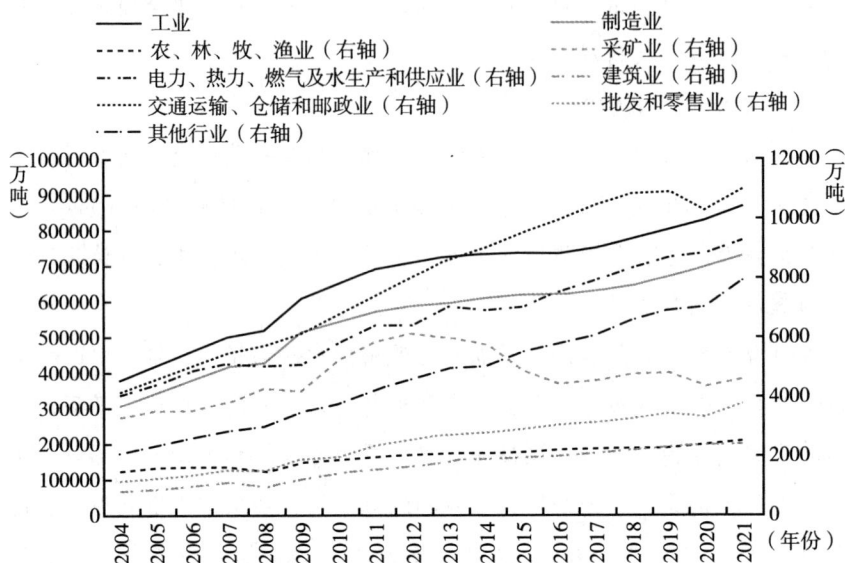

图3 2004~2021年细分产业二氧化碳排放量情况

资料来源：作者测算。

以上历史年度数据清晰地反映出我国各产业二氧化碳排放量仍在持续增加。预计在2030年实现碳达峰后，才会看到二氧化碳排放在绝对量上的减少。这种现象表明我国产业绿色转型的压力颇大，转型的任务也相当重。同时，这也凸显了我国碳减排工作的紧迫性和艰巨性。然而，我们也要看到，尽管排放量增加，但各产业二氧化碳排放的增速在总体上已经呈现出逐渐放缓的趋势。这表明在碳达峰目标实现之前，各产业内部已经在积极努力推进绿色转型。这进一步印证了我们在应对气候变化、推动绿色发展方面的决心和努力。

2.从二氧化碳排放强度上来看，各产业单位增加值二氧化碳排放量在持续下降

碳排放强度是指单位增加值的二氧化碳排放量。碳排放强度是衡量二

图例：

- —— 农、林、牧、渔业
- —— 工业
- ------ 采矿业
- ------ 制造业
- —·—· 电力、热力、燃气及水生产和供应业
- —·—· 建筑业
- ········ 交通运输、仓储和邮政业
- ········ 批发和零售业
- ·— — 其他行业

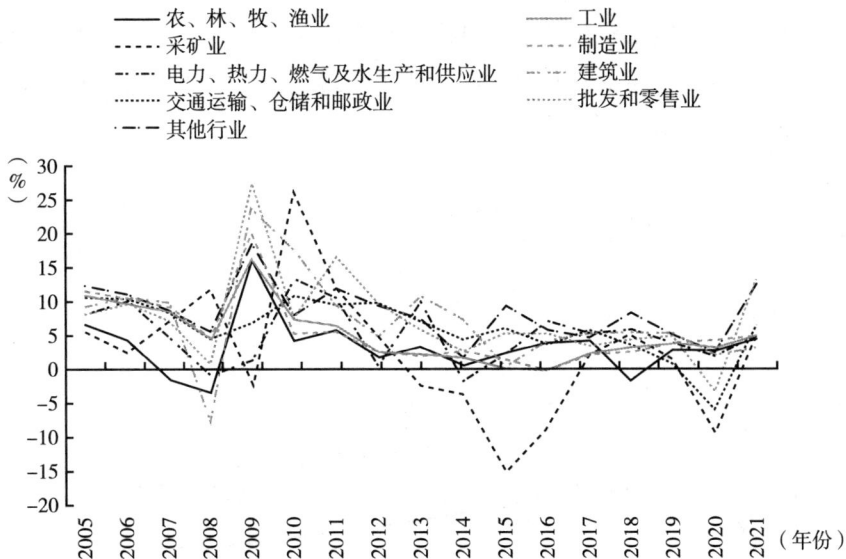

图4 2005~2021年细分产业二氧化碳排放增速情况

资料来源：作者测算。

氧化碳减排效率的重要指标。产业碳排放强度，即某产业单位增加值的二氧化碳排放量。对于特定产业，其碳排放强度受该产业的二氧化碳排放量和产业增加值双重因素的影响。一般来说，产业碳排放强度与产业二氧化碳排放量呈正比关系，而与产业增加值则呈反比关系。通常某产业的二氧化碳碳排放量越小且相应产业的增加值越大越好，即碳排放强度的值越小越好。

根据图5的数据，我们可以清晰地看到三大产业的碳排放强度存在一定的差距，第一产业的碳排放强度显著高于其他两大产业，第三产业的碳排放强度略高于第二产业。全行业以及三次产业的单位增加值二氧化碳排放总体上呈现逐年递减的趋势。经计算，全行业2021年的单位增加值二氧化碳排放相较于2004年下降了66.3%，年均降幅为6.2%。对于第一产业，2021年的单位增加值二氧化碳排放相较于2004年下降了58.3%，年均降幅为5%；对于第二产业，2021年的单位增加值二氧化碳排放相较于

107

2004 年下降了 62.5%，年均降幅为 5.6%；对于第三产业，2021 年的单位增加值二氧化碳排放相较于 2004 年下降了 66.7%，年均降幅为 6.3%。这些数据表明，我国全行业及三次产业单位增加值二氧化碳排放均得到了显著的控制和改善。

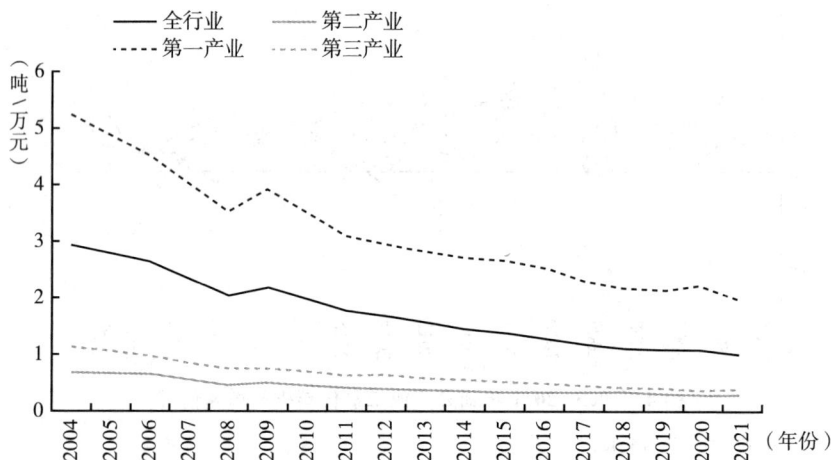

图 5　2004~2021 年全行业及三次产业单位增加值碳排放情况

资料来源：作者测算。

根据细分产业的数据，各产业单位增加值二氧化碳排放总体上呈现波动下降的趋势。然而，与全行业及三次产业相比，各细分产业的单位增加值二氧化碳排放量在下降过程中的波动性更为显著。这是因为各细分产业的总和在形成产业门类时，其各自的波动性在一定程度上会相互抵消。各细分产业详细的下降幅度和年均降幅情况，如表 1 所示。其中，降幅最大的产业是采矿业，2021 年单位增加值二氧化碳排放相对于 2004 年的下降幅度为69.4%，年均降幅为 6.7%。而降幅最小的产业是电力、热力、燃气及水生产和供应业，2021 年单位增加值二氧化碳排放相对于 2004 年的下降幅度为43.2%，年均降幅为 3.3%。

表1 不同产业单位增加值二氧化碳排放情况

单位：%

产业	2021年相对2004年的降幅	年均降幅
全行业	66.3	6.2
第一产业	58.3	5.0
第二产业	62.5	5.6
第三产业	66.7	6.3
工业	60.2	5.3
采矿业	69.4	6.7
制造业	61.1	5.4
电力、热力、燃气及水生产和供应业	43.2	3.3
建筑业	65.8	6.1
交通运输、仓储和邮政业	49.3	3.9
批发和零售业	62.4	5.6
其他产业	62.4	5.6

以上历史年度数据反映出我国各产业二氧化碳排放强度总体上呈现持续下降的趋势。而且，随着我国"双碳"战略目标的提出和落实，二氧化碳排放强度还将持续下降。如前所述，考虑到各产业二氧化碳排放量基本上保持增长之势，所以二氧化碳排放强度的持续下降主要得益于产业增加值的快速增加。如果某产业的二氧化碳排放量也出现了下降的情况，那么该产业的碳排放强度会出现更快速更大幅度的下降。以采矿业为例，近年来其二氧化碳排放量已呈下降之势，因此其碳排放强度降幅居于各产业之首。此外，还可以预见，在碳达峰之后，随着各产业二氧化碳排放量的绝对下降，各产业的碳排放强度还将出现更大幅度的下降。

（二）分产业税收收入绿色化程度总体上逐年提高

税收收入绿色化程度采用碳排放强度的逆向指数来表示，即某产业的碳排放强度越高，则该产业税收收入的绿色化程度越低。从图6和图7可以看出，随着碳排放强度的下降，无论是三大产业还是细分产业，各产业税收收入的绿色化程度总体上均呈现出波动上升的趋势。

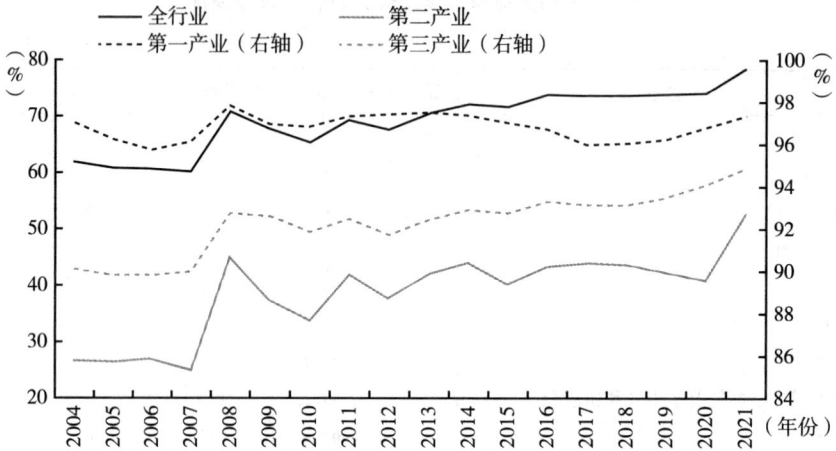

图6 2004~2021年全行业及三次产业税收收入绿色化程度

从三次产业来看，第一产业和第三产业的税收绿色化程度要显著高于第二产业。从有数据的细分产业来看，农、林、牧、渔业，建筑业以及采矿业的税收绿色化程度相对更高。批发和零售业的税收绿色化程度居中，交通运输、仓储和邮政业，工业以及制造业的税收绿色化程度相对较低。

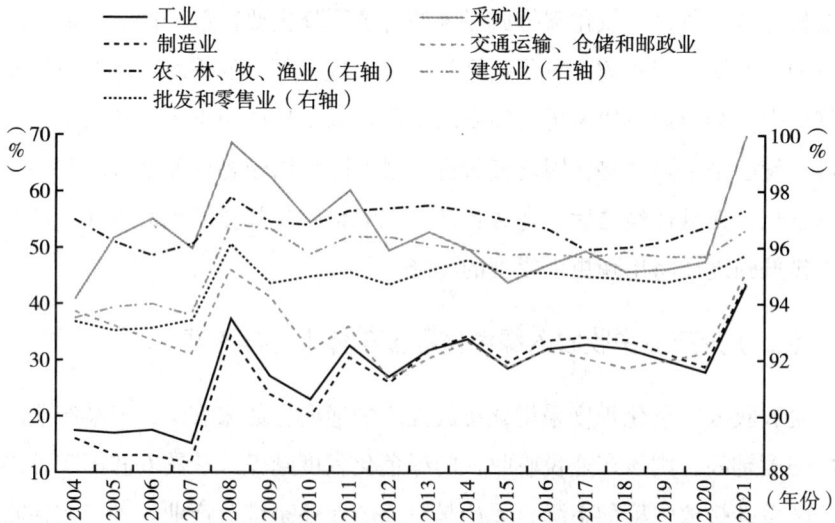

图7 2004~2021年细分产业税收收入绿色化程度

四 结论与建议

（一）结论

在"双碳"目标背景下，产业绿色化转型步伐加快，而产业是政府税收收入的重要基础，产业绿色化转型势必对政府税收收入绿色化程度产生影响。然而，受"重调节轻收入"的功能定位倾向影响，对绿色税收转型的关注度尚待提高。鉴于此，本报告着重从产业绿色转型视角来测度绿色税收收入。定量数据分析表明，在碳达峰之前，各产业二氧化碳排放量还在持续增加，但碳排放强度在不断下降。而且，分产业税收收入绿色化程度总体呈现逐年提升态势。

（二）相关建议

聚焦以产业绿色转型推动税收结构绿色化转型。产业是政府重要的税源基础，要想实现税收收入绿色转型，必须先实现产业绿色转型。

第一，加强对产业绿色转型的策略规划和设计。为了满足产业绿色转型的需求，应迅速整理出急需推动绿色转型的重点行业清单，并加速研究与制定这些行业的绿色转型规划方案。同时，应综合运用各种支持性政策，包括价格、财政、税收、金融等，来带动产业的绿色转型，以此鼓励绿色低碳经济的快速发展。

第二，以能源转型和制造业升级为重要抓手，推动碳排放重点领域实现绿色转型的重大突破。在能源行业，要坚持先立后破的原则，大力发展可再生能源，加快构建新型能源体系，确保能源安全。同时，要优化调整制造业产业结构，大力发展绿色低碳产业。对于传统产业，不能简单视其为"低端产业"，而采取一退了之、一关了之的做法，而是要推动工艺、技术、装备的升级，实现其绿色转型。

第三，加强对相关企业的政策引导和监管。政府可以通过出台相关政策、加强宣传力度等方式来引导企业采取更加绿色低碳的生产方式。同时，对于高碳排放、高污染的企业，要加强监管力度，依法进行规制，促使企业进行绿色转型。

参考文献

邢丽、傅志华主编《中国绿色财政报告 2022：聚焦碳达峰碳中和》，中国财政经济出版社，2023。

白彦锋、柯雨露：《中国税制"绿化"进程演变研究》，《新疆财经》2022 年第 2 期。

B.6
中国政府绿色采购制度的发展与完善

樊轶侠*

摘　要： 政府绿色采购是指政府在依法采购产品时，以落实环境保护、维持生态平衡为导向，通过对符合国家绿色认证标准的商品、工程及服务进行优先选择，将环境标准、考核办法及实施程序纳入政府采购全系统，并贯穿始终的采购方法。本报告从政府绿色采购的内涵出发，提出政府绿色采购是绿色财政制度的重要组成部分。通过深入分析近十年来我国政府绿色采购的进展与成效、问题与挑战，提出建议，即明确政府绿色采购管理的组织机构与职责分工；适应绿色财政目标，完善政府绿色采购法律法规；完善政府绿色采购评价标准，拓展覆盖产品全生命周期；完善政府绿色采购保障体系，强化社会参与、数据平台与技术人才支持。

关键词： 政府绿色采购　绿色转型　绿色财政

　　围绕"双碳"政策目标的落实，《关于完善能源绿色低碳转型体制机制和政策措施的意见》《关于进一步释放消费潜力促进消费持续恢复的意见》等政策文件均对"完善政府绿色采购标准，加大绿色低碳产品采购力度"提出明确的、更高层次的要求。

＊　樊轶侠，经济学博士，中国财政科学研究院研究员、博士生导师，研究方向为绿色财政、财政理论与政策、数字经济。

一 政府绿色采购是绿色财政转型的重要组成部分

（一）政府绿色采购的内涵与定位

从政府采购政策发展来看，保护环境始终是政府采购政策功能的重要组成部分，《中华人民共和国政府采购法》（以下简称《政府采购法》）及配套实施条例中均明确提出应当制定政府采购政策，实现节约能源、保护环境等目标。在理念层面，所谓政府绿色采购是指政府在依法采购产品时，以落实环境保护、维持生态平衡为导向，通过对符合国家绿色认证标准的货物、服务及工程进行优先选择，将环境标准、考核办法及实施程序纳入采购全系统，并贯穿始终的政府采购形式。

政府绿色采购的价值目标有所拓展。在发展之初，政府实施绿色采购的直接利益诉求在于缓解能源需求和协调人与自然的关系。随着对生态文明认识的加深以及政府绿色采购制度的不断完善，政府绿色采购价值目标趋于多元化，诸如促进节能与环保、推动可持续发展、完善绿色供应链体系、引导绿色技术创新，等等。

政府绿色采购所追求的价值目标必将映射出一国对生态文明建设的多维认识。这需要将政府采购不单单看成是一个简单的经济过程，还要看成一个生态过程，嵌入整个经济循环，通过推动采购的"绿色化"以及整个生产和消费的"绿色化"，使政府绿色采购成为经济社会发展全面绿色转型的重要推手。

（二）政府绿色采购对经济社会发展全面绿色转型起到重要推动作用

政府绿色采购是引领绿色消费、促进绿色转型的重要财政政策工具。根据欧盟委员会发布的《关于利用公共采购创造更好环境的通知》（2008）对政府绿色采购所做的特征描述，与其他情况下购买的具有相同基本功能的货物、服务及工程相比政府绿色采购通过公共机构购买货物、服务及工程，可以有效降低整个生命周期对环境的影响。通过将采购过程与环境问题相结合，在采购过程中确认绿色产品供应需求，政府绿色采购可以激励处于采购供应链环节的关联厂商进行绿色生产，实现资源使用的量化节约，达到环境经济效益最大化。

我国政府绿色采购依托庞大市场规模、高效竞争机制及丰富政策功能，在推动经济社会发展全面绿色转型方面发挥重要政策功效，具备显著政策实施优势。从引领社会绿色消费角度，政府绿色采购政策可以引导和带动社会消费绿色低碳产品，促进绿色低碳发展。从带动企业绿色生产角度，通过将绿色采购需求标准的落实与公平市场竞争环境有效结合，政府绿色采购政策可以鼓励企业加强环保、节能、减排等方面技术研发和推广应用，促进经济结构调整和转型升级。同时，政府绿色采购协同政府采购支持中小企业发展、支持落后地区发展、支持融资政策，可以有效化解供应商企业开展绿色转型过程中所面临的研发不确定性、融资约束等现实局限问题，进一步强化绿色转型效率效果。总体上，依托规模优势、机制优势及政策功能优势，政府绿色采购可以发挥需求侧政策激励功能，有效推动经济社会进行绿色转型。

（三）通过领域拓展、标准规范、体系健全，政府绿色采购全方位体现绿色财政转型的目标要求

随着经济高质量发展的推进、双碳政策目标的顶层设计及部署落实，顺应绿色财政转型发展要求，我国积极推动政府绿色采购制度体系的建立健全。围绕顶层原则要求，《政府采购法》始终将"保护环境"作为经济社会发展政策目标的重要组成部分。在系列政策的支撑下，政府绿色采购的全周期政策实施理念越发清晰、全过程需求引导标准日渐完善、多元化的市场主体参与格局逐步建成。同时，支持绿色创新的核心政策要求也得到突出强调。国务院发布的《关于加快建立健全绿色低碳循环发展经济体系的指导意见》（以下简称《指导意见》）明确将政府绿色采购作为构建市场导向的绿色创新体系的关键政策工具，要求建立健全政府绿色采购制度。扩大政府绿色采购范围，在现有节能环保产品采购的基础上增加循环、低碳、再生、

有机等产品政府采购。同时《指导意见》也要求，为强化政府采购对绿色创新推广应用的政策支持效果，针对市场急需、具有实用价值、开发基础较好的共性关键绿色技术，政策要求各级政府以招标采购等方式购买技术，通过发布公告等形式向社会免费推广应用。总体上，以绿色财政转型目标为指引，我国政府绿色采购制度体系越发完备。

二　中国政府绿色采购的进展与成效

（一）中国政府绿色采购政策发展历程

从政府绿色采购政策发展历程来看，在相当长时间内，有关政府绿色采购政策的法律要求仅体现为原则性表述。经济高质量发展模式带来了绿色环保转型需求，我国政府绿色采购政策也逐步取得实质性改革进展，实际发展历程可以划分为政府绿色采购清单管理、政府绿色采购品目清单管理、政府绿色采购需求管理三个阶段。

1.政府绿色采购清单管理阶段

清单管理阶段是政府绿色采购政策职能发挥的第一阶段。这一阶段的政府绿色采购政策功能的实现主要依托强制采购和以节能环保产品政府采购清单为依据的优先采购制度，要求对部分节能或环保效果、性能等符合要求的产品，在满足采购需求的技术、服务等指标前提下，强制采购。相关部委2004~2018年连续公布了24期《节能产品政府采购清单》和22期《环境标志产品政府采购清单》，初步构建了政府绿色采购制度框架。《节能产品政府采购清单》综合考虑政府采购改革进度、节能（环境标志）产品技术和市场成熟度，以公司为单位，从国家认证的节能（环境标志）产品中，分类别确定政府绿色采购实施范围。尽管这一阶段的政策也做出了维护政府采购市场公平竞争的要求，规定采购招标具体实施过程中，不得指定具体产品或供应商，不得含有倾向性或排他性潜在供应商。然而，这一阶段基于公司层面确定政府绿色采购的实施范围，不仅政策执行效率不高、动态调整的灵活性不强，还难以保证供应商入库筛选环节的公平有效。这一阶段的政府绿色采购政策，由于实施范围和机制的限制，对绿色创新的激励有限。

2. 政府绿色采购品目清单管理阶段

品目清单管理阶段是政府绿色采购政策职能发挥的第二阶段。主要通过建立强制采购制度，在节能环保产品政府采购品目清单的基础上，实现这一阶段政府绿色采购政策的功能。在具体实施过程中，政府优先采购的产品类别及其所依据的相关标准规范，主要根据产品节能环保性能、技术水平、市场成熟度等因素，以品目清单的形式予以确定和发布，并适时进行调整。同时，针对节能产品标志产品认证工作，按照试点先行、逐步放开、有序竞争、发布认证机构和获证产品信息的原则，在品目清单管理阶段，政府绿色采购逐步增加实施机构范围。以上举措，既有利于扩大政府绿色采购的实施范围和力度，又可以有效提升政府绿色采购认证的公平性和效率性。但政府绿色采购在这一阶段仍以推广成熟的绿色产品为主，在事后补偿支持方面主要体现政府绿色企业绿色创新发展转型的政策效应。

3. 政府绿色采购需求管理阶段

为进一步优化政府绿色采购政策功能，促进绿色消费，以建材建筑行业为突破口，2020年财政部、住房和城乡建设部发布了《关于政府采购支持绿色建材促进建筑质量提升试点工作的通知》，政府绿色采购政策功能由此步入需求管理阶段。在政府绿色采购需求管理阶段，政府绿色采购不再局限于直接采购和使用符合节能环保标准的产品和服务，而是强调在政府采购中实施绿色发展理念，既要实现采购结果的绿色，又要实现采购全生命周期的绿色。本阶段的政府绿色采购可以理解为政府在采购活动中充分贯彻绿色低碳理念，对符合节能、节水等绿色低碳要求的货物、服务与工程，优先或强制采购和使用。在推动政策理念落地方面，上述试点工作选取6个城市作为先行实践区，围绕新建项目配套建设工程政府采购项目，以医院、学校、办公楼、综合体、展览馆、会展中心、体育馆、保障性住房等为政策实践对象，致力于探索完善绿色建材政府采购需求标准体系，建立客观、量化、符合本地区实际的绿色建材政府采购需求标准，将绿色建材政府采购需求标准落实到建筑工程订单履约全周期，从而加快推进绿色建材应用，带动绿色建筑全产业链协同发展。2022年，财政部、住房和城乡建设部、工业和信息化部联合印发《关于扩大政府采购支持绿色建材促进建筑品质提升政策实施范围的通知》，在第一批试点城市打下坚实基础后，将政策实施范围扩大到48个市（市辖区）。总体来看，政府采购支持绿色建材促进建筑品质提升试点政策有序开展，政府绿色采购全生命周期政策实施理念愈加清晰，市场主体多元参与格局逐步构建，企业绿色创新的政策激励条件日趋完备。

表1　我国政府绿色采购政策制度演进

政策发展阶段	对应政策文件	政策应用 标准体现
政府采购清单管理阶段	《关于环境标志产品政府采购实施的意见》	节能产品政府采购清单；环境标志产品政府采购清单
	《节能产品政府采购实施意见》《国务院办公厅关于建立政府强制采购节能产品制度的通知》	
	《关于调整优化节能产品、环境标志产品政府采购执行机制的通知》《关于印发节能产品政府采购品目清单的通知》《关于印发环境标志产品政府采购品目清单的通知》	节能产品政府采购品目清单；环境标志产品政府采购品目清单
政府绿色采购需求管理阶段	《关于政府采购支持绿色建材促进建筑品质提升试点工作的通知》《关于组织申报政府采购支持绿色建材促进建筑品质提升试点城市的通知》《关于扩大政府采购支持绿色建材促进建筑品质提升政策实施范围的通知》	绿色建筑和绿色建材政府采购基本要求（试行）；绿色建筑和绿色建材政府采购需求标准

（二）中国政府绿色采购政策功能的演变

在理念转变、制度构建及试点探索的系统支撑下，政府绿色采购制度体系及机制建设取得明显突破，呈现出如下政策功能演变特征。

1. 由事后补偿支持转变为全过程综合治理

在政府绿色采购（品目）清单管理阶段，建立强制采购制度，以节能环保产品（品目）政府采购清单为依据，主要针对已经研发生产出来且符合绿色标准的产品，强调事后补偿性的政策支持，助力节能环保产品市场推广，发挥有效的市场需求示范引领作用，但对是否按照绿色标准来制造、运输、生产、流通和销售等则缺乏有效约束。在绿色建筑建材行业试点改革推动下，需求管理阶段政府绿色采购政策则通过规范政府采购全流程实现了对供应商的全生命周期治理，将绿色采购理念、政策要求及标准等，贯穿需求编制、项目设计、预算编制、项目采购等整个建设项目实施过程，通过政府采购政策引导，直接约束供应商的原材料制造、运输、生产、流通和销售等，激励供应商企业进行全方位、本质上的绿色转型发展。同时，试点政策既注重政府采购绿色需求标准的引领落实，也注重对政府采购绿色需求标准的动态修订调整，在试点政策实施过程中，先后发布了《绿色建筑和绿色建材政府采购基本要求（试行）》《绿色建筑和绿色建材政府采购需求标准》，以有效适应建筑建材行业的最新绿色产业转型升级发展需求。

2. 由政府引导为主转变为多元主体共同参与

在政府绿色采购（品目）清单管理阶段，政府绿色采购政策的落实呈现"政府主动引导、企业被动参与"的特征，政策实施效果深受产品节能环保标准制定的合理性、调整的及时性制约，尤其是清单管理阶段将政府采购清单与既定环保产品及配套供给企业名单关联起来，在一定程度上限制了清单以外行业企业的广泛参与，是以牺牲部分竞争效率为代价的。虽然在品目清单管理阶段逐步引入认证机构参与，但其实际参与的流程跨度及深入程度仍有不足。在绿色建筑建材行业试点改革推动下，政府绿色采购需求管理阶段采购政策则通过充分调动政府采购部门、政府监督部门、供应商企业、检测（认证）机构参与的积极性来拓展政府绿色采购政策功能。针对政府采购部门，试点改革工作严格落实了其主体责任。通过明确改革目标、设计需求标准、制定实施原则、发布实施指南，试点改革工作有效引导了政府采购部门规范开展绿色建筑和绿色建材的设计策划，优化了绿色建筑建材供应商的竞标评审规则，明确了材料进场与履约验收要求，切实增加了政府采购部门在政府采购活动中落实绿色环保政策要求的参与意识。针对政府监督部门，试点改革工作同样在整个建筑实施周期中强调了加强政府绿色采购需求标准落实情况的监督。为保障监督成效，试点改革工作既注重加大部门联动，明确财政部门、住房和城乡建设部门等各自的监督管理职责，也注重创新监管手段，注重运用大数据、区块链等技术手段密切跟踪试点情况，加强对政府绿色采购政策执行情况的监督检查。针对供应商企业，试点改革工作着重强调供应商对订单履约全过程采纳绿色建材、进行绿色建筑施工的具体要求，并要求供应商做出可信的实施承诺，确定绿色建筑和绿色建材应用工作责任人，构建配套施工管理体系和组织机构，实现了"软约束"与"硬规范"的结合。针对检测（认证）机构，试点改革工作充分强调了检测（认证）机构提供的检测结果、资质认证等对供应商企业达成竞标参与标准、满足履约验收要求的重要性与必要性，通过在整个绿色建材运用、绿色建筑施工过程中充分引入第三方参与检测、认证，提供中立评价服务，为政府绿色采购政策在建筑建材行业的有效落实奠定了公允、公开的社会评价基础。

3. 由单一政策手段发力转变为财税金融政策协同推进

企业绿色转型是同时涉及战略发展方向调整、内部资源配置优化的系统工程，单一政策手段支持往往存有局限。结合各试点地区的具体政策实践经验，需求管理阶段的政府绿色采购政策扭转了以往政府绿色采购政策孤立制定及施行的弊端，切实加大了政府采购内部政策功能、政府采购与其他财税金融政策之间的协同支持力度。在政府采购内部政策协同方面，试点改革工作统筹政府采购促进绿色环保、促进技术创新、强化融资支持（"政采贷"）等多方面政策支持要求，通过采取有利创新支持举措，配套鼓励金融机构向试点项目供应商提供政府采购合同信用融资支持等，最大限度上避免了政策采购内部政策功能之间的价值冲突及效率损耗，丰富了政府采购支持建筑建材行业绿色转型的政策作用路径及政策实施效果。在政府采购与其他财税金融政策协同方面，试点改革工作充分重视政府引导基金、政策性担保、绿色保险等政策工具的协调配合支持作用，探索建立绿色金融支持绿色建筑和绿色建材应用机制，持续扩大绿色信贷规模支持绿色建材应用。

（三）我国政府绿色采购政策实施取得成效

伴随政府绿色采购政策实施理念、政策实施手段的日益完善，政府绿色采购的需求牵引规模与日俱增，绿色低碳产品认证覆盖范围逐步扩大，碳减排效应日益显著。

1.政府绿色采购的需求牵引规模与日俱增

从政府采购整体市场规模及政府绿色采购的细分市场份额发展趋势来看，2012~2021 年我国政府采购市场规模与日趋增①，由 13978 亿元扩大至 36399 亿元，10 年间市场规模增加了 1.6 倍。2021 年政府采购整体市场份额占全国全年财政支出和 GDP 的比重分别达 10.2% 和 3.6%，其在国内循环中的市场地位及需求牵引功效不容忽视。在支持绿色发展方面，2021年，国家强制采购 612.1 亿元节能节水产品，占同类产品采购规模的 86.9%；以 899.8 亿元的环保产品采购规模占同类产品采购规模的 85.2% 为优先采购对象。由此可见，政府部门对政府绿色采购这一直接性活动的重视程度也是有目共睹的。发挥绿色环保和创新支持等政策功能的政府采购，依托庞大的市场规模和对绿色产品采购的突出重视，也具备了坚实的市场基础条件。

2.绿色低碳产品认证覆盖范围逐步扩大

绿色低碳产品认证是落实政府绿色采购政策的重要支撑举措。更为具体的是，绿色低碳产品认证主要包括环境标志、绿色产品、管理体系、碳认证等，目前，我国已初步构建形成了以环境标志为核心、以绿色产品为方向、以有机产品碳产品为特色的认证业务体系架构。作为评定的重要内容，认证认可检验检测是国家质量基础设施的重要组成部分与市场经济的基础性制度，有助于推动实施绿色低碳生产方式与生活方式。截至 2022 年 12 月，全

---

① 资料来源于中国政府采购网。

国已有 6000 多家企业获得中环联合认证中心绿色低碳产品认证证书，4000 多家企业产品进入环境标志产品政府采购清单。[①] 环境标志制度依托绿色产品的大规模市场供应和先行先试的示范效应，从需求端激励企业积极开展绿色创新和转型升级，有力地支持了我国政府绿色采购制度的落地实施，促进了地方政府指导绿色采购的创新实践。

此外，政府实施绿色采购政策，以高标准的绿色采购需求为政策导向和执行约束，碳减排效果显著。

三　中国政府绿色采购制度面临的问题及挑战

政府绿色采购政策实施取得了显著成效，但也面临实施局限。

（一）政府绿色采购目录范围存有局限，支持绿色转型的政策领域有待拓展

我国政府绿色采购面临节能减排和绿色转型的要求，由于相关法律法规框架尚未完全形成，覆盖面相对有限，产品种类较少，产业范围较小，难以覆盖全行业和各类企业。目前，政府采购的节能产品主要包括空调设备、镇流器、生活电器、照明设备等终端消费品和单位经营所需的电脑设备等。由于相关实施细则尚未出台，国家鼓励对大量未列入目录的产品类别在采购需求上提出相关绿色采购要求，但在实际采购活动中，这一政策缺乏可操作性。同时，目前的品目清单仅针对货物采购，对占政府采购资金规模 70% 以上的项目和服务采购缺乏绿色采购要求，导致政策落实中缺少项目和服务绿色采购行为依据。此外，品目清单采购以满足各级国家机关、事业单位、团体组织的基本需求为导向，在支持节能减排和绿色转型要求方面，政策功能发挥空间预留不足。

---

① 《逾 6 千家企业获绿色认证，进入政府采购清单企业超 4 千家》，第一财经网，2022 年 12 月 5 日，https://www.yicai.com/news/101614353.html。

（二）政府采购评价因素未能覆盖绿色全产业链，绿色转型评价因素占比权重较低

绿色全产业链主要包括设计研发、原材料采购、生产、物流、营销推广、回收再利用等一系列环节。政府采购支持绿色建材促进建筑品质提升试点工作，虽然促进了政府绿色采购从事后补偿支持向全过程综合整治的转变，但政策实施的总体范围受到限制，原因是政策聚焦于建筑建材行业。政府绿色采购政策的实施，仍主要依靠政府采购机制来实现。但目前政府采购机制更多关注终端产品的节能环保属性，对研发、设计、生产、包装、运输、回收等环节对企业的内部能耗、生产流程、尾气减排等绿色环保重视不够，未能深入规范和约束企业内部的节能环保要求。在现行政府采购项目评价体系中，环境目标评价要求主要针对节能、环保、厂商绿色资质认证等要素，在采购实务中集中在绿色资质获取、原材料采购、制造等环节，对绿色评价要素涉及较少，环境目标评价要求主要针对节能，对节能环保政策目标的落实形成了相当程度的制约，绿色评价因素在整体项目评价体系中所占权重较低。据不完全统计，集采机构通行的商品品目评价系统中，绿色因素分值所占比重仅在 2.5%～5.5%；虽然在一些家具采购项目中嵌入了产品设计、加工、回收等绿色产业链要素的评价，但总体上这类要素的分值仍然偏低，仅占分值的 10% 左右。[①] 此外，我国政府购买服务招标项目中，商品绿色评价因素在服务项目中的应用难度较大。

（三）政府绿色采购归口管理职责分散，机构部门间协同机制有待加强

目前，我国政府绿色采购管理由多部门共同主导，涉及财政、发改、环保、能源等多个主管部门，在政府采购节能环保品目清单管理实施过程中，

---

① 王旭：《政府采购招标项目绿色评价体系的完善》，《财政科学》2020 年第 8 期，第 54～60 页。

需要多部门协调配合，负责政府绿色采购的标准制定、调整优化和实施监督等工作。其中，制定集中采购目录、配合发改部门推进绿色采购计划、支持地方建立独立采购中心等工作，主要由财政部门负责。中国环境标志标准由环保部门负责审批和发布，环境标志产品的认证和采购与财政部门共同管理。发改部门对政府机构和国有企业在《中华人民共和国政府采购法》和《中华人民共和国招标投标法》中涉及的采购活动进行监督，并会同财政部门对节能产品清单进行管理和公布。我国尚未指定专门的政府绿色采购主管机构，并配备专门人员负责政府绿色采购的顶层政策制定和实际部署实施工作，面临"双碳"政策目标的任务落实需求，政府绿色采购行政机构建设存在一定滞后性。政府绿色采购在实际执行过程中，采购环节链条多、实施时间长，导致采购执行风险较大、组织结构相对复杂、采购执行层级多、涉及部门广。

（四）政府绿色采购保障体系不完备，数据信息基础和核算体系较为薄弱

我国政府绿色采购制度发展起步较晚，用于保障政府绿色采购政策有效执行的配套机制还没有建立健全。一方面，政府绿色采购信息的全国统一公开平台还没有建立起来，信息公开和沟通机制不对称的问题依然存在。在实际的绿色采购信息公开过程中，不仅信息发布渠道相对较少，而且部分地区信息传递手段落后，导致供应商、采购商、消费者信息沟通不够高效便捷，绿色采购信息传播不畅等问题仍然存在。而且采购实施主体不深入，在进行国内外先进绿色产品和技术信息平台优化升级、信息更新等方面存在滞后现象。另一方面，政府绿色采购方面明显缺乏专业素质的支撑。政府采购执行人员长期以内部管理需求为主，对绿色采购政策要求不够重视，对绿色产品的技术知识掌握有限，缺乏深入系统的政策理念与技能。缺乏足够了解政府绿色采购的相关人才，政府采购的专业化程度还有待提高，对政府绿色采购的技术掌握不足，对终端产品的绿色属性关注较多，在产品的研发、生产、包装、运输、使用、回收等环节，忽视了绿色要求。

四 主要发达国家绿色采购助力经济社会发展全面绿色转型的经验

相比于我国不够完善的政府绿色采购政策实践，部分发达国家的政策实施经验值得充分借鉴。

（一）建立职责清晰的政府绿色采购行政组织架构

欧美、日韩等发达国家高度重视政府绿色采购的行政组织建设，以明确政府绿色采购的主管职责，优化顶层政策设计发展路线。

1. 美国

美国政府绿色采购所涉及的主要负责机构包括白宫管理和预算办公室（OMB）、国家环保局、能源部、农业部和绿色建筑委员会等，主要负责政策的具体执行和信息反馈，解决绿色采购的重大问题和统筹绿色采购部门的协调配合。其中，负责制定出台指导绿色采购行为宏观政策指引文件的是OMB和环境执行办公室。OMB要求行政机构编制绿色采购计划，并在每年的预算制定过程中定期报告执行进度。同时，归口管理部门分别负责不同领域的绿色采购实施标准和产品目录制定，能源领域分别由能源部和国家环保局负责，生物基础产品领域由农业部负责，水感生产品领域则由国家环保局负责回收材料、进行技术推广等。

2. 欧盟

欧盟重视通过成立专门的政府采购组织来强化政府采购实施过程中对环境绩效要求的落实，欧盟执行委员会和总理事会成立了欧洲绿色采购网络组织，以委托合同的方式收集欧盟各国绿色采购的背景和法律法规资料，编写绿色采购工作手册等。

3. 韩国

韩国专门成立了"鼓励采购生态产品委员会"，由环保和生态领域的专家组成，提供生态产品标准制定、生态购买宣传教育等相关信息和资料。

4. 日本

日本政府与各产业团体共同建立了绿色采购网络和国际绿色采购网络，负责通过研讨会、座谈会、产品展示会等方式发布绿色采购指导原则、拟定采购大纲、发布环境信息手册、进行绿色消费宣传等，并建立了中央政府各机构、地方政府，厂商，环境认证组织三级绿色采购机制，协同推进政府绿色采购。

总的来看，专职政府绿色采购机构的设置，从政策执行、信息反馈、重大问题解决到日常管理事项，以及部门协调配合等各方面，都使得欧美、日韩等发达国家推行政府绿色采购的职责清晰、持续、有力、得当。

（二）构建要求完备的政府绿色采购法律法规体系

科学的标准体系对顺利推行政府绿色采购至关重要，欧美、日韩等发达国家高度重视政府绿色采购标准体系的建设。

1. 美国

美国主要以行政命令制定绿色采购标准来强制推行政府绿色采购，《联邦采购条例》是美国政府采购的基本法规，对节能、节水及环保产品和服务采购等做出了基本要求，《通过废弃物的防治、循环利用和联邦采购绿化政府》《资源保护与回收法案》《环境友好型产品采购指南》等从环保角度对政府采购做出进一步规范。其中，美国的政府采购法要求采购生态型、环保型、对人体健康和环境影响最小的产品和服务，并规定采购额超过 1 万美元时必须按照程序优先采购环保局指定的产品，为此环保局还制定了《全面性采购指导纲要》。美国政府以环保局的《全面性采购指导纲要》为主要依据推动政府绿色采购，采购时遵循环保局的环境优先性采购原则。

2. 欧盟

欧盟颁布《绿色公共采购手册》用于指导绿色公共采购实践，并开发了多项通用绿色公共采购标准供成员国使用，标准分为核心标准及综合标准，涵盖技术规格、中标标准、履约条款等，鼓励采购机构将绿色需求相关条款纳入采购文件，以实现环境性能、成本、市场供应状况、验证难易程度等因素之间的有效平衡。

3. 日韩

日韩也非常重视政府绿色采购的建设工作，韩国于 2004 年颁布《鼓励采购环境友好产品法》来强制要求公共部门采购环保产品；日本先后出台《绿色采购法》《促进再循环产品采购法》《绿色采购调查共同化协议》等专门立法。完善的法律法规体系，极大地保证了政府绿色采购的实践可行性与执行严肃性。

（三）形成内容明确、周期覆盖完整的政府绿色采购评价标准

内容明确、维度多样、周期覆盖完整的发展特征，在欧、美、日等发达国家和地区开展政府绿色采购评价中得到体现。

1. 美国

美国政府根据政策法规和具体产品特性的要求，在其长期绿色采购实践中，发展了多种绿色采购方式，并加以灵活应用，主要包括：最低价格法、生命周期成本法、最优价值法，以及价格优惠法等。其中，最低价格法是在符合标准的产品清单范围内，对环境影响程度较低的产品或服务进行筛选，并权衡价格高低，只有在绿色产品或服务范围内才适用的采购方式。生命周期成本法源自美国政府绿色采购的最终五大指导原则，要求政府在采购产品或服务时，不能只考虑采购成本，还应考虑用户所需支付的费用。

2. 欧盟

欧盟通过《绿色采购指南手册》倡导采用生命周期评价（LCA）方法，要求政府绿色采购关注资源使用和处置成本，在考虑更多环保政策实施要求和影响的同时，涵盖所有程序履行、评估整个合同成本，帮助采购更具环保性能优势的产品。

3. 日本

日本政府的绿色采购立法重视评估制度，不仅重视指导方针和措施，而

且重视控制采购过程。同时，还采取了极具操作性的吸收原则，即凡是对降低环境影响有好处的产品，或者对降低环境影响的行为特征有好处的，都要进行接收；还注重支持非政府组织在政府绿色采购实践中制定分析评价体系的绿色执行指南和采购方针。制度被政府采纳后，即上升为国家政策，纳入相关采购方使用的绿色生产总值（GGP）项目评估体系。

生命周期评价方法等手段的有效运用，使欧、美、日等发达国家和地区能够充分监测企业生产过程中的碳排放等环保要求的执行情况，并借助采购标准将碳排放降到最低。

（四）积极利用数字技术手段赋能政府绿色采购

各国政府逐步认识到引入数字技术手段来解决公众诉求、提供公共服务的重要性。部分发达经济体积极推动构建电子化政府采购系统，通过运用数字技术手段来有效提升采购效率，降低采购成本，实现智能监管，健全政府采购支持绿色环保等政策落实机制。高度成熟的政府采购电子化成为韩国政府采购的发展亮点。依托电子政府采购系统建设，韩国实现了域内政府采购流程的横向标准化以及纵向协调性发展。为有效推动政府采购数字化建设，韩国高度重视建设政府采购数字化转型的法律制度基础。在推广和普及互联网方面，韩国政府先后颁布了《促进信息化基本法》《促进使用信息通信网络及信息保护关联法》等法律法规，明确了政府采购数字化转型的顶层政策设计。此外，《电子交易基本法》《电子签名法》《电子商务基本法》也为电子化政府采购的交易行为提供了基础准绳。同时，为提高政府采购数字化的统筹协调力度及实际推动效果，韩国政府积极优化了信息化改革及政府采购数字化改革的组织机构设置，中央设立信息化战略办公室和信息化促进委员会作为推动信息化改革工作的最高决策和实施机构，将政府采购电子化的立法决策权由采购厅移交至信息化战略办公室。通过顶层设计、组织协调、制度保障，韩国电子政府采购平台已经由最初的电子信息交换系统进一步发展为成熟的电子招标采购系统，实现电子招标、电子订货、电子合同及电子支付的"一站式"全流程服务，在系统内部流程简化、系统外部各数据库衔接方面均取得了标志性进展，这也为政府绿色采购政策实施提供了极大的支持。瑞典政府也高度重视利用数字化建设赋能政府采购实施。继1992年《公共采购法》规定在公共采购过程中注重运用电子方式后，瑞典政府于1997年开始启动政府采购电子化建设，在2002年正式启用"国家电子采购系统"。通过政府采购电子化平台，瑞典政府不仅强化了企业和居民与政府以及银行、保险公司等部门的业务联系，还实现了以电子政务项目为龙头的政府功能整合，开展实施了跨部门电子政务项目，这不仅简化了采购程序、提高了采购效率，也为政府支持绿色采购政策的实施提供了更为精准的信息支撑、更为高效的系统环境。

五 完善中国政府绿色采购制度的举措

结合当前我国政府绿色采购存在的问题与挑战，充分借鉴发达国家在政府绿色采购实施方面的先进经验，提出如下对策建议。

（一）明确政府绿色采购管理的组织机构与职责分工

一是建议组建政府绿色采购的专门机构。完整的政府绿色采购行政组织体系有利于化解政策制定冲突，强化政策执行效率，因此，建议成立专门负责制定政府绿色采购标准、加强政策监督指导、妥善处理政府绿色采购重大决策事项管理的政府绿色采购组织机构，形成职责清晰、上下衔接、协调顺畅的政府绿色采购组织体系，为政府绿色采购提供便利。同时，明确政府绿色采购监管职责，明确政府各机关部门绿色采购流程，建立健全有效的绿色采购绩效评价机制，积极引导供应商绿色生产，切实促进政府绿色采购执行效益的提升，推动政府绿色采购工作取得实效。

二是落实专职管理人员政府采购工作职责要求。鉴于我国缺乏专门实施政府绿色采购的机构和相应人员，建议参考美国政府采购合同官设置经验，在各采购单位指派专职负责政府绿色采购工作的人员，负责采购方式选择、供应商履约能力审查、合同变更、落实政府绿色采购要求等工作。

三是政府绿色采购部门之间建立有效的协同运转机制。加强政府绿色采购政策管理部门与其他财政、金融主管部门等的协同配合，以部门协同为基础，实现政府绿色采购政策与税收优惠、绿色保险、碳交易、降低绿色产品成本和价格、提高绿色产品潜在收益率等政策的协同配合，促进绿色产品形成较强的价格竞争优势，推动绿色产品在政府采购招标中脱颖而出。

（二）适应绿色财政目标，完善政府绿色采购法律法规

一是建立健全政府采购绿色法规体系。要紧密结合贯彻落实绿色财政目标要求和修订实施《中华人民共和国政府采购法》的各项要求，紧密结合政府绿色采购理念、目标、主体、要求、步骤、机构设置、责任义务、效果监督评价、政府绿色采购条款等，制定政府绿色采购专项条例。通过扩大政府绿色采购主体，以适当的制度保障和约束包括供应商、具体采购方、政府部门等在内的采购方行为，优化政府绿色采购利益相关方的权利，规定和突出使用合同中的绿色标准。

二是注意理顺政府绿色采购等与其密切相关的工程招投标等领域的法律法规关系。借助《中华人民共和国政府采购法》修订的契机，通过对涉及政府绿色采购执行约束的政策要求进行整合和优化协调，有效化解《中华人民共和国政府采购法》《中华人民共和国招标投标法》等法律法规之间长期存在的冲突和制约问题，确保绿色财政目标充分体现在各类政府绿色采购制度文件中，涵盖采购方式、评审要素设置等绿色政策目标要求，有效衔接不同领域政府采购活动的环节性要求，确保政府绿色采购政策落地见效。

三是适时出台行业和地区支持政府绿色采购细则。从行业角度，可以借鉴欧盟制定政府绿色采购通用标准与特定产品或行业具体采购指令相结合的方式，充分整合现有资源，通过细分行业制定统一的绿色采购程序、标准和方法，对政府绿色采购涉及的重点领域，通过编制绿色采购指南手册的形式，优先选择。同时，从地区层面，要求地方政府在国

家绿色采购框架下，根据本地实际情况制定出台符合本地实际需求的绿色采购配套办法，为健全各级政府绿色采购法律体系、细化法律条例、提高现行各级政府绿色采购文件的可操作性、更好地实施政府绿色采购提供完备的法律保障。

（三）完善政府绿色采购评价标准，拓展覆盖产品全生命周期

一是推出涵盖产品全生命周期的政府绿色采购评价标准体系——全生命周期成本管理分析工具。一方面，构建涵盖供应商、供应商市场营销、投资、能耗、生产流程等全生命周期的评价标准，突破政府采购对最终产品绿色标准的约束执行局限。另一方面，结合政府采购预算编制、需求公开、招投标实施、验收评审等程序环节，突出绿色环保导向，充分保障政府采购实施，在评价监督过程中，切实加大对绿色要素的评价权和重价权。在政府采购文件中对节能产品、标志产品实行价格优惠或评标加分等国家要求优先采购的具体措施；在评标办法中对具备环境管理体系认证证书的人员，设置一定分值的加分项目。对具备绿色设计产品示范资质的投标企业，可在评标时酌情考虑给予加分或优先采购，确保评标过程中全生命周期方法的推广应用。

二是以政府绿色采购评价标准为依据，推动落实政府绿色采购政策重点由清单管理向需求管理全面转变。以深入推进绿色建筑建材行业试点实施为依托，逐步扩大试点覆盖行业和实施范围，逐步上升形成国家标准，实现政府采购需求管理与绿色采购评价标准有机结合，在生产、流通过程中充分发挥政府采购对符合绿色环保要求的生产、流通环节的政策导向作用。

（四）完善政府绿色采购保障体系，强化社会参与、数据平台与技术人才支持

第一，要鼓励社会组织参与政府绿色采购标准的制定。适当扩充政府绿色采购评价标准的制定主体，允许科研单位、行业协会、民间组织等参与政

府绿色采购评价标准的制定，广泛吸纳建议，加快政府绿色采购标准制定进程。积极引导民间组织和企业参与构建政府绿色采购体系，鼓励成立类似于日本绿色采购网络联盟的非营利机构，为构建绿色采购的良好社会氛围提供交流研讨、培训宣传、信息共享的平台。

第二，构建政府绿色采购的统一信息平台。一方面，探索建立全国统一的政府绿色采购信息平台，负责政府绿色采购信息的收集、提供、存储、发布和查找，定期收集发布国际国内最新绿色技术发展动态，提供绿色采购的品牌、型号、企业清单和相关价格、指数，实现政府绿色采购信息的准确、及时发布，尝试建立诚信档案和绿色采购监控制度，不断提高政府绿色采购工作的公开性、透明度。另一方面，依托现代信息技术手段，构建政府绿色采购可追溯碳值产品体系。尝试利用条形码或二维码等电子标签，通过自建或引入第三方服务机构支持的方式，记录产品信息，并将相关碳数据搭载在电子标签等载体上，实现碳值可追溯。

第三，重视培养政府绿色采购的专业化人才。为使政府采购人员更好地掌握绿色采购的法律法规，践行相关标准，提高采购人员的业务能力，一方面要加强对现有工作人员的政府绿色采购理论和实践教育；另一方面要加大对政府绿色采购相关专业的支持力度，积极开展对科研院所、高等院校、学术团体基础研究人员的培养教育，尝试推行政府采购人员学历化、职业化教育，建立明确的职业资格管理和从业人员标准，提高政府绿色采购人员的专业化水平。

参考文献

邓可斌、李嘉琪：《政府需求引致创新：来自中国绿色采购政策的实证证据》，《当代财经》2024 年第 3 期。

傅京燕等：《以政府绿色采购引领绿色供应链的发展》，《环境保护》2017 年第 6 期。

李亚亚等：《新时代完善我国绿色政府采购制度的政策建议》，《中国政府采购》

2018 年第 3 期。

罗忠琴：《"双碳"目标下我国政府绿色采购制度的完善》，《中国政府采购》2023年第 9 期。

魏吉华、蒋金法：《绿色财政支出：理论与实践——对党的十九大关于深化绿色发展的思考》《当代财经》2018 年第 12 期。

B.7
绿色财政核算发展报告

覃凤琴*

摘　要：　财政核算是财政体制的量化体现，也是财政政策得以实施的重要依据，随着绿色低碳发展成为经济社会发展的基本底色，绿色财政也应运而生，绿色财政核算是绿色财政发展的重要基础，本报告试图对绿色财政核算进行探析。通过对相关概念的界定，搭建了绿色财政核算框架。绿色财政核算通过政府财政统计核算体系来体现，主要包含绿色发展方面的存量和流量。本报告还对国内外绿色财政核算的实践情况进行了梳理和分析，根据现存的一些难点提出了对策建议：适时修订政府收支分类科目；尽快构建绿色财政核算体系；加强与国民经济核算的衔接；探索构建自然资源资产市场交易平台；促进核算结果在政策实践中的推广和应用。

关键词：　财政核算　绿色财政收支　绿色财政

一　绿色财政核算概述

（一）绿色财政核算的地位和重要性

自步入信息化时代以来，财政信息逐渐成为解读财政运行和进行宏观经济管理的重要工具。广义说，政府财政信息包括政府财政统计信息、

---

* 覃凤琴，经济学博士，中国财政科学研究院资源环境和生态文明研究中心助理研究员，研究方向为财税理论与政策、环境公共经济学、生态补偿财政政策、"双碳"财政政策。

政府财政会计信息、政府财政文字信息等，其中，政府财政统计信息、会计信息从定量的角度反映政府财政的运行状况。在政府财政量化信息方面，财政核算居于中心和主要位置。随着绿色低碳成为经济社会发展的主流趋势，绿色财政核算更是具有重要的地位和作用。

1. 核算是绿色财政转型的底层逻辑

经济核算是进行经济分析，实施宏观管理和科学决策的一个主要手段。为此，全球的市场经济国家，尤其是发达国家，分别构建了两种不同的、相互补充的经济核算系统，一种是全面反映整体国民经济情况的国民经济核算体系（SNA）；另一种是政府财政统计核算体系（GFS），它体现了政府的经济管理活动以及其对国民经济的影响。SNA 已经在我国推广普及，但 GFS 在我国起步较晚。SNA 和 GFS 都是逻辑严密、协调一致的统计系统，能够反映国家经济活动情况，但两者也有区别，SNA 以国民为主体进行核算，GFS 则以政府为主体进行核算；SNA 对当期发生的经济活动进行核算而不管它是否是当期支付，GFS 则对当期的支付进行核算而不管这一支付是否反映当期发生的经济活动。可见，仅仅依靠 SNA 或者 GFS，都不能满足对宏观经济分析、评估和管理的需要。

在市场经济条件下，多元经济主体根据自身掌握的市场信息自主决策，政府也是间接地通过经济手段对各级经济主体进行宏观调控。政府对经济的宏观调控主要通过财政收支来影响多元经济主体，因此，宏观调控作用的广泛程度、细致程度、效率高低也取决于对财政收支信息了解和掌握的深度与广度。在市场经济条件下，对财政收支进行统计和分析是国民经济管理不可或缺的手段，因为其能够反映政府收支的全部规模，从整体上测定政府参与经济的程度；反映各级政府收支的筹措和使用过程，收支的结构及相关资源的能力与作用；体现国家对资源的配置情况，对国家经济的调控作用。通过对政府经济管理活动的研究，可以为政府相关决策提供量化基础；为政府制定财政、税收、社会保障等方面的政策提供支撑；为国家进行宏观调控，向有关部门提供充足、有效的财政资料；与国家统计局相互配合，能够为国家经济统计科目提供可信的政府行为资料。

2. 核算是绿色财政收支的基本标准

大多数国家在发展社会经济的过程中，曾出现过片面追求经济提升，而忽略生态环境的情况。尤其是在工业化的进程中，对煤、石油等化石燃料以及其他自然资源的不合理使用，造成了资源的过度消耗，引起了一系列环境问题。在此背景下，越来越多的专家学者意识到构建一个良好的生态体系十分重要。从詹姆斯·托宾和威廉·诺德豪斯提出净经济福利指标，强调在计算 GDP 时要扣除掉经济行为带来的环境成本，到《京都议定书》中提出引入市场机制解决碳排放问题，各国专家学者针对如何对生态环境的经济价值进行量化、如何实现经济和环境的共同发展进行了各类探索。[①]

绿色财政在社会经济绿色低碳发展的过程中发挥了巨大的作用，无论是从政策工具还是在体制机制建设方面，都有显著的成效和成果，对绿色财政进行核算是建立收支标准的基础。但是，由于种种客观原因，关于绿色财政收支的标准还没有完全建立起来。

（二）绿色财政核算的框架

绿色财政核算是通过 GFS 来体现，主要包含绿色发展方面的存量和流量，存量包含绿色资产、绿色负债、绿色收益，流量包括绿色财政收入、绿色财政支出、绿色转移支付。其中，存量主要体现在自然资源资产统计方面，具体如图 1 所示。

1. 存量：绿色资产、绿色负债、绿色收益

（1）绿色资产

目前，学术界对绿色资产的定义并不统一，总结起来有几个比较主流的观点。[②]

---

① 《IIGF 观点 | 我国 GEP 核算进展及资本化路径分析》，中央财经大学绿色金融国际研究院微信公众号，2021 年 5 月 10 日，https：//mp. weixin. qq. com/s/8X7eXv1T3YZcXplAJYqXng。

② 《绿色资产评估概述：绿色资产评估知多少？》，绿色创新管理公众号，2020 年 6 月 19 日，https：//mp. weixin. qq. com/s/EQNrRWG fxoAZnAmU6WVaAg。

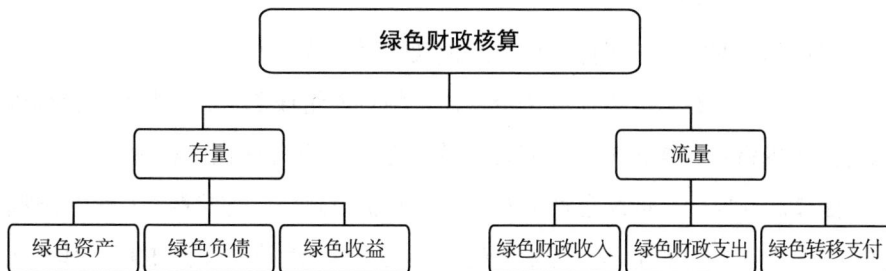

图1　绿色财政核算框架

　　第一种观点将绿色资产与会计理论相结合，韩莉和史君丽提出了"绿色资产"概念，即可以用货币计量并有可能在将来产生经济效益的"绿色资源"。

　　第二种观点是从对其含义的剖析入手，对其进行了界定。胡鞍钢先生在《中国：创新绿色发展》一书中提出：所谓的"绿色"，就是与人们的生产、生活紧密联系在一起的各种物质及生命资源，如阳光、空气、河流、矿产、动物等。这是一种无形的、没有统计过的、没有被计算过的，但随着绿色核算的探索，会转化成资产，使人类获得预期的经济、社会和生态利益的资源。

　　第三种观点是通过对资产的绿色度来进行判断和分析。一是棕色资产，即在高污染、高碳、高水耗下，能够以货币形式进行核算，并有望产生明确收益的资源。在绿色发展和低碳转型的背景下，棕色资产逐渐转变为绿色，这种类型的资产构成存在一定的风险。二是绿色资产，可以分为"非绿、浅绿、中绿、深绿"。有些地方开展绿色金融改革试点，率先打破"绿色""非绿"的简单对立标准，划分金融支持领域，将财政、发改、经信、环保等多个指导单位对产业绿色转型的相关要求和政策导向，按照赤道原则、负责任投资原则、ESG等金融领域国际通行准则，结合国家和区域特色，构建一套"非绿、浅绿、中绿、深绿"连续光谱的认定评价标准，推动金融机构对包括传统高碳企业在内的不同绿色等级的企业和项目，给予差异化的金融服务。

（2）绿色负债

根据现有的实践，绿色负债主要体现在以下两个方面①。

一是绿色债券。绿色债券是金融体系的重要组成部分，《中国绿色债券原则》明确指出，绿色债券是将募集的资金定向投向绿色工程和绿色产业，按照法律法规要求，向绿色产业和绿色工程提供融资，并按照合同约定支付利息的一种证券。由于其所筹集到的款项要100%地投向环保工程，其最大的特色就是其"绿色"特性。

国内绿色债券主要用于支持节能环保、清洁生产、清洁能源、生态环境工业、基础设施绿色提升和绿色服务。绿色债券按发行主体、发行地点和监管机构的不同可分为绿色金融债券、绿色公司债券等。

《中国绿色债券原则》将绿色债券按照融资目的（或收入）不同划分为一般绿色债券、碳收入绿色债券、绿色项目收入债券等。其中，一般绿色债券是主体，募集资金集中在节能环保领域。绿色债券以"绿色"为主题，通过"绿色"的方式，将绿色债券用于可持续发展。

二是绿色税费负债。绿色税费负债是会计主体因从事经济活动对自然环境造成的影响而应当支付的费用。若企业对环境造成了破坏，那么对于其需要投入的环境美化、污染治理费用等环境成本，则需要确认为负债，并以税费的方式予以缴纳，排污费、环保税就是最直接的体现。中国政府于2018年1月1日开始实施《环境保护税法》。通过征收排污费和环保税等约束手段达到环境治理的目的。在《环境保护税法》实施后，企业对环保项目的投资显著增加。《环境保护税法》通过促进环保项目投资和减少污染物排放，在促使企业提高环境绩效方面是有效的，促进了企业的绿色转型。

（3）绿色收益

绿色收益是经济主体拥有的净资产，即经济主体总资产减除所有债务后

---

① 《一文读懂绿色债》，普益标准微信公众号，2024年1月4日，https://mp.weixin.qq.com/s/-64sbgz-4Xoyaeeprmf5wA。

的剩余。由于企业的绿色资产还包括自然资源的使用权，当企业的资产有所增加时，绿色收益账户也应相应增加。[①]

全民所有自然资源资产所有者权益是绿色所有者权益的重要组成部分，国家是自然资源所有权人，对其依法占有、使用、处分。因此，全民所有自然资源资产管理是"以产权清晰为基础、以市场化配置为关键、以实现收益为目标"的资产管理新模式，角色定位为当好人民"大管家"。

统一行使全民所有自然资源资产所有者职责、维护所有者权益，贯彻新发展理念、构建新发展格局，是党中央、国务院为推动我国生态文明建设与自然资源资产产权制度改革而进行的一次重要的制度性安排，对于推动我国自然资源资产的科学配置与保值增值，推动我国生态环境治理体系与治理能力现代化具有十分重要的作用。

2. 流量：绿色财政收入、绿色财政支出、绿色转移支付

（1）绿色财政收入。目前来说，没有明确的标准去给相关的收入定位绿色度，主要是一般公共预算中的绿色税收收入，主要包含环保税、资源税两个主体税种，还包含消费税、车辆购置税、车船税、耕地占用税、城镇土地使用税、企业所得税、增值税，关税中与保护环境、节约资源、鼓励使用清洁能源等相关的税收收入（见表1）。

表1 绿色税收税种（部分）

税种	环节	目标	主要内容 （如征税对象、优惠政策等）	法规
环保税	排放	保护和改善环境，减少污染物排放，推进生态文明建设；限制/奖励	针对大气污染物、水污染物、固体废物和噪声等应税污染物征税	《环境保护税法》《环境保护税法实施条例》

[①] 《对绿色会计理论的思考》，海南省绿色金融研究院微信公众号，2022年11月23日，https：//mp.weixin.qq.com/s/GAn0YE6HLdaLR72to8r9Uw。

续表

税种	环节	目标	主要内容 （如征税对象、 优惠政策等）	法规
资源税	开采生产	合理开发利用自然资源；限制/奖励	应税资源，如能源矿产、金属矿产、非金属矿产、水气矿产、盐	《资源税法》
消费税	消费或消耗生产进口	保护环境、节约资源能源；限制/奖励	部分高耗能、高污染和资源性产品，如鞭炮烟火、成品油、小汽车、摩托车、木制一次性筷子、实木地板、电池、涂料	《消费税法（征求意见稿）》 《消费税暂行条例》 《消费税暂行条例实施细则》 2008 年 12 月 15 日
车辆购置税	购置 （购买、进口、自产自用）	保护环境、节约能源、鼓励使用新能源；限制/奖励	应税车辆：购置汽车、有轨电车、汽车挂车、排气量超过一百五十毫升的摩托车、城市公交企业购置的公共汽电车辆	《车辆购置税法》
车船税	消耗	保护环境、节约能源、鼓励使用新能源；限制/奖励	应税车辆、船舶； 对乘用车按排气量分档设置税额； 对节约能源、使用新能源的车船可以减征或者免征车船税	《车船税法》 《车船税法实施条例》
耕地占用税	消耗	合理利用土地资源，加强土地管理，保护耕地；限制/奖励	占用耕地建设建筑物、构筑物或者从事非农业建设	《耕地占用税法》 《耕地占用税法实施办法》
城镇土地使用税	消耗	合理利用城镇土地；限制/奖励	在城市、县城、建制镇、工矿区范围内使用土地	《城镇土地使用税暂行条例》
企业所得税	生产	奖励	节能节水环保、资源综合利用以及合同能源管理、环境污染第三方治理等方面的所得税优惠政策	《企业所得税法》

续表

税种	环节	目标	主要内容 （如征税对象、 优惠政策等）	法规
增值税	生产 消费	奖励	节能节水环保和资源 综合利用的增值税优 惠政策	《增值税暂行条例》
关税	进口 出口	奖励/限制	降低或取消能源、资源 性或环境友好型产品 的进口关税，或者提高 对环境危害较大的产 品的进口关税；征收或 者提高高耗能、高污 染、资源性产品的出口 关税	《关税法》

资料来源：邢丽、傅志华主编《中国绿色财政报告2022：聚焦碳达峰碳中和》，中国财政经济出版社，2023。

（2）绿色财政支出。从一般公共预算来说，主要是"211 节能环保"支出，主要包括节能环保支出、城乡社区环境卫生支出、林业和草原支出、水利支出等直接投入，以及与"绿色"内涵密切相关的其他科目中的农业农村支出、巩固脱贫攻坚成果衔接乡村振兴支出、农村综合改革支出、普惠金融发展支出、目标价格补贴等间接投入。此外，其他基本预算中也有部分直接的和间接的绿色财政支出，比如政府性基金预算里面的节能环保支出，以及城乡社区支出、农林水支出、交通运输支出等科目中包含的绿色财政支出，国有资本经营预算和社会保险基金预算目前没有相关支出。

（3）绿色转移支付。绿色转移支付又称生态转移支付，包括纵向生态转移支付和横向生态转移支付。

1）纵向生态转移支付

在目前的政府治理结构中，中央政府把大量的环境、教育和医疗卫生等职能交给地方，确保了公共物品的供应，并赋予了地方官员的考核、任免、税收立法，预算结算等权力，强化了中央政府的宏观控制。然而，目前我国市县的财权严重失衡，使其面临着严重的财务困境，其中，义务教育、医疗等领域的重大支出压力尤为突出，地方政府在环保等财政保障上的动力不足。另外，从整体上看，国家在全国范围内设置了国家重点生态保护区、国家公园、酸雨控制区、SO_2污染控制区等，这就意味着地方要承受保护的显成本和发展的机会成本，若无相关的制度支持，很难保障政策的持续与效力。对此，本报告提出了一种基于纵向转移支付的政策框架，即通过环保领域的纵向转移支付来实现对财政收入的有效补偿。同时也对当地政府的环保工作进行督导，对其进行中央考评和验收。从1994年的分税制开始，中国持续完善财政转移支付制度，目前已基本建立起以一般转移支付与专项转移支付为主的生态转移支付框架，如图2所示。

2）横向生态转移支付

①横向生态补偿逐步发展

横向生态转移支付是在生态补偿基础上进行的，也就是根据"谁受益，谁出钱"的原则，向进行此项工作的地方政府缴纳相应的费用，让其所能获得的生态服务的收益与其所承担的费用大致相等，以此来促进其更好地进行生态产品和服务的有效供给。横向生态补偿是传统纵向生态转移支付的辅助和补充，一直以来，在我国的横向生态补偿中，纵向生态转移支付是重要的资金来源，但也存在仅仅依靠纵向生态转移支付难以覆盖治理所需的全部资金等问题，而且横向生态环境治理涉及同级不同地区的利益，所以有必要引导和推动补偿地和受偿地政府的积极参与，在补偿体系内部建立起可持续、有针对性的资源流通渠道。因此，横向生态转移支付应运而生，许多专家学者进行了相关的研究，各级政府也积极探索实践，将其作为传统纵向生态转移支付的辅助和补充，通过在省市之间进行资源互换和补充，实现更高效、更精准的生态保护。

②各级政府密集出台政策法规

一是中共中央、国务院高度重视全国各地的生态环境污染问题，对横向生态补偿也给予了重点关注和大力支持，先后出台了生态补偿机制的相关文件（见表2），着力构建生态补偿机制以推动生态环境保护工程。

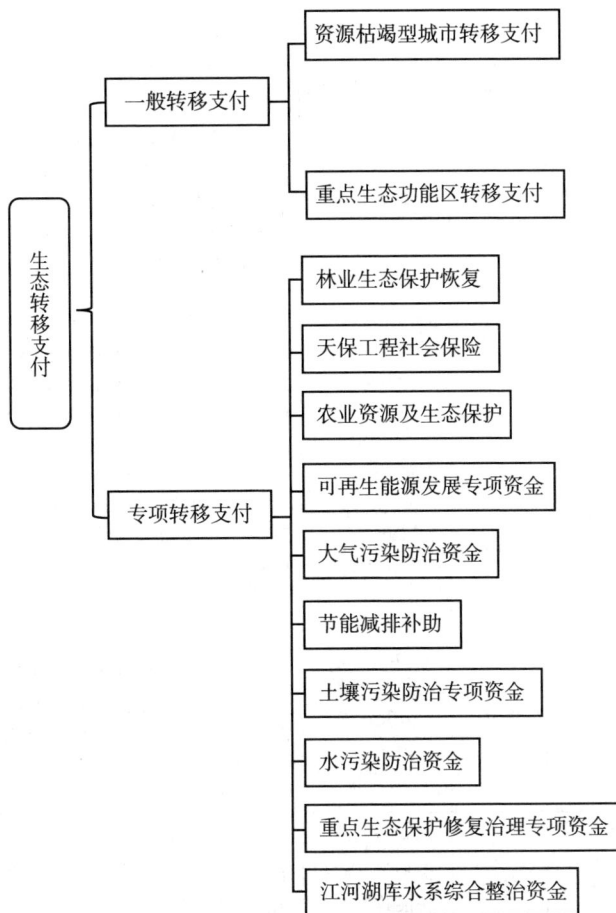

图2　中国现行生态转移支付

资料来源：主要依据2023年中央对地方转移支付预算表整理而成。

表2　2007~2024年中央层面横向生态补偿政策（部分）

政策名称	年份	制定部门	内容
《关于进一步加强生态保护工作的意见》	2007	国家环保总局	流域上下游、资源开发与生态保护、自然保护区内外生态保护的生态补偿方式,构建基因资源获得和惠益分享的制度

政策名称	年份	制定部门	内容
《坚定不移沿着中国特色社会主义道路前进 为全面建成小康社会而奋斗》	2012	中共中央	十八大第一次将生态文明建设与政治、经济、文化、社会建设放在一起,作为一个单独的章节加以阐述;同时,还要求进一步推进资源价格与税费改革,构建体现资源稀缺程度、体现生态价值的资源有偿利用与生态补偿体系
《中共中央关于全面深化改革若干重大问题的决定》	2013	中共中央	十八届三中全会做出了"以人为本、以人为主体的区域生态补偿制度建设和区域之间的横向生态补偿制度建设"的具体安排,以促进我国区域内的生态环境保护工作向更高层次迈进
《国务院办公厅关于健全生态保护补偿机制的意见》	2016	国务院办公厅	推动横向的生态效益补偿,支持对生态功能重要、水资源供需矛盾突出、受各类污染影响或威胁较大的代表性小流域进行横向生态补偿试验
《关于加快建立流域上下游横向生态保护补偿机制的指导意见》	2016	财政部、环境保护部、国家发展改革委、水利部	流域横向生态保护补偿主要由流域上下游地方政府自主协商确定,中央财政对跨省流域建立横向生态保护补偿制度给予引导支持,推动建立长效机制
《中央财政促进长江经济带生态保护修复奖励政策实施方案》	2018	财政部、环境保护部、国家发展改革委、水利部	推动长江流域相邻省市及省市内建立横向生态保护补偿机制
《关于建立健全长江经济带生态补偿与保护长效机制的指导意见》	2018	财政部	首次提出以提升流域生态系统中山水林田湖草综合效益为原则,建立多元化生态补偿激励引导机制多渠道支持长江经济带生态补偿与保护
《建立市场化、多元化生态保护补偿机制行动计划》	2018	国家发展改革委等9部门	鼓励生态保护地区和受益地区开展横向生态保护补偿;探索建立流域下游地区提供优于水环境质量目标的水资源补偿机制;提出到2020年,初步建立市场化、多元化生态保护补偿机制
《支持引导黄河全流域建立横向生态补偿机制试点实施方案》	2020	财政部等4部门	提出2020~2022年开展试点,探索建立流域生态补偿标准核算体系,完善目标考核体系、改进补偿资金分配办法,规范补偿资金使用

政策名称	年份	制定部门	内容
《支持长江全流域建立横向生态保护补偿机制的实施方案》	2021	财政部等5部门	2022年长江干流初步建立流域横向生态保护补偿机制;2024年主要一级支流初步建立流域横向生态保护补偿机制;2025年长江全流域建立起流域横向生态保护补偿机制
《生态保护补偿条例》	2024	国务院	鼓励、指导、推动生态受益地区与生态保护地区人民政府通过协商等方式建立生态保护补偿机制,开展地区间横向生态保护补偿;根据生态保护实际需要,上级人民政府可以组织、协调下级人民政府之间开展地区间横向生态保护补偿

资料来源：根据相关网站资料整理。

二是地方层面根据中央部署和相关政策文件，积极开展横向生态补偿试点，也出台了一系列政策性文件，具体如表3所示。

表3　2008~2019年地方层面生态补偿相关政策性法规文件（部分）

名称	时间	制定机关	主要内容
《关于在子牙河水系主要河流实行跨市断面水质目标责任考核并试行扣缴生态补偿金政策的通知》	2008	河北省人民政府办公厅	实行"以水环境质量评价""财政拨款"为主的生态补偿制度
《关于加快建立流域上下游横向生态保护补偿机制实施方案的通知》	2017	安徽省财政厅、环境保护厅、发展改革委、水利厅	一是对流域内上下游市级政府间协商签订补偿协议、建立流域横向生态保护补偿机制给予奖励;二是对市级行政区域内建立流域县(区)间横向生态保护补偿机制予以奖励;三是对流域保护和治理任务成效突出的市予以奖励
《关于建立流域上下游横向生态保护补偿机制的实施方案》	2017	宁夏回族自治区财政厅等6部门	明确流域上下游市级政府按照"谁获益,谁补偿""谁污染,谁赔偿"的原则,推进建立流域上下游横向生态保护补偿机制

续表

名称	时间	制定机关	主要内容
《关于建立广西区内流域上下游横向生态保护补偿机制的实施意见》	2018	广西壮族自治区发展改革委、财政厅、生态环境厅、水利厅	明确了补偿基准,规定了科学选择补偿方式,合理确定补偿标准,要求建立联防共治机制
《云南省促进长江经济带生态保护修复补偿奖励政策实施方案》	2018	云南省财政厅等4部门	提出了加快构建长江流域内不同区域间的横向生态补偿机制,通过整合国家与地方财政的财政支持,充分发挥长江经济带上、下游区域的主体作用,实现"成本共担、利益共享、责任共担、多元共治"的长期管理体制,并在此基础上,初步建成一个全省范围内的生态补偿体系
《四川省流域横向生态保护补偿奖励政策实施方案》	2019	四川省财政厅等4部门	明确2018~2020年按照"早建早给、早建多给、不建不给"的原则,对四川省与相关省市签订补偿协议、建立跨省流域横向生态保护补偿机制的和省内同一流域上下游所有市(州)协商签订补偿协议、建立起流域横向生态保护补偿机制,给予资金奖励,奖励资金采取先预拨、后清算的模式,资金安排与绩效评价结果挂钩

资料来源:根据相关网站资料整理。

③横向生态补偿实践取得实质性进展

由表3可见,随着中央政府对跨省流域横向生态补偿体制机制的不断探索和完善,地方政府也纷纷行动,政策内容更加丰富,方式更加多样,标准更加完善,机制更加成熟。2012年,新安江流域生态补偿试点成为全国首个跨省流域横向生态补偿机制试点,并形成了"新安江模式"在全国推广。多省纷纷建立流域上下游横向生态补偿机制试点(见表4),积极推动跨区流域生态环境协商共治,跨省流域横向生态补偿机制实践取得了实质性进展。

表 4　部分跨省流域横向生态补偿实践

流域	考核时间	补偿主体	补偿依据	补偿方式
新安江流域	第一轮:2012~2014 年 第二轮:2015~2017 年 第三轮:2018~2020 年	中央人民政府、浙江省人民政府、安徽省人民政府	跨省界断面水质检测考核结果	第一轮:中央补偿 3 亿元,浙皖各 1 亿元,水质达标浙付皖,否则皖付浙;第二轮:中央补偿 3 亿元,浙皖各 2 亿元,方式同第一轮;第三轮:中央退出,浙皖各 2 亿元,方式不变
汀江-韩江流域	2016~2017 年 2019~2021 年	中央人民政府、广东省人民政府、福建省人民政府	跨省界断面水质检测考核结果	广东、福建每年各安排 1 亿元补偿资金,作为汀江-韩江流域水环境补偿资金,中央财政根据考核目标完成情况确定奖励金额
东江流域	2016~2018 年 2019~2021 年	中央人民政府、广东省人民政府、江西省人民政府	跨省界断面水质检测考核结果	江西、广东两省共同设立补偿资金,两省每年各出资 1 亿元,中央财政依据考核目标完成情况确定奖励资金并拨付给江西省,专项用于东江源头水污染防治和生态环境保护与建设工作
九洲江流域	2018~2020 年	中央人民政府、广东省人民政府、广西壮族自治区人民政府	跨省界断面水质检测考核结果	广东、广西各出资 3 亿元,作为九洲江流域水环境补偿资金,中央财政依据考核目标完成情况确定奖励资金并拨付给流域上游省份,专项用于九洲江流域水污染防治工作

资料来源:根据各省份相关网站资料整理。

二　国内外绿色财政核算的实践和应用

发达国家在环境治理方面走在世界前列,财政在其中发挥了重要作用,关于绿色财政核算也有大量实践。

（一）中美绿色财政支出体系的区别

美国于 20 世纪 70 年代颁布了《国家环境政策法》，并组建了全国环保机构，进行了大范围的污染控制。这一期间，美国的环境保护开支约为 0.8%~1%，主要用于排污设备的建设。随着时间的推移及民众环境意识的提升，美国政府将环保经费投入到环境问题的处理上。美国环保局在 2012~2021 年的开支保持了一个平稳上升的态势，年均增长 1.3%。

美国环保局支出预算主要分为九大类：科技支出、环境项目与管理、总督查、建筑与设施、内陆溢油治理、有害废物超级基金、地下储罐泄露、州政府与部落补助、水基础设施融资与创新基金。美国环保局的经费分配很稳定，2019~2023 年，经费分配的优先顺序几乎没有什么变动，主要是：州政府与部落补助、环境项目与管理，以及有害废物超级基金，分别占总经费的 46.8%、29.8%、13.0%。从财政收支的构成来看，美国的财政拨款集中在当地的环保补贴及环保事项的治理上；从预算项目中可见，美国环保局支出与中国节能环保支出有明显差异，主要表现在以下三个方面。

1. 科技支出。美国环保局科技支出共包括十余款支出科目，均用于与绿色环保密切相关的科研项目。其中，资助项目最多的是社区可持续发展研究、水资源研究、化学品安全研究、大气清洁。2016~2022 年，美国对环保科技支出的投入一直持续在环保财政支出的 7%~8%。而在我国政府一般公共预算支出中，虽然也列出了科学技术支出科目，但未对绿色环保科研项目支出做出单独划分。同时，该项支出也未能在节能环保支出科目中体现。

2. 州政府与部落补助。州政府与部落补助包括两部分，一是国家和部落补贴，二是用于供水、污水处理等方面的补贴，补贴对象包括跨州组织、非营利组织、部落联盟以及部落政府，补贴内容大体可分为水资源、空气、农药、危险废物和土地补贴等五类，其中针对水资源的补助占比最高。而在我国政府一般公共预算支出中，与水资源相关的支出并没有被包含在节能环保支出科目中，而是在农林水支出科目中体现。

3. 有害废物超级基金。20 世纪 70 年代后期，有害垃圾问题在美国引起了广泛的关注。国会于 1980 年通过了《综合环境反应补偿与责任法》，建立了一个有害废物超级基金，支持有害垃圾治理。在实施期间，有关的处理成本由有害废物超级基金来支付。我国尚未设立类似的基金，但在节能环保支出科目中纳入了用于污染治理的支出。

美国环保局从计划到预算再到最后的结算，形成了一个完整的周期。在计划层面上，美国环保局制订了中期和长期的策略计划，并将这些计划用于每年的工作。在规划中制定了多个层面的环境保护指标，并以此为中心进行各项预算工作。在财政上，美国环保局根据年度治理目标制定相应的财政计划。在每个环保财政计划指标之下，美国环保局都列举了为达到这一指标而承诺的支持金额，以及为达到这一指标而采取的特定的行动方针。在最终的结算中，美国环保局会公布一份年度的财政业绩报表，对这一年的目标完成情况、取得的进展、面临的挑战等多个方面进行全面的剖析，从实现的目标和产出效益等多个层面来评价该年度的工作，为下一步的预算编制工作提供具体的参考依据。

（二）绿色核算实践

1. 绿色核算的提出

GDP 可以为决策者们描绘出一幅全面的经济形势图，帮助决策者进行经济调控。但是，这一指标也有不足之处：一是不能体现出其对社会的作用以及其所具有的经济价值；二是不能体现出国家的发展模式；三是不能真实地体现出整个社会的财富累积；四是不能体现出真正的社会代价。在我国经济、社会发展与资源、生态环境之间的冲突日趋尖锐的今天，仅仅依靠GDP 作为衡量标准已经无法满足现实需求，构建一个新型的绿色核算系统成为全社会关注的焦点。

在经济核算中，要把资源与环境要素、环境问题结合起来。当前，国际上尚未有任何可供参考的成功案例，探讨构建我国的绿色经济核算体系，对构建人类与自然命运共同体、构建资源节约型社会、推动生态文明具有重要的现实意义。

2. GDP、绿色 GDP、GEP、自然资源价值的联系与区别

近几年，国家对生态文明建设的顶层设计不断完善，制度建设纲举目张，促进了生态环境的不断提高。在这一大环境下，绿色核算这一定量的指标界定已经成为一个亟须解决的问题。国内现行绿色核算相关指标有 GDP、绿色 GDP、GEP、自然资源价值，具体如表 5 所示。

表 5　绿色核算相关指标

	概念
GDP	是指一国或区域全部常住单位在一段时间里的生产经营结果，也就是指由该国或区域的居民在其生产行为中，新产生的价值的总和。该指标涵盖了全社会的所有产业。归属于流动会计
绿色 GDP	在现行国内生产总值基础上，减去资源消耗费用和环境恶化费用后的差额，是一国或区域在综合利用自然资源和生态等要素后进行的经济行为结果，是一种流动会计
GEP	是对一个地区的生态产品和服务价值进行评价的一种指数，它是在特定地区，生态系统为人类福利和经济社会可持续发展所能提供的最后产品和服务价值，是一种流动会计
自然资源价值	自然资源（土地、森林、水、矿物、海洋等）本身的价值，对自然资源的价值进行会计处理，就是在一定时间内对自然资源的价值进行计量

采用简单易懂的方法，研究 GDP 与绿色 GDP、GDP 与 GEP、GEP 与自然资源价值之间的内在联系，能够辅助政府决策。厘清 GDP、绿色 GDP、GEP 与自然资源价值的含义和计量范畴，有助于更好地认识这些指标之间的相互联系，具体如专栏 1 所示。

专栏 1　GDP、绿色 GDP、GEP、自然资源价值的联系与区别

1. GDP 与绿色 GDP

绿色 GDP 以 GDP 为基础，扣除固定资产折旧、自然资源和环境资源消

耗,将经济因素和自然因素纳入其中,兼顾了经济和自然因素,兼顾了经济和环境的成本投入,同时也兼顾了资源和环境的配置。

举个例子,一条油船撞在礁石上导致漏油。原油储备的下降并不会给GDP带来负面的冲击,为清理溢出的原油所付出的薪水以及所用的装备反而会推动GDP的增长。而因溢油导致的海洋环境等的损害,以及海洋生产力的损失,在GDP会计中是无法体现的。而在绿色GDP会计中,则能体现石油储备的下降、生态损失的增加。

当绿色GDP在GDP中所占比例较大时,其正作用较大,负作用较小。另外,在实际操作中,绿色GDP的度量单元更加灵活,可以采用混合的方式,也就是以货币为经济计量,以实物量为计量标准。

计算公式:绿色GDP=GDP-固定资产折旧-自然资源消耗-环境资源消耗(环境污染)。

2. GDP 与 GEP

概念定义不同,统计范围不同。GDP是指由人的劳动所产生的新的有价值的产品总值。然而,GEP则是指不需要人为干预的生态商品与服务价值。二者之间的交叉区域只包括了与生态农业、生态旅游有关的产业,这些产业占我国GDP的比例都在20%以内。比如,大规模饲养家禽和家畜的企业,所创造的产值是GDP的一部分,而不是GEP;而在森林中放养的家禽和家畜,则是GEP的供应品。如果涉及人类的活动,那就是GDP的一部分。又比如,纯人为建造的游乐场,其创造的产值计入GDP,而非GEP。而以自然资源为基础的观光产业,如漂流等,所创造的经济价值,在GDP和GEP中都有体现。

会计处理方式有差异。GDP依据企业和企业的财务报告和部门统计数据,运用生产方法、收入方法和费用方法进行互相核对和确认。会计依据是清楚、透明、可核实、可溯源的,会计方法是得到了权威认可的,会计数据具有较高的可信度。GEP中最重要的调控业务为虚拟业务,其物理量并不能通过实测获得,而是依赖各种数学模型和计算方法,因此,在计算价值时,可以使用各种方法来计算,如影子工程法、替代成本法等,具有很大的不确定性，也有很大的争议。当前，我国 GEP 的计量方式还没有标准化，其计量成果的科学程度还不够高，在一些地方仍然处在摸索、研究和试行阶段。

二者之间的数量关系更多地反映了地区的主体功能定位。如自然资源丰富的地方，GEP 总体发展潜力将超过 GDP；自然资源匮乏的地方，生态环境承载力通常会比 GDP 价值低。二者没有直接交叉的比例很小，不能用 GEP 和 GDP 之间的简单转换来解释。

3. GEP 与自然资源价值

GEP 是一种流动会计，它是指在有机体的情况下，为满足人们更好的生活需要而为人们所利用的终极生态商品和服务。对自然资源价值进行计量时，其价值就是其本身的价值，如矿物；其价值虽在自然资源价值计量范畴之内，但由于无人为参与，则不在 GEP 的计算范畴之内，如丛林等。

浙江是探讨绿色 GDP 会计的先行者。自 1987 年联合国世界环保与发展会议首次提出可持续发展这一理念以来，国内已有不少学者对此进行了探讨。在 2004 年，由国家环境保护总局和国家统计局组成的"绿色国民经济计量研究小组"，先后在浙江等 10 个省份进行了环境损害程度的普查和评价。由省级环保部门和省级统计部门共同测算了一些实际的环保管理费用和生态恶化费用。但目前该工作仅对局部地区进行了评估，数据不够完整，评估方法也有争论，评估成果的品质很难得到保障，成本高、耗时长、不易普及。《中国绿色国民经济核算研究报告》是目前全球仅有的基于环境污染因素的绿色 GDP 估算方法著作。

目前我国对自然资源价值的研究仍停留在"实物量表"的编制上。十八届三中全会首次明确了"自然资源资产负债表"重大课题。按照国家的总体要求，首先要制作比较简单的物理尺度，然后才是比较复杂的价值尺度。当前，国家和各省（区、市）均正在逐步改进现行的自然资源价值计算编制体系，为进一步夯实基础资料提供依据；目前，我国对自然资源的价值计算仍处于理论探讨阶段。

三 绿色财政核算在实践中的问题

（一）生态价值核算体系不统一，GDP 与 GEP 双考核制度亟待建立健全

对生态价值进行科学的评价，是实现绿色经济发展的重要途径。然而，目前还未形成一个统一的生态价值核算体系。一是没有统一标准的 GEP 计量系统，使得绿色能源产品的评价和对比在技术层次更加困难。当前，我国对 GEP 的会计处理仍处在探索阶段，对其经济核算体系与会计手段的认知度不高。首先，由于各区域在核算指标、核算方法、关键参数以及时间和空间尺度等方面存在主观差异，所以 GEP 的核算数据没有可比较性。其次，GEP 计算需要大量的资料，小范围内的经济数据往往不足，使得 GEP 的计算难以开展。再次，在 GEP 计算中，生态调控类服务占比很大，其物理量难以计量，价值主要通过间接市场价格方法（包括支付意愿法、影子工程法、替代成本法）来计算，方法存在很大的争论。区域间统计方法上的差异，限制了 GDP 和 GEP 双重评价体制的进一步深化。二是绿色发展规划重评估轻评价，没有从体制上为生态效益评价营造良好的动力氛围。从我国状况来看，开展绿色发展规划评估，最重要的不是衡量其生态价值，而是使其更好地发挥作为绩效"指挥棒"和促进生态文明的重要作用。要从点到面逐步构建 GDP 和 GEP 双重评价体制，并把 GEP 的有关指标列入主要的绩效评价。

（二）自然资源资产核算困难重重

一是自然资源资产负债表编制还停留在研究阶段。一方面自然资源资产核算与自然资源资产负债表编制方法和体系差异较大，导致同种自然资源资产的价值评估结果不一致，对其进行科学、合理的会计处理，是制定该经济核算体系的前提。另一方面，经过了理论探讨和试验研究，我国的自然资源资产核算已经有了一定的发展，但总体仍处在起步探索阶段，有待突破价值化和负债核算等关键技术，促进自然资源资产负债表编制的标准化与规范

化。自然资源资产负债表编制是一项系统工程，在"新老"问题交织的争议中持续前进，"老"在于它与自然资源核算一脉相承，"新"则在于对其理论体系、框架结构、填报内容尚未形成共识。

二是政策实践还未有效利用自然资源资产核算体系。如在生态补偿方面，目前大部分支出不是以自然资源资产核算的结果为依据，而是以财政资金进行补助。比如新安江流域生态补偿试点第一轮是由中央财政、浙皖两省每年共同出资 5 亿元，通过签署"对赌协议"，由上游水质来决定浙皖两省谁来承担生态补偿资金，而不是以水资源核算的价值来决定。江苏省江阴市"三进三退"保护长江工作虽然制定了较为详细的补偿标准，对不同等级的湿地和不同用途的土地进行分级补偿，但补偿定价仍与自然资源资产价值核算结果无直接因果关联。如在土地规划方面，目前已有研究在国家《生态保护红线划定指南》基础上，结合受益人口衡量自然资源资产对人类福祉的贡献，改进了生态保护红线的划定方法，但结果仍然停留在研究层面，未真正实现有效的政策指导和广泛应用。

三是不利于生态产品价值实现。生态产品价值实现是绿水青山转化为金山银山的主要途径，但由于自然资源资产核算体系还未建立，目前一些核算方法不成熟，计算结果与实际相差大，导致生态产品价值难以估计。

（三）判断绿色财政收入的绿色度核算标准未建立

关于绿色财政收入的绿色度核算目前面临较大困难，随着绿色发展理念的提出，绿色财政收入成为未来重要的税源，但是目前还没有科学合理的绿色度核算标准，绿色低碳企业产生的税收收入是绿色财政收入，但是在产业绿色转型的过程中，产生的收入绿色度是不一样的，目前难以定量分析，主要是因为没有核算标准。

（四）绿色财政支出的界定不清晰

现有的研究尚未对"绿色财政支出"提出清晰的界定，大部分研究仅仅以"节能环保支出"作为代理变量对其进行分析，而"节能环保支出"

作为"绿色财政支出"这一宏观概念的子集，并不足以涵盖绿色财政支出的内涵。

（五）财政收支分类科目亟须修订

一是科目缺乏"碳"元素。目前"211 节能环保"支出科目没有直接体现"碳"元素，只有部分节能元素，难以体现"双碳"目标，与经济社会发展全面绿色转型不相符。

二是相对分散不聚焦。除了"211 节能环保"支出科目，在农林水等其他科目中也分散了一部分与绿色发展相关的类、款、项，如森林生态效益补偿、水资源节约管理与保护等。

三是科目调整变动比较频繁。从 2007 年正式设置"211 环境保护"支出科目（于 2011 年调整科目名称为"211 节能环保"），2009 年增加了 4 款，2010 年增加了 1 款，2011 年调整第 99 款科目名称，2015 年调整一款科目名称、增加一款科目，到 2016 年删除第 15 款科目，节能环保支出科目内容一直在变化。

（六）与国民经济核算协调不够

一是国民经济核算体系中仅包含土地、矿产和能源储备、非培育性生物资源和水资源等部分经济资产，湿地、海洋和自然保护地暂时还未纳入核算范围；二是价值体现不够，现有的国民经济核算体系只部分反映自然资源资产的经济价值，但是，未能反映出这些资源的功能价值。其主要内容包括三个层面：供给（水、食物、基因等）、调控（空气质量、气候、病虫害等）和人文（旅游休闲、景观、艺术等）。然而，其中大部分是不可市场化的，且不能充分反映国家的经济核算与福利水平。三是不能给绿色 GDP 核算提供准确的政府绿色经济运行数据信息，导致我国目前还是以 GDP 作为经济发展水平的衡量指标，使一些地区保护生态环境的机会成本和保护成本难以得到弥补。

（七）现有的核算结果应用较难

生态商品的流转呈现"共促"的特点，在市场环境下，生态资产与生态商品通过市场机制进行交换，可使其增值，但其变现途径尚需进一步拓宽和充实。一是我国生态商品的流通路径出现了堵塞。在生态商品的生产、流通、消费等环节仍存在着配套设施建设不足，人才支撑乏力，产品同质化严重，特色消费场景匮乏，生态标志、碳标志、绿色标识的运用不足等问题，限制了生态商品的价值体现和品牌建设。当前的信息化手段运用范围相对狭窄，难以实现对环境资源的有效供需匹配。二是我国生态公益物品的流转方式较为简单，经费的分配不合理。在我国，生态环境保护补偿作为保护生态公益物品的重要途径，主要依靠垂直的财政转移支付方式，存在着区域间水平补偿不足等问题。同时，我国现行的"保护人受益，使用者付费，破坏者补偿"的利益引导机制仍不完善。三是要拓宽生态资产权益流转和收益的途径。各种生态资产权益交易正逐步由试验与前期构建阶段过渡到深入发展阶段，其中包括碳排放权、排污权、水权和用能权等四个产权市场的交易机制，但涉及生态林权、碳汇、绿化率指标等生态资产权益交易体系尚不成熟，实施路径仍不完善，还处于探索阶段。

四 绿色财政核算的对策建议

（一）适时修订政府收支分类科目

1. 在政府收支分类科目中增加"碳"要素

一是在节能环保支出科目中增加"碳"元素。绿色低碳是全球发展趋势，我国在提出"双碳"目标后，经济社会发展全面绿色转型成为新的发展方向，降碳成为主旋律，但是我国以往的生态环保工作集中在污染治理上，取得了阶段性胜利。目前的政府收支分类科目没有明确地体现与碳相关的元素，所以需要进行调整和统筹。

二是在其他科目中明确绿色低碳要素。其他科目如农林水支出，主要包含林业和草原以及水利等，也就是自然资源类，无法体现与碳相关的元素，林业草原等都是跟碳中和密切相关的，建议与自然碳汇相结合。

2. 将分散的科目更好地统筹起来

根据现有的政府收支分类科目表来看，除了节能环保支出科目，还有一部分绿色相关收支款项分散在其他的科目中，需要进一步统筹，以发挥更好的作用。

（二）尽快构建绿色财政核算体系

1. 统一核算口径

目前的政府收支分类科目中，虽然自 2007 年开始有专门的"211 节能环保"支出科目，但是该科目还不能包含所有的环保支出，有些支出还分散在不同的政府预算或者一般预算的不同科目中，在安排和统筹的过程中，还需要进一步统一口径，才能更好地统筹安排。

2. 制定核算标准

一是在计算中，必须以自然资源普查为基础，对现有的各种类型的自然资源专项调查（清查）中的资源产权、数量、质量、用途等进行整理，并对所缺少的属性进行增补，利用现代地理信息、人工智能、多源数据集成等手段，保证数据的完整性、真实性、准确性，为价值计量核算提供数据基础。

二是在市场经济中，商品的品质决定着商品的价格。当前需以分级定级为基础，扩展计量思想与方法，对各种类型的自然资源资产进行质量计量，并与计量结果一起为价值计量提供服务。

3. 选取合适的核算方法

鉴于自然资源资产中生态价值难以核算，且其生态价值是自然资源资产提供生态服务或发挥生态效益的流量价值，所以可以借鉴 GEP 核算的方法。

4. 形成科学合理的核算体系

一是明确自然资源资产所有权人，建立所有者职责制度，划清行权履职边界；二是进一步厘清自然资源、自然资源资产等概念，确定实物量与价值量的核算范围；三是尝试建立自然资源资产基准价格制度，将全国的自然资源资产按照不同质量划定不同级别，为自然资源资产核算提供统一标准，进一步完善核算的方法；四是核算结果既要体现地域价值的特色性，又要增强区域间价值的可比性。

（三）加强与国民经济核算的衔接

1. 结合矿产资源资产核算等试点初步构建绿色财政核算模式

一是结合全民所有自然资源资产所有权委托代理机制试点，积极探索，做好经验总结和推广。二是组织开展国有土地矿产资源资产会计试点工作，组织技术支持小组，建立试点工作机制，收集基础数据，组织外部的实地考察。

2. 加强绿色财政核算与绿色GDP核算的融合

财政核算统计的结果是政府经济活动的依据，在绿色低碳发展背景下，绿色GDP核算必须依赖绿色财政核算，需要加强两者的融合，更好地为经济社会发展全面绿色转型提供有效依据。

（四）探索构建自然资源资产市场交易平台

首先，拓宽自然资源资产价值边界。在生态文明背景下，"两山"理论转化和生态产品价值实现等方面的政策需求都要求我们要拓宽自然资源资产的价值边界，不能局限于自然资源资产作为生产资料的经济价值，要强调其生态和社会价值。当前资产清查工作主要测量其经济价值，尽量反映全民所有自然资源资产真实、具体和相对稳定的属性价值量，旨在满足权益资产管理的需要，具有可行性。未来伴随着技术和方法的成熟，要不断拓宽生态价值和社会价值核算范围，形成全面的资产价值清查体系。

其次，推进资源、资产、资本的"三资转化"，并与国有资产的所有权、经营权的转换有机地结合起来。一是拓展交易平台的宽度，以土地交易为抓手，不断拓展到其他各类自然资源资产及其衍生出的指标交易，增加交易品种，逐步构建涵盖山水林田湖草生命共同体的自然资源资产交易平台。交易需要将政府引导和市场力量相结合，通过政府管控或设定限额等方式，创造交易需求，引导和激励利益相关方进行交易，打通绿水青山转化为金山银山的通道。二是拓展交易平台的空间维度，结合地方编制自然资源资产负债表工作，借鉴跨区耕地指标交易①，促进自然资源资产要素合理分配、推动区域经济协调发展。三是挖掘交易平台的深度，形成多层级的市场结构、构建各类自然资源纵向全链条管理机制。

（五）促进核算结果在政策实践中的推广和应用

可以从多方面加强对核算框架和方法以及结果的应用。一是在宏观上，加强核算结果在生态保护红线政策制定、生态补偿政策制定和生态损害补偿机制制定中的支持作用；二是要在中观层面上，进行资产负债表的科学编制，并以此为基础，对各级各类国有资产的委托代理进行评估；三是在微观层面上，引导企业拓展"环保报表"和"法定环保信息披露"，鼓励企业加大在减污减排方面的执行力度，增强企业对生态经济的贡献。

参考文献

曹春乾、陈文婧、张烈侠：《国有自然资源资产政府会计确认、计量与披露——以矿产资源资产为例》，《财务与会计》2022 年第 13 期。

陈少强、覃凤琴：《财政生态补偿：一个理论逻辑》，《中央财经大学学报》2022 年第 11 期。

程烨：《生态补偿转移支付机制运行解析与比较研究》，《中国国情国力》2021 年第 5 期。

戴正宗等：《为生态保护补偿制度绘就改革路线图》，《中国财经报》2021 年 9 月 23 日。

高晓龙等：《湿地缓解银行机制辨析及本地化方案相关问题研究》，《湿地科学与管理》2022 年第 6 期。

葛守中：《政府财政核算体系（GFS）与中国政府财政统计改革研究》，上海财经大

---

① 由于我国中西部和东部地区资源禀赋和经济发展状况的差异，空间保障与土地供应之间的矛盾较突出，2018 年 3 月出台的《跨省域补充耕地国家统筹管理办法》，使得耕地占补平衡指标跨省域交易成为可能，不仅有利于统筹谋划耕地保护、解决经济发达地区保护和保障用地矛盾，而且有利于促进资源要素合理分配，推动区域经济协调发展。

学出版社，2015。

葛守中：《政府财政统计核算体系（GFS）研究》，《统计研究》1997年第4期。

广西财政厅课题组、黄绪全、谢贤贞：《广西生态保护补偿机制的实践、短板及优化路径》，《经济研究参考》2023年第7期。

孔祥思等：《湿地缓解银行信用评估方法构成及分类》，《湿地科学与管理》2023年第1期。

李佳珍、于洋：《我国自然资源资产交易平台建设构想》，《生态经济》2022年第10期。

李政等：《全民所有自然资源资产核算框架与方法研究》，《中国国土资源经济》2022年第10期。

刘顿：《借鉴美国模式，提升节能环保支出效率》，《中国外资》2023年第9期。

孙博文：《建立健全生态产品价值实现机制的瓶颈制约与策略选择》，《改革》2022年第5期。孙博文：《建立生态产品价值实现机制："五难"问题及优化路径》，《天津社会科学》2023年第4期。

孙博文：《建立生态产品价值实现机制："五难"问题及优化路径》，《天津社会科学》2023年第4期。

覃凤琴：《我国跨省流域横向生态补偿机制的实践探索与政策优化》，《财政科学》2022年第6期。

唐婉岚：《GEP核算生态从此有了"价"》，《四川省情》2022年第8期。

万勇、杨思雅：《完善流域生态补偿机制研究——以安徽省为例》，《地方财政研究》2021年第6期。

邢丽等：《中国绿色财政报告2022：聚焦碳达峰碳中和》，中国财政经济出版社，2023。

颜宁聿、刘耕源、范振林：《生态银行运行机制与本土化改造研究：文献综述》，《中国国土资源经济》2020年第12期。

迁婕、李京梅：《美国"湿地信用"评估与交易及对中国湿地修复的启示》，《资源科学》2021年第9期。

曾纪发：《构建我国绿色财政体系的战略思考》，《地方财政研究》2011年第2期。

詹小丽、沈志勤、邓劲松：《浙江省国土空间生态修复的生态产品价值实现初探》，《浙江国土资源》2021年第9期。

张俊杰等：《自然资本核算的中国路径》，《中国国土资源经济》2020年第10期。

张萌：《国外生态系统价值核算的进展与借鉴——以澳大利亚、加拿大为例》，《中国土地》2020年第10期。

张琦：《GDP与绿色GDP、GEP和自然资源价值量关系研究》，《中国统计》2023年第1期。

张献方、周亚荣：《自然资源资产负债表：现状及展望》，《财会月刊》2019年第

16 期。

张颖、王智晨：《自然资源资产负债表编制研究现状及其拓展》，《中国地质大学学报》（社会科学版）2021 年第 5 期。

朱道林等：《自然资源资产核算的国际比较与借鉴》，中国大地出版社，2022。

借　鉴　篇

B.8
绿色预算的国际发展与借鉴

李默洁*

摘　要：　本报告全面分析了绿色预算的理论基础、实践应用及其在中国的发展前景。首先介绍了绿色预算的概念和重要性，强调它在财政领域推动绿色发展和低碳转型的核心作用。通过对国内外绿色预算理论研究的综述，总结了绿色预算的主要工作内容和工具，并对主要国家和国际组织在绿色预算方面的实践进行了综合评价。详细讨论了中国在绿色预算制度建设方面的现状和挑战，提出了将绿色发展理念融入中长期财政规划与年度预算过程；建立绿色预算政策工具体系；建立健全绿色预算监督和评估机制等对策建议。

关键词：　绿色预算　政策工具　"双碳"目标　绿色财政

---

* 李默洁，管理学博士，中国财政科学研究院资源环境和生态文明研究中心助理研究员，主要研究方向为绿色财政理论与政策、碳定价机制和国际气候治理。

预算是政府资源配置与监管的核心，明确反映了政府在一定时间内所追求的目标与发展策略。探讨如何将绿色发展的目标整合进短期及中期的预算规划，并通过实施预算绩效管理来增强资金的使用效率，是当前推动绿色财政政策发展需要着重解决的课题。党的二十大报告提出，要完善支持绿色发展的财税政策和相关标准体系。2022年财政部印发《财政支持做好碳达峰碳中和工作的意见》，明确提出在支持"双碳"工作过程中，要严格预算管理，强化预算约束和绩效管理，健全支持"双碳"工作的预算安排与绩效结果挂钩的激励约束机制。绿色预算的重要性在于它扮演了财政领域推进绿色发展和低碳转型的关键角色。绿色预算也为建立绿色财政体系提供了最佳契机，绿色预算的应用有助于引导财政体系朝着与新时代财税改革方向相适应的绿色方向发展，这一过程还将为经济社会的全面绿色转型提供坚实的财政支持和多方参与引导的机制。

本报告从绿色预算相关理论概念入手，开展对国内外绿色预算理论研究进展的综述，总结绿色预算的主要工作内容和主要工具。综合评价国际上主要国家和国际组织有关绿色预算的实践，以求得到中国开展绿色预算制度建设的相关启示。

一 绿色预算的相关概念

（一）绿色预算的概念

目前，绿色预算公认的定义是由经济合作与发展组织（OECD）提出的。其定义为"利用预算决策工具帮助实现环境目标，包括评估预算和财政政策对环境的影响，以及评估它们在履行国家和国际承诺方面的一致性。绿色预算编制还可促进关于可持续增长的知情、辩论和讨论"。

想要深入把握绿色预算的本质，需从其发展历程着手分析。绿色预算这一概念来源于联合国布伦特兰委员会1987年在其报告中的建议，即政府的核心经济部门应通过预算、政策及计划确保生态与经济的可持续发展，并在可行的情况下对环境质量与国家资源的变动进行年度审计，形成报告，以此作为传统财政预算的补充。① 绿色预算主要利用预算政策及工具来推动绿色发展。2011 年，尼泊尔、柬埔寨、印度尼西亚及菲律宾等易受气候变化影响的发展中国家，在联合国开发计划署（UNDP）和世界银行的技术支持下，开始采用气候公共支出和机构审查（CPEIR）方法进行财政预算，并设立气候变化标签，标志着绿色预算初步形态的建立。2017 年 12 月，OECD在巴黎举行的"一个星球"峰会上发起了巴黎绿色预算合作倡议（Paris Collaborative on Green Budgeting）行动，法国、墨西哥、爱尔兰等 OECD 成员国先后同意该倡议并加入其中。在这一时期对于实施绿色预算并没有统一的政策规范，但在 OECD 绿色预算框架的指导下，越来越多的国家开始系统地使用绿色预算标签，开展财政资金环境影响绩效评估。该合作倡议提出了绿色预算的八大标准：全面评估预算对环境承诺的影响；收集环境影响证据；方法和政策的一致性；承诺的可信度；透明度；将环境观点充分纳入现有预算程序；确保财政可持续性；采取综合政府预算。2019 年，芬兰、智利等 26 个国家联合发起成立了财政部部长气候行动联盟（The Coalitionof Finance Ministers for Climate Action），同时提出了赫尔辛基宣言，要求"在宏观经济政策、财政规划、预算编制、公共投资管理和采购实践中考虑气候变化"，赫尔辛基宣言是指导绿色预算编制工作的重要参考之一。OECD 在2020 年进行的调查显示，在 35 个受调查国家中，超过三分之一的受访国实施了绿色预算。以上实践表明，绿色预算建立在国家原有的公共财政管理框架之上，而不是另起炉灶或改变现有的预算制度和政策。绿色预算制度的核心要义是，绿色预算要尽可能为决策者提供更加清晰的预算信息，使其了解这些预算选择背后的整体环境和气候影响。

（二）绿色预算的主要内涵

绿色预算是现代预算制度的一部分，是一种功能预算。其主要内涵是构

---

① United Nations, *The World Commission on Environment and Development*: *Our Common Future* (1987).

建绿色预算收支分类体系。

通常现代预算制度具有规划、管理和控制的功能。在现代预算中，规划功能主要表现为通过审慎分析资金分配方案，确保有限的财政资源得以按照既定优先级在各政府功能部门和政策领域得到有效配置。管理功能则体现在预算制定过程中的政府职能与政策目标的整合，以及在具体的支出活动中设计绩效监控与约束机制，以确保资金的高效利用。控制功能则涉及通过预算对政府收支活动的制约，以及运用立法或问责机制，确保政府职能的执行和政策目标的达成均在预设的框架内进行。由此可见，现代预算制度是构建国家治理能力现代化的重要制度保障和重要组成部分，而现代预算制度发挥各项功能离不开信息完备、分类得当的预算收支分类体系。完备的预算收支分类体系可以使预算收支条目更加清晰合理，真正反映政府收支情况，为决策者和监督者提供完善的信息。绿色预算是构建在国家原有公共财政框架之上的，是为决策者提供财政资金对环境和气候影响信息的一种工具，国际上通行的绿色预算标签做法正是这种政策需求的体现。因此，最能反映财政收支信息的预算收支分类体系就成了绿色预算制度的主要内涵。

OECD 等国际组织认为，有效的绿色预算实践应具备四项基本要素：战略框架、工具、制度和问责。战略框架指实施绿色预算的国家应当具备整体性的应对气候变化和环境保护的战略，并能用于指导财政收支改革。工具指能够提供应对气候变化和环境保护影响信息的财政预算工具，一般指绿色预算收支分类体系，在国际上的政策实践体现为绿色预算标签制度。制度指绿色预算执行所需的角色、责任、措施、立法框架和时间表。问责指的是绿色预算执行过程中，用于使决策者和监督者了解有关预算执行进程、支出绩效的相关措施和政策。在此基础上，绿色预算的主要工具包括：以气候和环境保护为目标之一的中期财政和预算框架、包含气候和环境风险因素的财政风险管理、绿色预算标签、绿色绩效和影响评估、绿色会计报告及绿色预算制度保障等。不难看出，除了绿色预算战略框架属于"外生因素"，需要由更高层级的政府决策者制定外，绿色预算的剩余工作都是围绕着"信息"展开。没有绿色预算收支分类体系，就难以实施绿色预算制度。

（三）预算收支分类体系的相关概念

政府预算收入指在一个预算年度内流入政府账户的，用于为各类活动支出的资金。政府预算收入包括政府凭借公权力获得的税收收入、国有资产增值和利润、提供公共服务获得的收入、债务增值增加的收入、收回对外借款的收入、出售国有资产获得的收入等。

政府预算支出指政府在一个财政年度实施的、引起政府或特定政府基金所拥有的货币资金总额减少的交易支出。判断政府预算支出的重要标准是该行为是否能够引发政府持有的货币资金减少。部分赎买债券、购买股票的行为，虽然没有引发政府净资产的减值，但仍然导致了政府资金数额的下降，也应当计为政府预算支出。

政府预算分类体系指政府在编制预算过程中应用的各类预算收支分类方式的集合，包含预算基金分类、预算收入分类和预算支出分类。在预算编制过程中，按照每种收入或支出的某个特征进行分组、归类，将各种资金进行科学的归纳和排序，形成蕴含科学决策信息的预算，方可帮助决策者做出正确的判断，使监督者合理控制并进行绩效评价。

政府预算分类方法指开展预算分类所预先设定的标准和依据。构建政府预算分类方法的基本目的是为编制预算提供充足的信息，因此明确预算各功能需要何种类型的信息就成最重要的前提条件。例如，政府部门作为资金收支的主要管理者，必须对各项资金的收入和支出的主体信息进行充分了解，产生"向谁征收""由谁支出"的政策需求，这就要求预算反映每笔资金的使用主体特征，进而产生预算的部门分类。政府若需要了解支出的经济性质，需要知道资金"如何支出"，就要要求预算按照经济性质对支出进行分类，进而产生预算的经济分类。政府若需要了解支出的具体目的，知道资金"为何支出"，就需要知道资金的支出功能和项目分类，进而产生预算的功能分类。总之，政府预算的分类方法是根据决策者要求预算反映资金提供了何种产品和服务、为了实现何种目的、由何种经济主体参与等信息需要决定的。

绿色预算是一种功能预算。OECD 称之为"优先事项预算"（Priority Budgeting），两者含义类似。优先事项预算的含义是，随着新的决策优先事项的出现，采用的旨在帮助实现这些优先事项的预算编制方法。OECD 将这些做法定义为"优先事项预算"的形式。其含义是将资源和激励措施与政府的具体优先事项相统一。优先预算将资源重新集中于特定目标，与传统的预算编制方法不同，优先预算编制更注重具体成果。这种办法可被视为一种非常具体的业绩预算编制形式，即评估和促进与具体目标有关的业绩质量。

（四）中国初步构建了绿色预算体系

2013 年，中共十八届三中全会强调推进国家治理体系及治理能力现代化，并明确提出"财政是国家治理的基石与关键支柱"。作为国家治理架构中的关键环节，预算制度使政府能够合理且合法地筹集资金，用于提供公共服务和发展社会公共事业，为此建立了详尽的规范体系。自党的十八大以来，财政预算改革不断深入实施。具体来说，2013 年《中共中央关于全面深化改革若干重大问题的决定》中，首次提议"建立权责发生制的政府综合财务报告制度"。同年，财政部印发了《预算绩效评价共性指标体系框架》，明确项目支出和部门支出的财政绩效评估指标。2014 年，修改后的《中华人民共和国预算法》颁布，加强了绩效管理领域的法律基础。2015 年，财政部印发《中央部门预算绩效目标管理办法》，实现了中央部门预算的全流程绿色管理。到了 2018 年，《中共中央 国务院关于全面实施预算绩效管理的意见》提出在 3~5 年内基本建立全面、全过程、全覆盖的预算绩效管理体系。这一系列改革有效推动了预算制度的现代化，以符合国家治理体系和能力现代化的需求。2019 年，中共十九届四中全会进一步明确了"完善标准科学、规范透明、约束有力的预算制度"的目标。2021 年，国务院印发的《关于进一步深化预算管理制度改革的意见》则强调了预算管理制度的系统集成与协同效率，旨在提高管理的规范性、科学性、标准化和透明度。2022 年，党的二十大报告提出"健全现代预算制度"。通过这种全方位的预算管理，可以加强对公共资金的综合监管，提升财政资金的使用效率和政府透明度。这种全口径预算管理的实施，不仅涵盖了传统的财政预算，还包括了各类特定基金、国有资本运营预算等，形成了一个覆盖广泛、管理严密的现代预算体系。绿色发展作为国家重大战略决策，其产生的政府收支自然要更加规范、全面、系统地纳入预算体系。

自党的十八大以来，坚持走绿色发展的道路已成为全党和全国人民的普遍共识。在党的十八大报告中，生态文明建设被特别强调，并设立了独立章节，提出了建设美丽中国的宏伟目标。党的十九大将"美丽"纳入社会主义现代化强国的目标，将"生态文明建设"融入"五位一体"的总体布局，并把"人与自然和谐共生"作为新时代发展中国特色社会主义的一个基本方略。党的二十大报告中明确提出要践行"绿水青山就是金山银山"理念，从人与自然和谐共生的高度规划发展，并要求完善支持绿色发展的财税政策及相关标准体系。基于这一战略指导，2022年财政部发布了《财政支持做好碳达峰碳中和工作的意见》，在此文件中明确指出，支持"双碳"目标的过程中需要严格的预算管理和绩效监控，建立与预算安排直接关联的激励与约束机制，以确保"双碳"工作的财政支持既高效又符合政策导向。

中国已经开展了绿色预算制度体系建设。2006年以前，环保类支出还没有形成独立的财政预算科目，仅在"城市维护建设资金支出"项目下设环境保护和城市水资源保护支出分项。2006年，财政部预算司发布《政府收支分类改革问题解答》，并要求将2007年政府收支科目按支出功能分成17类，其中包括"211环境保护"。"211环境保护"支出科目下设10款，即环境保护管理事务（含8项）、环境监测与监察（含5项）、污染防治（含8项）、自然生态保护（含3项）、天然林保护（含7项）、退耕还林（含6项）、风沙荒漠治理（含5项）、退牧还草（含4项）、已垦草原退耕还草（含1项）和其他环境保护支出（含1项）。"211环境保护"支出科目的设立，标志着中国绿色预算制度改革正式拉开帷幕，为政府环保资金投入提供了重要制度保障，为散落在不同科目下的环境类财政支出资金管理提供了制度基础，有力推动了多种环保资金预算管理。但目前绿色预算制度还需要进一步完善。一是当前绿色发展的内涵已经扩展到"降碳、减污、扩绿、增长"协同发展阶段，远远超出了"211 节能环保"支出科目（自2011 年科目名称改为"211 节能环保"）所囊括的范畴。二是"211 节能环保"支出科目还远不能实现绿色发展资金全口径预算管理。绿色发展涉及的财政收支包括各类中央环保专项资金、政府绿色采购资金、重点生态功能区转移支付资金、环保类项目所得税和增值税优惠以及资源税、成品油税费、排污税费和未来的碳排放税费收入等，当前"211 节能环保"支出科目分类尚不能包含各类资金，很多与环保相关的资金被列为"其他"项目，导致财政资金信息无法为决策者提供帮助。与国家治理能力要求不相称的绿色预算管理体制，导致财政资金信息无法统一归纳，财政资金绩效约束无法充分生效。因此，继续推动健全现代绿色预算制度改革变得非常迫切。

二 绿色预算理论综述

优良的生态环境是政府应该提供的关键公共产品之一，环境保护已成为政府的一项重要财政职责，全球各国政府均高度重视此事。在政策实施层面，为便于管理，公共资金往往需按部门进行分配，实行条块分割的管理方式。但自然资源与生态环境构成一个不可分割的整体，单一部门的局部改进若无法与整个经济和社会系统协同，则难以达到环境与经济的帕累托最优状态，有时还可能导致政策目标相悖。为实现综合政策效果的最优化，必须利用预算工具来管理不断增加的绿色财政支出，平衡环境与经济、短期与长期、局部与整体之间的利益，并对资金的使用效率和效果进行评估。因此，绿色预算作为一种政策工具应运而生。目前，国内外已展开了关于绿色预算的理论基础、应用工具和实际案例的研究。绿色预算最初主要支持生态环境保护、自然资源的持续利用、生态建设和污染减少等方面的国家预算收支，后逐渐扩展到应对气候变化的领域。本报告将从国际与国内两个维度对现有的研究进行综述。

（一）国际绿色预算研究综述

国际上绿色预算的研究最早可追溯到 1997 年。1997 年 7 月，欧洲部分环境科学与生态国际关系公共管理研究领域的学者在斯洛文尼亚召开了欧洲绿色预算改革国际研讨会，并于 1999 年发表了论文集。该会议对绿色预算的基本概念、绿色预算对宏观经济和技术创新的影响等进行了研究探讨。随后，绿色预算的概念和做法在发达国家得到一定传播。2005 年，由亚洲社会环境保护协会（Social Environment Protect）、德国环境部、普华永道会计师事务所等机构组织发起的"可持续发展会计和报告会议"在泰国曼谷召开。会议发表的论文大部分与企业的"可持续性核查与报告"相关，部分论文提到了"企业绿色预算"概念。例如日本学者 Ito 等发表论文，对日本企业采用环境管理体系（EMS）和环境会计审计方法开展绿色资金披露进行了研究。① 2009 年，Jordan 等学者在《环境政策的创新？整合环境以促进可持续性》著作中专门设置"绿色预算"一章，呼吁将绿色预算或环境问题纳入政府财政周期。② 该文指出，几十年来，各国政府试图通过税收和补贴等财政手段来引导环境政策目标，并通过联合国《21 世纪议程》和全球绿色新政等国际举措促进绿色预算编制规范。这种方法背后的理论基础是，未来的经济繁荣取决于绿色技术的增长。这些努力也符合生态现代化的概念，由此设想了经济增长和环境可持续性的双赢方法。同时，Jordan 等也承认，即使在如英国、瑞典和德国等非常重视环境保护的国家，绿色预算执行范畴也非常有限。

2010 年后，绿色预算国际研究逐步进入了以案例研究与理论和概念框架梳理并驾齐驱的时代。在案例研究方面，2012 年 Ciegis 等学者发表论文

---

① Ito Y., Yagi H., Omori A., *The Green-Budget Matrix Model - Theory and Cases in Japanese Companies*（EMAN Conference on Sustainbility Accounting and Reporting, 2006）.

② Jordan A. J., Lenschow A., *Innovation in Environmental Policy? Integrating the Environment for Sustainability*（Edward Elgar Publishing, 2009）.

评估立陶宛实施生态税制改革的需求和能力。[1] 该文从理论上分析了生态税制改革的概念、目标和特点，还分析了生态税制改革的预期后果和其他国家实施生态税制改革的实践。论文还专门讨论了立陶宛进入生态税制改革后经济活动的脆弱性，以及劳动力、出口和能源强度在生态税制改革方面的重要性。2018 年，Fernandez 发表关于西班牙绿色财政实践的研究论文。[2] 该文以绿色经济背景下的绿色预算概念为切入点，分析了影响西班牙环境政策缺乏一致性的各种原因。结构性问题阻碍了西班牙成为真正的绿色经济体，阻碍了西班牙采取正确的措施，阻碍其走上可持续增长的道路。这一案例研究是未能将环境问题纳入政策制定的例子，政治因素是分析中的主要变量之一。2021 年，Afanasiev 和 Belenchuk 发表论文，对俄罗斯实施绿色联邦预算进行了前景描绘。[3] 该文指出，全球各个国家实施绿色预算已经是大势所趋，OECD 的建议做法和在法国的绿色预算编制实践增加了俄罗斯实施类似绿色预算的可能性。该文分析了俄罗斯实施绿色预算的理由和要素。2021年，Molocchi 发表论文对意大利现行补贴的政策连贯性进行分析。[4] 该论文主要研究意大利现行的补贴是否符合欧盟承认的循环经济原则。论文使用意大利官方提出的环境有害补贴和环境友好补贴目录。并与 OECD 建议方法和联合国 2030 年议程建议的"政策一致性促进可持续发展"方法进行对比，这些方法可以有效地应用于包括补贴和绿色预算在内的所有政策的实施。通过分析，可以确定意大利为循环经济提供了多达 56 项环境损害补贴，2019 年的支出为 135 亿欧元。友好补贴支出为 75 项，至少为 130 亿欧元。这项研究的结果强调了环境政策和循环经济政策在实现可持续发展目标方面的协调重

---

① Ciegis R., Tamasauskaite E., Pusinaite R., "Efficiency of the Ecological Tax Reform: the Case of Lithuania," *Transformations in Business & Economics* 3（2012）.

② Fernandez R. M., "Interactions of Regional and National Environmental Policies: The Case of Spain," *Cogent Economics & Finance* 1（2018）.

③ Afanasiev M. P., Belenchuk A. A., "Towards to the First Green Federal Budget of Russia: Basis and Elaboration," *Voprosy Ekonomiki* 11（2021）.

④ Molocchi A., "Circular Economy and Environmental Sustainability: A Policy Coherence Analysis of Current Italian Subsidies," *Sustainability* 15（2021）.

要性。

在理论研究方面，Cimpoeru 对绿色预算与可持续经济发展的环境质量关键指标开展实证研究。[①] 介绍了通过实施可持续的中期预算战略而出现的制度变化现象，其结果是增加了为社会和环境项目吸引适当资源的机会。该研究分析了绿色预算做法，并提出了几种使用绿色预算做法的建议，以确保在执行可持续经济的关键要素方面保持一致。实证研究结果解释了决定性因素（温室气体排放量和国民收入）对卫生支出的影响，得到了统计上显著的正相关关系，表明绿色预算是经济可持续发展的重要因素。Russel 和 Benson 在 2014 年发表论文，从政治学角度解释当前的财政紧缩愿望如何与预算限制或促进环境政策的现有因素相互作用。[②] 论文通过借鉴预算构成中宏观"政治关切"的理论论点，开发了解释绿色预算实践的分析框架。这一框架被用来审查美国和英国两个截然不同的工业化经济体的绿色预算。分析结果表明，在当前的紧缩时代，关键的否决权往往设定了绿色预算议程。Runhaar 将环境影响评估、战略环境评估、贫困社会影响分析、生态系统服务评估、可持续性评估等工具，以及更具监管性质的环境税、许可证、绿色预算、生态系统服务支付等工具进行了比较，介绍在何种场景下应当应用哪些工具。[③]

在理论研究逐步走向成熟之后，实证研究在国际上热度逐渐升高。2023年，Arjomandi 等学者探讨了环境政策的严格程度、支出与绿色 GDP、生产率增长之间的联系。[④] 使用集合平均组自回归分布滞后模型，检验了环境政策严格性和环境支出对绿色 GDP 和生产率增长的短期和长期有效性。研究

---

① Cimpoeru V. M., "An Empirical Study on Key Indicators of Environmental Quality: Green Budgeting-A Catalyst for Sustainable Economy and a Factor for Institutional Change," *Amfiteatru Economic* 32 (2012).

② Russel D., Benson D., "Green Budgeting in an Age of Austerity: A Transatlantic Comparative Perspective," *Environmental Politics* 2 (2014).

③ Runhaar H., "Tools for Integrating Environmental Objectives into Policy and Practice: What Works Where?," *Environmental Impact Assessment Review* 2016.

④ Arjomandi A., et al., "Environmental Expenditure, Policy Stringency and Green Economic Growth: Evidence from OECD Countries," *Applied Economics* 8 (2023).

结果表明，政府在环境保护方面的支出，特别是绿色预算方面短期内的支出成为国民产出的显著刺激因素。随着时间的推移，收紧的环境政策和绿色预算支出都会减缓绿色 GDP 增长，而政策紧缩的影响较小。2023 年，Aydin 等学者研究了在环境库兹涅茨曲线（EKC）假设的框架下，20 个欧盟国家的生态足迹、环境保护支出、环境税、自然资源租金和经济增长之间的关系。[①] 结果表明，EKC 假设仅适用于奥地利、荷兰、波兰和斯洛文尼亚。环境保护支出的增加促进意大利和斯洛文尼亚的环境污染减少。环境税并没有促进罗马尼亚、斯洛伐克和斯洛文尼亚的生态改善。研究还发现，随着自然资源租金的上涨，奥地利、波兰和斯洛伐克的环境污染也会加剧。该研究表明，绿色预算制度在欧洲需要进一步改进。

（二）中国绿色预算研究进展

中国绿色预算研究最早可追溯到 2003 年。张军连等学者在 2003 年发表论文，提出国家绿色预算的新概念，阐述了国家绿色预算的基本内容在国家预算体制中的地位、作用及其编制的原则。[②] 研究指出，国家绿色预算是国家预算的组成部分，是为了实现国家生态环境保护、生态建设等功能而设置的预算内容。主要包括政府公共性预算、国有资产经营性预算、社会保障性预算和绿色价值核算性预算四个方面。这是目前国内明确提出国家绿色预算概念的最早的学术论文，开创了国内该领域研究的先河。

后续国内有关研究集中在 2010 年后。在会计研究方面，2010 年梁新潮和陈庆海对我国绿色预算会计制度构建进行了研究，提出了构建我国绿色预算会计制度的原则，提出了建立环境保护预算收支核算体系、实行政府采购

---

① Aydin M., Sogut Y., Altundemir M.E., "Moving Toward the Sustainable Environment of European Union Countries: Investigating the Effect of Natural Resources and Green Budgeting on Environmental Quality," *Resources Policy*（2023）.

② 张军连等：《国家绿色预算初探》，《中国生态农业学报》2003 年第 2 期，第 171～173 页。

绿色预算会计核算制度、建立绿色预算审计制度等建议。[①] 周雪艳指出，我国预算会计制度现状及存在的不足主要包括预算会计以收付实现制为核算基础效率较低，预算会计科目的设置没有反映绿色会计要求，预算会计核算没有反映节能环保的内容以及未对政府绿色采购实行独立的预算会计核算等，并对实行政府采购绿色预算会计核算制度、建立绿色预算审计制度等提出了政策建议。[②]

在国际经验研究方面，李蕾的研究指出，欧盟在绿色预算实施方面的经验为我国提供了重要的参考，特别是在增强预算透明度和提升财政政策的环境友好性方面。她建议中国在推动"双碳"战略实施的过程中，应考虑引入类似的绿色预算类别，从而使预算体系更好地服务环境保护和气候变化应对工作。[③] 此外，还有学者对 OECD 的绿色预算标签制度、法国绿色预算体系以及部分发展中国家实施绿色预算标签制度的进展等进行了归纳和总结，对各国实施绿色预算的经验进行了评述。以上研究对中国制订绿色预算制度具有启示意义。

在国内绿色预算体系理论研究方面，赵笛和马蔡琛研究了绿色预算对"双碳"目标实现的作用机制，总结了我国实施绿色预算的有利条件，并提出构建基于"双碳"目标的绿色预算体系的政策建议。[④] 结果显示，实施绿色预算可以更加清楚地披露预算中环保支出的份额，支持在宏观资金预算框架中引入"双碳"目标，可以提高资金政策绩效。目前已经成熟的预算政策基础和绿色预算工具可以支撑我国开展绿色预算。石英华和刘彻通过其研究明确了绿色预算在推动绿色发展战略中的核心作用，并提出了具体的实施策略。[⑤] 他

---

① 梁新潮、陈庆海：《我国绿色预算会计制度构建初探》，《财务与会计》2010 年第 3 期，第 24~26 页。

② 周雪艳：《构建我国绿色预算会计思考》，《现代商贸工业》2010 年第 19 期，第 213~214 页。

③ 李蕾：《欧盟绿色预算对我国的启示》，《债券》2022 年第 6 期，第 24~27 页。

④ 赵笛、马蔡琛：《助推"双碳"目标实现的绿色预算体系建设》，《地方财政研究》2022 年第 10 期，第 4~10 页。

⑤ 石英华、刘彻：《中国建立绿色预算的现实价值与路径建议》，《财政科学》2023 年第 8 期，第 5~15 页。

们认为，绿色预算不仅能够为评价政府预算支出的环境效应提供一套系统的方法论框架，而且能有效引导政府及市场资金流向环保和绿色能源等关键领域，从而发挥其价值理性和工具理性的功能。他们认为实施绿色预算应采用渐进式策略，从具体的编制目标和试点范围出发，根据地方实际情况和成熟度，分阶段推进绿色预算的实践。他们建议初期可以选择部分地区或部门作为试点，逐步扩大到全面实施，这样不仅可以积累经验，还可以逐步建立起绿色预算的宏观指导体系和实质性的约束机制。应建立一个多层次、多部门协作的绿色预算实施框架，包括建立专门的绿色预算指导小组，强化跨部门合作，以及加强对绿色预算实施效果的监测和评估。通过这种方式，绿色预算能够更好地与国家的环保目标和政策相结合，有效推动绿色发展的实际操作和绿色发展理念的深入人心。

（三）国内外绿色预算理论综述的启示

"十三五"期间，我国在环境污染治理和生态环境改善方面取得了显著成就，实现了所有既定目标。随着"十四五"期间碳汇市场的不断发展，绿色低碳的发展模式正被加速推广。"双碳"目标的实现不仅依赖绿色技术的创新，也有赖于制度创新。因此，必须配合财政政策、货币政策等宏观调控手段。气候变化带来的财政和经济风险，要求绿色预算在推动实现"双碳"目标时能够平衡和选择恰当的财政政策，提高政府行动的透明度，增强公众对"双碳"目标的理解。

党的二十大报告强调加速绿色转型，发展绿色低碳产业，加快形成绿色低碳的生产和生活方式。近年来，随着我国经济增长方式的变革，高质量发展下的绿色转型已成为新的经济增长动力。这种经济转型依赖能源和工业技术的绿色创新，这些创新在初期需要大量资金投入，且收益见效慢，具有较大的不确定性和风险。解决经济社会发展短期需求与长期绿色低碳目标之间的矛盾，需要政府提供必要的财政支持和稳定的制度保障。在财政方面，应加大对节能环保、科技创新等领域的支出，通过财政补贴和税收优惠降低这些重点领域的成本，使财政政策工具与经济绿色转型的关键环节实施相匹配。

绿色预算能够形成预算约束机制，规制和激励地方政府在预算编制时有意识地将绿色低碳转型摆在重要位置，确保经济绿色转型有充足的财力来源和政策保障。此外，政府的公共支出会影响市场主体的决策，也会影响民众对工作、投资和消费的选择。在绿色转型过程中，公共支出发挥着调动公共资源和引导私人资金的关键作用。绿色预算将环境和气候目标纳入预算规划，确保财政支持实现这些目标，同时向公众公开，传递政府的绿色信号，增强社会资本的投资信心。从行为经济学的助推理论看，绿色预算通过正向强化和间接建议的方式，引导社会资本向绿色低碳项目流动，促进环境目标的实现。

绿色预算作为决策者合理配置资源和执行国家战略的重要工具，将环境目标纳入财政框架，有利于优化财政支出结构，提高资金使用效率。在经济结构转型和公共服务型社会建设带来的财政支出增加的背景下，全面预算管理理念下的绿色预算是实现财政动态平衡的重要基础，有助于政府部门衡量和判断预算支出的必要性，避免资源错配，提高资金使用效率。

三 国际绿色预算实践与启示

（一）经济合作与发展组织的巴黎绿色预算合作倡议

2017年12月，OECD推出的"巴黎绿色预算合作倡议"在启动初期便获得了法国与墨西哥环境部部长的支持，并很快引起了包括爱尔兰、瑞典在内的多个OECD成员国的关注与参与，这些国家纷纷宣布加入并开始在国内推广绿色预算实践。OECD认为，绿色预算是实现《巴黎协定》目标、保护生物多样性和推动实现联合国可持续发展目标的关键措施。绿色预算的实施有助于确保国家财政政策与环境保护及气候变化应对措施的一致性，从而有效地整合和优化资源分配，推动环境和经济的可持续发展。该倡议的核心目标是建立统一的定义和方法论，以便在全球范围内有序推进绿色预算的实践和标准。此外，巴黎绿色预算合作倡议还旨在设计创新的工具和机制，以评估和优化国家政策框架，使之更好地适应气候变化及其他环境目标的需求。通过这些措施，OECD 希望促进全球范围内的财政政策变革，以应对环境挑战，实现经济政策与环境保护目标的和谐统一。这不仅表明了国际社会在环境保护和气候变化方面的共同努力，也为各国提供了实现更绿色、更可持续发展路径的具体财政工具和方法。

1. OECD 巴黎绿色预算合作绿色预算框架

OECD 于 2020 年提出了"巴黎绿色预算合作绿色预算框架"（以下简称"OECD 框架"），对绿色预算的定义是，绿色预算指利用预算决策工具帮助实现环境和气候目标的财政预算方法，包括评估预算和财政政策对环境的影响，以及评估它们在履行国家和国际承诺方面的一致性。绿色预算编制还可以促进关于可持续增长的知情的、基于证据的辩论和讨论。

OECD 框架认为，要实施绿色预算，应当具备四方面基础。一是强大的战略框架。政府必须明确列出与环境和气候有关的战略优先事项和目标，为财政规划提供信息。这些事项和目标有助于指导税收和支出决策，使它们能够支持实现国家目标。二是环境改善证据与政策一致性工具。绿色预算编制工具主要用于收集有关预算措施如何影响环境和气候目标的证据。主要包括根据环境和/或气候影响对预算措施进行分类的"绿色预算标记"；在新预算中进行环境影响评估的"环境影响评估工具"；促进实现国家环境和气候目标的"生态服务工具"；对国家环境和气候目标综合影响的"绿色审查工具"；将绩效目标与国家环境和气候目标相结合的"绿色绩效设定"等。三是促进问责和透明度的报告制度。向利益相关方进行适当的报告有助于审查绿色预算编制的质量和影响。例如，一个关键的报告工具是预算附带的绿色预算报表，有助于提供与任何给定预算年度的绿色目标保持一致的总体数据。议会和公民等利益相关方可以使用这样的声明来帮助他们参与预算审议。四是有领导力的预算治理框架。绿色预算的实施还需要得到强有力的政治领导、政府内部明确界定的作用和责任、精心设计的实施顺序、适合目的的内部制度以及人员能力和专门知识的发展支持等。

2. OECD 成员国在框架下的绿色预算实践

2021 年，OECD 对成员国实施绿色预算的情况进行了广泛调查，揭示了绿色预算实践的全球趋势和多样化方法。调查结果显示，超过三分之一的 OECD 成员国（14 个国家）已经实施了某种形式的绿色预算，智利、希腊、拉脱维亚、波兰和斯洛文尼亚则表示计划在未来引入绿色预算。这些国家在绿色预算的具体实施方式上各有特色。例如，法国采用了一种全面的绿色标记系统，专门针对绿色目标进行预算编制，哥伦比亚则在更广泛的高级别优先事项框架内实施绿色预算，如可持续发展目标相关的预算编制。而计划引入绿色预算的国家，正各自积极探索适合自己国情的最佳实践方法。例如，智利正在进行气候公共支出和体制审查，以寻找最适合其现有预算体制的绿色预算方法。希腊计划将绿色因素纳入其现有的绩效预算编制方法中，而拉脱维亚则处于更初步的探索阶段。在 OECD 国家中，奥地利、加拿大、哥伦比亚、法国、爱尔兰、墨西哥和葡萄牙已经制定了指导绿色预算编制的国家战略。这些战略涵盖了从可持续发展到具体的气候变化应对策略，例如墨西哥的《国家气候行动计划》等。这些战略不仅为绿色预算提供了政策基础，还可以与国家的其他框架和做法相结合，形成一个综合性的预算编制系统。墨西哥的绿色预算编制方法与国家发展计划中的可持续发展目标紧密联系，其中的预算标记关注促进生物多样性和其他可持续发展目标。这种综合方法不仅强调了绿色预算的战略重要性，也展示了其在推动环境和气候目标中的关键性。以上调查表明，绿色预算作为一个工具，正逐渐被全球更多国家采纳和应用，它为政府提供了一种有效的手段来确保财政政策与环境保护目标的一致性，促进可持续发展。

在没有实行绿色预算的国家中，推行绿色预算的三大障碍是缺乏评估环境影响的现有方法、缺乏现代绩效预算编制框架，以及缺乏政治意愿。缺乏评估环境影响的现有方法反映出绿色预算编制仍然是一种相对较新的做法。缺乏现代绩效预算编制框架主要指绿色预算编制等做法依赖预算过程中所包含的成果办法，因此需要得到规划、方案和预算编制部门强有力的支持。

OECD 国家在绿色预算的管理和实施中表现出不同的组织结构和合作模式，这些模式体现了绿色预算的跨部门性和复杂性。主管部门的选择通常反映了各国政府结构的特点及其对绿色政策的重视程度。

多数情况下，中央预算管理机构（CBA）扮演了绿色预算编制的核心角色，如丹麦、爱尔兰和墨西哥等直接由 CBA 负责绿色预算的编制工作。这种模式有利于确保绿色预算的集成与财政政策的一致性，由于这些机构在预算编制中本就具有中心地位，因此可以有效地整合绿色政策与国家的整体财政框架。然而，在奥地利、加拿大、哥伦比亚、法国、意大利、荷兰、葡萄牙、瑞典和英国等国，绿色预算的编制是 CBA 和环境部门的共同责任。这种合作模式突出了环境政策与财政政策的协同，确保环境目标能够在预算规划和实施过程中得到有效考虑和支持。特别是在法国，绿色预算标签的管理涉及多个部门，包括生态转型部可持续发展司、预算司、税收立法司和国库司，形成了一个专业团队来负责绿色预算的各个方面。这种跨部门的专业团队能够充分利用各自专长，确保绿色预算的各项措施得到科学和细致的考量。在瑞典，绿色预算的环境影响评估由瑞典环境保护局协调，由多个政府机构合作。这种模式强调了环境保护机构在评估和监督预算措施中的专业角色和协调作用。在奥地利，除了 CBA 和环境部，地区预算主管部门也参与绿色预算制度的制定，显示了绿色预算实施的地方化特点和地区层面的参与。在英国，绿色预算的管理甚至扩展到了商业能源部和工业策略部，表明绿色预算的应用范围已经扩展到经济和工业领域，强调了绿色转型策略在工业和能源政策中的重要性。

（二）欧盟国家绿色预算实践内容

1. 欧盟国家绿色预算的覆盖范围

绿色预算覆盖环境目标、项目及公共部门预算。关于环境目标，爱尔兰审查了与气候变化相关的支出，而意大利、芬兰、法国、瑞典以及欧盟的预算则扩展到其他环保领域。意大利依据环境保护活动和支出分类及资源管理活动分类进行支出标记。法国的绿色预算目标与欧盟可持续活动分类保持一致，涵盖六大环境保护领域，即气候变化缓解、气候适应、水资源管理、循环经济与废物处理、污染减少、生物多样性及景观保护。芬兰的绿色预算支持可再生能源开发、减少排放以及生物多样性和环境保护。瑞典则为环境保护、自然保育和气候行动提供了预算拨款。欧盟预算标记覆盖气候变化、生物多样性及清洁空气目标。

在预算项目的设置上，法国的预算标记系统中对计划支出、特定收入和某些税收支出进行了系统性审查，并考虑了对环境有益或有害的项目，法国政府将详细标记方法记录在《财政法》的附件《关于国家环境影响的报告》中向社会公布。意大利在其预算执行报告中追踪绿色支出，而税收支出的信息则由环保部在其年度环保补贴目录中提供。爱尔兰在其修订的公共服务概算中标出了对环境有益的支出。在瑞典和芬兰，绿色预算项目的汇报在预算计划文件中完成，并详述具体的环境拨款。其中，瑞典的预算法要求政府阐明预算中设定的目标在环境方面的成就。在公共部门的覆盖范围方面，欧盟国家的绿色预算通常仅包括中央当局预算，不包括地方政府的支出。

2. 绿色预算应用方法

法国为每个环境目标的每个预算项目加上了"有利"、"中性"或"不利"的标签。按环境目标区分贡献意味着某项目可能同时对一个目标有利，而对另一目标不利。例如，在铁路上的花费被评估为有利于减少污染，但被评估为不利于水和废物管理以及生物多样性，这类项目被归类为混合项目。

意大利按环境保护活动和资源管理活动分列绿色预算报告。环境保护活动的主要目的是预防、减少和消除污染，而资源管理活动的主要目的是保护和维护自然资源以及防止其枯竭。这两个分类相辅相成，有助于全面而详细地处理环境问题。为了说明不同行动对同一目标的不同贡献，意大利当局首先对一项方案的每项行动分配一个权重，以便于对每次行动的贡献进行评估。例如，用于防止野火的特定林业活动的投资中，只有39%被视为对环境目标的贡献。在这39%中，约40%用于森林管理，约20%用于土壤保护，约 20% 用于保护生物多样性和景观。预算批款列报和报告方式的细化有助于确定预算的绿色内容。

爱尔兰跟踪气候缓解拨款和特定的气候适应拨款。绿色程度的鉴定是通过对内容的详细检查来完成的。由于绿色预算编制办法仍在制定中，第一批工作仅侧重于明确与气候有关的项目，这意味着排除了难以区分气候影响的政府支出项目，例如研究和发展支出或学校基本建设改善支出。爱尔兰的绿色预算方法旨在实现不同程度的绿色，为实现这一目标，各部门提交的预算需要更加细化。

芬兰报告明确了促进各种环境目标的财政拨款，包括可再生能源的使用、生物多样性、环境和自然福祉、减排、生物经济解决方案等环境目标。瑞典在绿色预算提案中明确了要对气候和其他环境影响进行评估。2018 年 1 月《气候法》将气候目标纳入预算决策，此外还要求报告预算和政策执行有助于实现议会设定的环境目标。预算本身列出了与气候和环境有关的支出的分配情况。2019 年 12 月提出了进一步将气候相关支出纳入预算主流的建议，呼吁做出更大努力，将气候政策纳入所有相关政策领域。这将涉及审查所有相关立法，以确保气候政策发挥作用。

欧盟在其 2014~2020 年长期预算规划中将气候支出作为主要报告项目，其支出的 20% 专门用于气候目标的实现。为了跟踪气候目标支出，委员会开发了"欧盟气候标志"。该方法基于国际公认的"里约标记法"，对气候和生物多样性目标的全额（100%）或部分（40%）预算按可能的最低支出水平分配。

3. 绿色预算政府治理

欧盟国家通常将绿色预算在预算法、普通法、气候法案或政府法令中确立。

法国制定绿色预算编制方法是由财政总监察局和环境与可持续发展总理事会组成的一个代表团进行的。2018 年，代表团向议会提交《为生态转型提供资金：环境和气候方面的经济、财政和预算文书草案》，提供了关于生态转型资金运用的更多细节，还要求政府制定一种绿色预算方法，全面处理绿色发展中有利和不利的项目。

爱尔兰从 2019 年开始跟踪与气候有关的支出，引入绿色预算。意大利要求将生态系统报告作为预算执行情况说明的附件发表。芬兰财政部关于编制 2017 年预算的法令要求在预算中公布关于气候变化和可持续发展情况。

欧盟 2020 年的《机构间协议》（Interinstitutional Agreement）根据欧洲绿色协议政策框架和不造成重大损害原则，为气候支出设定了目标，增加了对生物多样性支出的雄心。该协议还呼吁采取透明有效的方法进行报告编写，并建立气候调整机制，以确保实现目标。

4. 绿色预算披露措施

法国绿色预算披露方式是由政府每年 9 月份出版"绿色预算报告"，评估中所使用的方法、评估生态转型对公共和私人投资和产出的影响、评价税收政策对家庭和市场经济的影响等。

意大利每年发布两份报告，一是生态预算报告，该报告也是预算草案的一部分；二是生态执行报告，该报告是预算执行文件的一部分。这两份文件都是环境保护和资源管理分类报告。生态预算报告包含了更多类别信息，如资本转移、资本投资、经常转移、当前投资信息等；生态执行报告则将支出项目细分为一般支出、资本支出和其他支出三类。

芬兰的绿色预算披露方式是在"预算草案"中设立关于"气候变化和可持续发展"报告章节，概述促进各种绿色目标的拨款，如可再生能源的使用、生物多样性和环境与自然的保护、二氧化碳减排和低碳社会发展投资等。芬兰的绿色预算披露还包括其他对环境能产生重大影响的税收，如能源税、机动车税等。该报告还要评估对环境损害的补贴。

欧盟绿色预算披露方法为在"预算草案"中设立"关于气候和生物多样性"章节。该章节会列出欧洲预算七个主题中每一项关于气候和生物多样性的承诺支出数额。在支出报表中，每个预算方案都将报告欧盟所列的优先事项支出、环境效益等信息。

四　部分发展中国家绿色预算实践

自 2012 年起，部分发展中国家开始在国家预算中应用气候标签，以追踪与气候变化相关的支出。在亚太地区，尼泊尔率先实施此举，随后印度尼西亚和菲律宾也跟进实施。气候预算标记（CBT）是一种事前标记方法，主要步骤包括定义和分类气候活动，评估其与气候的关联性以及设计标记程序，同时也是联合国开发计划署气候公共支出和制度评估（CPEIR）项目的组成部分。自 2016 年以来，印度尼西亚在八个中央部门实施气候预算标记，年度气候预算成果被用来加强绩效管理，扩展国内外的报告来源，并为绿色债券提供融资参考。2018 年 3 月，印度尼西亚政府通过其财政部发行了首只主权绿色伊斯兰债券（Green Sukuk），金额达 12.5 亿美元。

蒙古国从 2019 年开始计划，并于 2020 年正式将联合国的可持续发展目标纳入其预算体系，进行绿色预算改革。此举旨在增加就业机会，提升公共服务水平，改进公共财政体制，并直接贡献于可持续发展。蒙古国政府与联合国粮食及农业组织（FAO）、国际劳工组织（ILO）合作推进这一改革，其议会、审计署、财政部、食品部、农业部、轻工业部、劳动和社会保障部及民间社会组织共同参与提供技术支持。

五　国际绿色预算实践的经验与启示

1. 发达国家绿色预算的不足与教训

理论上，要有效推动所有政府部门的气候行动，并降低私人部门的风险及资本成本，至关重要的一步是在预算和中期支出框架中将气候行动定为国家级优先任务。这一做法应建立在现有公共财政管理流程之上，确保气候行动贯穿整个预算周期，同时确保各部门详细的预算能够反映政府的气候优先策略，包括公共投资管理和采购方式与气候目标的一致性。然而，实际政策执行中，绿色预算常面临多重障碍。例如，一些国家的财政部门没有将气候行动视为一项长期的增长和投资机遇，也没有将其视为一种风险缓解策略，而是作为短期成本进行管理，通常倾向于使用应急资金，而不进行中长期预算规划。此外，一些财政部门仍将气候问题视为单纯的环境问题，而非根本的经济问题，这种观念的局限性增加了政策执行的复杂性。目前，各国在国家气候战略目标及其支持政策和资源的提供上存在显著差异。尽管财政部门掌握着推动气候行动的关键杠杆，但是许多这类杠杆却未得到充分利用。在财政部部长气候行动联盟中，仅有四分之一的成员积极全程参与国家自主贡献的政策制定与实施。据OECD统计，其38个成员国中仅有14个实践绿色预算，且只有少数国家的财政部制定了专门的气候战略。到2050年实现净零排放，需要每年超过4万亿美元的投资，而2019年实际投入仅约6500亿美元。此外，G20国家平均每年仍在化石能源产业投入约6000亿美元的补贴，而碳定价的覆盖范围尚未达到全球排放量的四分之一。

在实践操作方面，欧盟的绿色预算缺乏事后核查和评估机制。意大利将绿色预算审计稿件及环保报告送交审计法院进行验证。爱尔兰政府定期对特定支出方案进行深入评估，包括与气候相关的支出项目。例如，2019年，爱尔兰公共支出和改革部审查了所有支持电动汽车普及的政府激励措施，并发布了相关报告。

2. 发达国家做法对我国的启示

绿色预算作为政府通过预算制度配置资源和实现环境目标的关键工具，将环境因素纳入财政框架，不仅可以推动绿色投资，还可以促进可持续发展。欧盟早于我国40年达到碳排放顶峰，并承诺在2050年前实现碳中和，而我国则承诺于2030年前达到碳达峰，2060年前实现碳中和。目前，14个OECD成员国已经应用绿色预算工具，另有5个国家计划引入。鉴于我国已具备实施绿色预算的基本条件，在推动"双碳"目标的过程中，应考虑借鉴国际成功做法，大力发展绿色财政工具，完善相应的政策体系。

首先，考虑设立绿色预算单独类别，强化绿色预算与财政政策在引导经济向环境友好型发展中的关键作用。在贯彻《中共中央 国务院关于完整准确全面贯彻新发展理念做好碳达峰碳中和工作的意见》和《2030年前碳达峰行动方案》的过程中，应发挥政府和市场的双重作用，将国家预算体系与气候环境目标相融合，新增国家绿色预算项目，促进绿色低碳发展。其次，完善税收优惠政策。如税额减免、抵税以及税收返还，全面运用公共预算的税收优惠政策支持绿色发展，探索开放税前抵扣、研发费用的结转或追溯抵扣，为企业引进绿色低碳技术提供税收激励。再次，优化公共预算支出体系。建立一个有利于碳减排的长期绿色公共预算支出体系，增加对绿色低碳项目的资金投入，设立生态和可持续性指标，并设立专项基金支持节能减排的关键工程。同时，完善和加强绿色预算的转移支付制度，精准实施区域性和类别化的转移支付，确立绿色预算标准和标识制度。最后，建立健全的绿色预算监督机制。实施立法、行政和社会监督的三层监督体系，将绿色公共预算的编制、调整和执行情况纳入法律规定，保障碳减排资金使用的合法性。同时，实现预算决策、执行和监督的分离，确保预算监督的独立性和公正性，以及建立多级责任的监督体制，避免监督上的重复。

六 建设中国绿色预算体系展望

绿色预算的根本目的是通过预算和财政工具来推动环境保护和气候变化应对措施的实施。为此，制定明确和量化的环境和气候发展目标是首要步骤。这些目标应当成为预算编制和评估的基础，以确保各项预算安排都能直接或间接支持实现"双碳"目标。通过综合使用绿色预算标签、支出审查和环境影响绩效评估等工具，可以有效地追踪和管理与这些目标相关的财政支出。

一是将绿色发展理念融入中长期财政规划与年度预算。将"双碳"目标纳入中长期财政规划和年度预算，是实现"双碳"目标的关键。财政部门应通过发布指导性文件明确财政支持的领域和政策措施，强化资金引导作用，提升财政资源配置效率。同时，通过制定和实施基于"双碳"目标的绿色预算指南，为各部门编制具体的年度绿色预算提供明确的指导和标准。

二是建立绿色预算政策工具体系。绿色标签法作为一种简明有效的绿色预算工具，应被广泛采用。该方法通过颜色分类直观地展示预算项目的环境影响，简化了预算的环境审查过程。同时，考虑结合百分比评价法，以更精确的测量反映预算对环境的影响程度。

三是建立健全的绿色预算监督和评估机制。加强绿色预算的监督和评估是确保预算执行与环境目标一致的关键。建议在环境部门设立专门的监督机构，负责绿色预算的审查和评估，确保预算的环境友好性。同时，应通过立法机构对绿色预算执行进行监督，确保预算的透明度和公正性。

四是完善绿色预算的公共参与和信息公开机制。增强公众对绿色预算过程的了解和参与，是提升政府工作透明度和公众信任的重要手段。政府应定期发布绿色预算执行情况的公开报告，包括绿色预算的具体支出、实现的环境效益以及存在的问题和改进措施，允许公众对绿色预算的制定和执行进行监督并提出建议。

参考文献

高培勇：《论健全现代预算制度的基础工程》，《中国工业经济》2023年第1期。

刘耘：《绿色预算编制的国际经验借鉴》，《预算管理与会计》2022年第10期。

石英华、刘彻：《绿色预算的理论内涵、国际借鉴与中国制度构建》，《经济纵横》2023年第8期。

石英华、刘彻：《绿色预算的理论内涵、国际借鉴与中国制度构建》，《社会科学文摘》2023年第10期。

石英华、刘彻：《绿色预算在法国的实践：审视与借鉴》，《财政科学》2022年第8期。

孙硕：《中国政府预算分类体系研究》，博士学位论文，上海财经大学，2021。

张立彦：《OECD国家绿色预算：框架、实践与借鉴》，《财会通讯》2023年第13期。

Cremins A., Kevany L., An Introduction to the Implementation of Green Budgeting in Ireland（Irish：Irish Government，2018）.

Kohlhaas M.，"Green Budget Reform：Macroeconomic Impacts and Impacts on Innovation，" *Green Budget Reform in Europe：Countries at the Forefront：Springer*（1999）.

OECD. , *Government at a Glance 2023*（2023）.

OECD. , *Green Budgeting in OECD Countries*（2021）.

Schick A. , "Performance Budgeting and Accrual Budgeting: Decision Rules or Analytic Tools?," *OECD Journal on Budgeting* 2（2007）.

Schick A. , "The Road to PPB: The Stages of Budget Reform," *Public Administration Review* 4（1966）.

B.9
国外推动产业绿色转型财政政策的新趋势

覃凤琴*

摘 要： 在现行国际形势复杂的大背景下，国外推动产业绿色转型的财政政策也呈现新的趋势：美欧绿色产业政策"合流处"就是"去风险"；试图通过定规则与制标准主导全球产业绿色转型的国际秩序；全球产业链重构呈现"本土化"与"区域化/近端化"新格局；重启财政等政策助力提升产业绿色转型竞争力。也对我国造成了一定的影响：绿色产业本土化趋势或将降低对中国产品的进口需求；绿色产业竞争加剧影响中国已有的优势地位；国际竞争摩擦加剧或将削弱中国绿色产业的话语权。为此，本报告认为应增强中国在全球治理中的话语权；推动产业尽快实现绿色转型；发挥财政政策对产业绿色转型的重要作用。

关键词： 产业绿色转型 财政政策 国际竞争

一 国际环境大变局亟须财政等产业政策重回焦点

德国 19 世纪就用产业政策应对国际竞争，二战后的日本也是积极运用产业政策的典型。纵向来看，处于经济追赶时期的美国和日本都用产业政策推进工业化，而进入领先阶段后，其产业政策都转向促进创新。横向来看，随着后发国竞争力的大幅提升，美国通常运用产业政策打压后发国。由于美国和欧洲政府加大了干预力度，产业政策又重回焦点。

---

* 覃凤琴，经济学博士，中国财政科学研究院资源环境和生态文明研究中心助理研究员，研究方向为财税理论与政策、环境公共经济学、生态补偿财政政策、"双碳"财政政策。

（一）大国竞争是经济问题更是政治问题，关系到国家安全

在逆全球化的冲击下，全球合作的格局受到挑战。逆全球化同时影响供给、需求以及供应链的运转。贸易摩擦、科技争端都是逆全球化背景下全球治理失衡的表现。

公共卫生事件冲击，全球疫情大流行下，政府必须主动作为，采取应急措施保障公众健康。从经济视角来看，公共政策既要保供给、保需求，同时也要促进经济结构的转型，特别是疫情后，经济绿色复苏成为重要的抓手之一。

维护供应链稳定意味着要在风险和收益之间维持平衡。一方面，相对来说，私人部门更加追求效率，公共部门更加重视安全；另一方面，供应链极其复杂，存在严重的信息不对称问题，在这种情况下，政府和私人部门都可能会低估风险，一旦供应链受到冲击，造成的损失也会远远大于预期。

气候变化与绿色转型。自然灾害日益频繁、日益加剧，绿色转型是缓解气候变化的重要手段。气候变化最重要的影响因素就是碳排放，而碳排放具有较强的负外部性，其经济活动的收益是个体的，但带来的损害是全球的；减排的成本是个体的，收益是全球的。

全球贫富分化加剧不仅影响经济增长，也影响社会稳定。为应对这些大变局、大挑战，美欧积极加大财政等产业政策支持力度。在地缘政治变局背景下，美国、欧盟均提出要增强本土供应链的韧性，其共同关注点集中在原材料、原料药、半导体、电池、可再生能源五个基础领域。除此之外，美国还关注国防工业和交通，欧盟关注网络安全和云计算。从具体政策来看，2022年8月9日，拜登签署了美国《芯片与科学法案》，该法案涉及金额达2800亿美元，其中，520亿美元用于支持芯片与半导体技术开发，用来重点扶持高端芯片的制造。该法案的目的一是吸引半导体制造业回归美国，二是为美国创造新的就业机会。同时，该法案要求获得补贴的半导体企业，不得在有关国家扩建半导体制造产能。其实早在奥巴马政府时期，美国就推出了《2009美国复苏与再投资法案》和《美国制造业促

进法案》，以促进美国本土制造业发展。特朗普政府时期推行"美国优先"政策，出台《美国先进制造业领导力战略》，积极推动产业回流美国。近年来，美国的制造业回流趋势有所加快，2021年，制造业回流创造了26万个工作岗位，进一步缓解了就业压力。中国、墨西哥、印度、日本是美国制造业回流的主要来源国家，美国回流倡议协会的统计显示，回流的前三行业分别是交通运输装备、计算机和电子设备、机械。按照科技程度划分，高科技企业以及中高科技企业占了42%，创造的工作岗位占比68%，这意味着争议不断的财政等产业政策重回焦点，重要性上升。

（二）新变局新时代产业政策的转型创新

传统产业政策的理论基础是新古典主义，注重提升效率，难以解决现在面临的大挑战，所以需要新的产业政策思维。在大变局背景下，美国和欧盟推出的产业政策表明，产业政策不再仅仅专注于效率，也更加重视供应链安全、地缘政治、网络安全、贫富分化等问题。新古典主义与现实有一定差距，而且过去数十年其所提倡的自由化恰恰是某些"大挑战"的来源，所以不能继续沿着过去的思路前进。例如，全球化促使跨国公司全球布局，虽然提升了效率，但增加了风险，使得供应链大幅延长。工作机会在全球范围内转移，造成了国家间增长的分化以及同一国家内部不同人群收入的分化。金融自由化也带来了贫富分化，对社会稳定有一定的威胁。新古典主义并不关注分配问题，而从政治经济学的角度来看，市场行为必须接受政治和社会伦理价值观的约束，现实中的政策必须关注公平与社会稳定问题。传统的产业政策也针对社会问题，但范围比较小。大变局下的新思维是产业政策不仅要注重效率，而且要注重安全，其理论基础从近几十年的新古典主义重回政治经济学。目前，已经有一些学者从政治经济学的视角重新思考产业政策。

正是由于市场没有充分考虑这些风险，在增强安保方面的投入过低，导致了社会代价的增加。解决办法往往是给这些公司"定价风险"，让他们自己来承受他们的行动所带来的结果。但是，现实中很多风险难以定价，企业往往未实质性地承担风险，风险威慑力不足，导致安全问题更加严重。产业政策应该注重安全，贸易自由化带来的效率提升不能以削弱供应链安全、降低安全依赖、损害制造业、加大碳排放为代价。从政治经济学视角出发的使命导向型的产业政策是一个例子。大变局时代使命导向型产业政策目标更宏大，应该注重公众利益，而不仅仅是经济利益。换句话说，产业政策不仅应该解决经济问题，也应该解决社会问题。从政府角度来看，产业政策不仅要被动地解决市场留下来的问题，也要主动出击，甚至起到引领作用。在对产业政策的评估上，传统的方法是静态的、事前的成本收益分析，而新思维下需要动态的、系统性的评估方法。在评估标准上，传统产业政策更注重是否解决了市场失灵问题，避免政府失灵，而新思维下产业政策应该更加关注是否解决了所面临的挑战。

（三）财政政策是提升产业竞争力的重要保障

2020 年，欧盟委员会发布《具有全球竞争力的、绿色数字化欧盟的新产业战略》（以下简称《欧盟新产业战略》）。该战略除强调绿色、数字化的工业政策外，整体上还体现了"欧盟优先"的特征，其目的是在地缘格局变动、国际竞争激烈的背景下，打着提升竞争力、提升策略独立性的名义，提出保护工业的口号。为了实现这一目标，欧盟采取了或准备采取一系列保障措施：加强贸易防卫措施、严格投资审核、加大战略性产业支持力度、推动欧洲共同市场工具化等。这也标志着欧盟的产业政策将发生新的变化，也就是说，在实施方式上，从传统的、更加依赖市场的方式转向更加依赖国家的、直接干预的现代方式，并且在推进的方向上，由传统工业转向环保和数码工业。

2020 年前后，美国主要的经济理念出现了重大变化，随后，拜登政府对美国工业政策进行了重构，并把亨利克莱"美国制度"的理念融入其中。拜登总统在"美国救援计划"上签字，随后又出台了《通胀削减法案》《芯片与科学法案》《基础设施投资和就业法案》，从立法上突出了对美国经济的指导和干涉，强化美国在强势行业的世界领导力，保证美国在新兴行业成为领导者，在一些重要的行业建立贸易壁垒，保证美国的工业安全。在《重构美国国家产业政策》报告的结尾，新美国安全研究机构（CNAS）指出，"美国工业政策将保证美国在科技领导力的基础上继续发展壮大。"长久以来，为了在国际上确立自己的领导位置，美国一直宣称自己从来没有实行过工业政策，也一直提倡其他国家采取诸如取消各种贸易障碍的措施，并且以仲裁人的角色对其他国家的工业政策进行干涉和谴责。2023年9月美国商务部发布了实施《芯片与科学法案》国家安全保护措施的最终规章细则，即受补贴企业未来10年内不能在中国等国大幅扩大半导体产能，也不能进行相关技术转让或联合研究，否则将面临处罚。

二 产业绿色转型财政政策的国际新趋势

当前，在全球气候变化的影响下，国际社会更加积极地推进我国经济向绿色、低碳方向转变，促进了全球绿色经济的发展。在国际大变局、产业链新时代、构建新发展格局背景下，产业绿色转型是经济绿色低碳转型的主要抓手，面对中国新能源行业不断壮大且处于国际领先地位的状况，美欧等发达国家和地区也在试图利用绿色转型机遇，通过多国合作"制约"中国、制定规则标准引领全球产业绿色转型等方式来保持优势或者缩小自己在新能源产业方面的差距，所以美欧等在产业绿色转型的财政等政策方面呈现了一些新趋势。

（一）美欧绿色产业政策"合流处"就是"去风险"

美欧在绿色供应链上的"去风险"拥有诸多共识。[①] 美国的绿色产业政策旨在促进相关产业的本土制造，为"美国制造"项目提供生产激励，还制定本土制造配额，规定相关企业只有满足配额才能获得税收减免，并且不

---

① 《欧盟"绿色协议产业计划"与美欧绿色产业博弈》，上海美国研究微信公众号，2023年6月13日，https://mp.weixin.qq.com/s/swI4YsFdmmZBn33q5rcrhg。

得从中国和俄罗斯等"外国关注实体"采购任何关键原材料。美国还在电动汽车制造以及电池生产这样的关键产业对中国进行遏制,美国的《通胀削减法案》旨在确保电池和电动汽车的最终组装在美国本土进行,将中国产的电池材料排除在供应链之外。

欧盟则重视在关键原材料上的"去风险",在2023年1月的达沃斯经济论坛上,欧盟委员会主席冯德莱恩首次提出对华供应链"去风险",并倡议建立所谓的"关键原材料俱乐部",摆脱对单一供应商的依赖。在访华之前的讲话中,她更是表示,欧盟98%的稀土、93%的镁和97%的锂都依赖中国的供应,"我们之间的关系是不平衡的"。作为绿色交易产业计划(GDIP)① 的一部分,欧盟提出了《关键原材料法案》(*Critical Raw Materials Act*)以确保供应来源的多元化,计划增加对欧盟内部锂和石墨等重要原材料的开采,打算培养印度、澳大利亚和东盟等替代性贸易伙伴,还通过《外国补贴条例》(*Foreign Subsidies Regulation*,FSR)以防止所谓的"经济胁迫"。

当前,美欧计划调解绿色产业争端,寻求"气候休战"。出于维护跨大西洋团结的目的,欧盟放弃了在世贸组织对美国绿色补贴提起诉讼的设想。冯德莱恩访美之后,双方宣布启动清洁能源激励对话,以协调美欧各自的能源激励计划,"避免因各自的激励措施可能对跨大西洋贸易和投资流动造成的任何干扰"。双方在组建"关键原材料俱乐部"上达成一致,宣布"继续努力加强我们的经济安全",计划在2023年10月之前就可持续钢铁和铝供应达成协议,但由于美国新增条款等因素的影响,谈判并不顺利,欧盟2023年12月19日发布声明称,将把与美国就钢铁和铝关税的争端暂停至2025年3月31日。美欧还宣布"预防将敏感的新技术和其他双重用途物资泄露至执行军事和民用一体化战略的有关地点"。

---

① 欧盟委员会于2023年2月公布了欧盟对《通胀削减法案》(IRA)和中国在太阳能供应链中的主导地位的回应方案,即绿色交易产业计划(GDIP)。

（二）试图通过定规则与制标准主导全球产业绿色转型的国际秩序

一是欧盟试图用超国家标准化战略在国际标准中占领高位。《欧盟标准化战略——制定全球标准以支撑韧性、绿色与数字化的欧盟单一市场》（以下简称《欧盟标准化战略》）是欧盟委员会公布的一项旨在促进欧洲标准化向世界展示其在世界范围内的立场，并能更好地适应欧洲工业绿色发展的标准化需要。①

二是试图通过欧盟碳边境调节机制（CBAM）来争夺制定全球气候与贸易规则的主导权。目前，美欧正在结合碳市场建设基础制定不同的征收规则，进一步保护本土产业竞争力、加快经济复苏、争取在世界范围内发表言论，占领世界气候变化的道德制高点。美欧两地区同时推出"碳关税"，目的在于抢占"碳中和"时期的全球治理主动地位，引领世界各国应对气候变化，推动世界经济发展。以 CBAM 为代表的新的全球贸易格局将从根本上彻底改写全球贸易格局、产业结构和分工体系，并通过加强全球传递促进美欧地区的气候和贸易准则的出口，进一步稳固美欧的全球碳交易中心地位，从而为新兴国家设置新的绿色贸易障碍。

三是欧盟通过了《欧盟电池和废电池法规》，确立了其对新能源汽车产业发展的主导地位。其对电池从设计、制造、使用到回收的全过程进行了规制，为电池"数码护照"提供了一套完整的电池管理体系。电池法规的关键是"碳足迹"，目前也是以欧盟的方法和核算标准进行评估，欧盟通过法规暂时占领了电池规则制定权地位。

四是 2023 年 2 月 OECD 首届碳减排方法包容性论坛（IFCMA）企图通过建立包容性框架引领全球碳减评估规则制定。IFCMA 致力于增进资料与资讯分享、以循证为基础互相学习与包容，以协助提升减少温室气体排放的

---

① 《〈欧盟标准化战略〉主要内容分析及初步建议》，质量基础设施微信公众号，2023 年 5 月 4 日，https://mp.weixin.qq.com/s/frUa9mVLDv DKxo-Ru2ea1A。

国际影响力。IFCMA聚集各国政策视角，共享数据和信息，公平地评价并审议各种减少二氧化碳排放途径的效果。

（三）全球产业链重构呈现"本土化"与"区域化/近端化"新格局

近几年所提到的"本土化"和"区域化/近端化"主要是美欧发达经济体所主导的产业链再分配，从这点出发观察数据，可以发现部分区域已呈现"本土化""区域化/近端化"的迹象。①

1.加大财政对制造业回流的支持力度

（1）更多的绿地投资②投向发达经济体。基于"效率"的全球化，新兴经济体接受绿地投资持续高于发达经济体。20世纪90年代，发达经济体开始向新兴市场转移制造业，绿地投资主要流向新兴经济体，这是由于新兴经济体往往具有较低的生产成本、为增加本国实物资产设立吸引外资优惠政策等特点。甚至在亚洲地区还出现"雁形模式"即多层次的转移模式。本质上而言，这种转移趋势是基于"效率"在全球范围内资源配置的结果。数据上体现为新兴经济体所接受的绿地投资持续高于发达经济体。"垂直一体化"③生产模式的回归使发达经济体接受绿地投资超过新兴经济体。过去几年全球经贸体系的不确定因素增多，企业和经济体都更加注重供应链的安全性。这意味着自20世纪90年代以来全球基于"效率"的水平分工模式或将发生改变，"垂直一体化"的生产模式将（部分）回归。从数据上看，2020年起，发达经济体接受的绿地投资开始超过新兴经济体。2022年，美国及欧洲发达经济体接受的绿地投资均创下2003年以来的历史新高。

---

① 《本轮全球产业链重构的现象特征："本土化""近端化/区域化"》，金融界App，2023年8月9日，https://m.jrj.com.cn/madapter/stock/2023/08/09073037746938.shtml。

② 绿地投资又称新建投资，是指跨国公司等投资主体在东道国境内设置的部分或全部资产所有权归外国投资者所有的企业投资，这类投资会直接促使东道国生产能力、产出和就业的增长。

③ "垂直一体化"亦称"纵向一体化"或"纵向联合"。指生产、加工和运销过程中，两个或两个以上前后不同阶段的部门或企业所实行的紧密合作。

（2）大力支持"制造业回流"。为了达到美国"再次强大"的目的，美国采取了"制造业回流"政策，支持高技术的、低排放的、环保的新型工业回流。美国政策之所以会有如此转变，原因有以下三点。① 首先，美国为保护其技术霸主的地位。其次，美国国内政治发展。美国从特朗普政府起推行"美国优先"的战略，加大对国内制造业的支持力度。同时许多民主党的政治掮客认为增加高价值制造业的就业机会对击退右翼民族主义浪潮至关重要。最后，疫情使美国政府意识到依赖全球供应链的危险。在危机时期，美国对国家的忠诚程度大于其对自由市场的忠诚程度。因此，无论欧洲如何抗议美国现在的产业政策，美国对全球化规则的蔑视也不会消失。从19世纪50年代开始，美国累计释放了5090亿吨的二氧化碳，成为世界上最大的累积排放温室气体国家。

一是支持低碳产业发展与投资。在2021年的美国工作项目中，拨款500亿美元用来改善环境。2021年11月，美国通过了《基础设施投资和就业法案》，其中约1500亿美元支出与气候相关，2022年的《芯片与科学法案》中的700亿美元支出与气候相关。2022年8月，美国总统拜登签署了《通胀削减法案》（IRA），这项价值3680亿美元的一揽子计划旨在开创美国产业政策的新时代，其理念是将美国经济从化石燃料密集型生产转向充满绿色技术、低排放的绿色生产，进一步增强美国的电气化程度。同时，这一庞大的支出计划将增加美国的绿色技术出口份额。IRA费用由赠款、税收优惠和贷款担保组成。企业税收抵免占据了大部分资金，总额约为2160亿美元。IRA提供"技术中和"的生产税收抵免（PTC）和投资税收抵免（ITC）。PTC和ITC适用于2025年前开始建设的风能和太阳能项目，包括地热和水电项目。要获得风能和太阳能项目的PTC，生产企业必须遵守国内含量要求。根据国会研究服务部的说法，纳税人需要证明发电设施所需的钢铁和制成品都是在美国国内生产的。如果产品总成本中来自美国采矿、生产或制造

---

① 《美欧绿色产业补贴竞争宣告自由贸易时代终结?》，上海美国研究微信公众号，2023年1月25日，https://mp.weixin.qq.com/s/fMtXJWTDo EBsji-2YOxbSQ。

的占比达到一定数值，则认为该制成品是在美国国内生产的。对于 2025 年前开始建设的项目，这一比例为 40%，2026 年后将逐步上升至 55%。

二是构建环境税收体系引导低碳转型。美国在 1993 年之前通过《综合应对、赔偿和责任法》《环境收入税法案》《二氧化硫税法案》等法案，逐步改进美国环保税收体系，推行"谁污染，谁治理"，以此来促进公司在节能同时，降低温室气体的排放量。

三是强化税收优惠功能。美国政府通过多种税收激励措施，促进碳排放技术的研究开发，对新能源的投资、生产和使用提供税务减免，对满足节能要求的新能源车辆减免州税及联邦消费税。

专栏 1 美国电动汽车税收抵免

IRA 费用中，电动汽车税收抵免政策受到极大关注。欧盟目前约占全球电动汽车产量的 25%，而美国约占 10%。美国法律规定，40% 的电池必须包含来自部分地区（欧洲、与美国有自由贸易协定的国家等）的关键矿物。该比例不断提高，到 2027 年将最终达到 80%。

此外，IRA 规定，如果矿产来自"受关注的国家"（中国、俄罗斯、伊朗、朝鲜等），公司将无法获得全额税收抵免。这部分内容将于 2024 年生效。税收抵免另一项是对北美制造或组装的电池组件的要求，即 IRA 要求 2024 年 50% 的电池组件要在北美生产，并且这道门槛到 2029 年将提高到 100%。此外，电动汽车要想获得税收抵免，还要在北美进行总装。这些国内含量要求也使欧洲汽车制造商受到困扰。欧洲领导人认为，税收抵免激励措施，如国内含量要求和最终组装规则，对欧洲制造商很不利，并违反了世贸组织规则。欧盟援引世贸组织的非歧视原则，认为美国的做法对外国生产的商品构成了"歧视"。作为对 IRA 的回应，欧洲领导人公布了一项 2700 亿美元的绿色补贴计划。

目前，有关 IRA 实施的细节仍然很少，因此很难确定哪些领域将获得最重要的补贴。据已发布的措施看，对制造业学徒制的补贴、电动汽车的补贴、航空燃料的补贴是比较明确的。如 2022 年 12 月，美国财政部发布了关于现行工资和学徒标准的初步指南；同月，财政部还发布了电动汽车税收抵免资格文件；还发布了关于可持续航空燃料抵免的新指南等。

2023年1月，拜登政府发布了IRA指南，详细概述了该法案制定的计划。指南包括清洁能源技术的融资和部署、税收优惠和法律投资计划等相关信息。

IRA为每辆电动汽车提供了高达7500美元的补贴，总计75亿美元；为零温室气体排放的发电项目建立了新的"技术中和"PTC和ITC，如建设太阳能项目；还为清洁制氢和零排放核电生产提供新的税收抵免，并为符合条件的项目组件生产商提供"制造生产"抵免。

2. 北美"区域化/近端化"加强，欧亚变化尚不明显①

2020年之后，全球供应链几经受挫，材料短缺的问题拖累了部分经济体供应恢复的进程。而供应链的堵点从开始的生产环节蔓延至物流环节。过去全球化的过程中，很多产业链过长，原材料生产、中间品生产以及中间的运输任一环节出问题，都会导致终端需求无法满足。出于"安全"考虑，产业链地理半径从"全球"到"区域"逐渐缩短。因此，在疫情后全球产业链重构中，很多学术机构提出的方向之一为"区域化"或"近端化"。

在过去全球化进程中，全球已形成三大区域集群——北美、欧洲、亚洲。根据OECD的测算，在2020年之前，如果根据对于本区域产业链的依赖程度来排序，欧洲依赖程度最高，其次是亚洲，北美的依赖程度最低。

2020年之后三大区域内绿地投资的变化为北美加强，欧洲、亚洲变化尚不明显。2020年起，美国对于美洲（除美国）的绿地投资增速较快，其中代表之一是墨西哥，吸引绿地投资创2003年以来新高。

欧洲发达经济体在产业链上的配套经济体为东欧经济体，2014年之后东欧经济体曾吸引一轮欧洲资本的投入，但在2020年至今并未加速。亚洲

---

① 《兴证宏观 | 全球产业链正在发生哪些变化?》，段超宏观研究微信公众号，2023年8月8日，https://mp.weixin.qq.com/s/9zr8pjthLKadhLA1LAlKqg。

的情况也类似，截至 2022 年，东盟所吸纳的资本投入未明显加速。

美欧在"区域化/近端化"进程上的差异也体现在其进口份额的结构变化上。考虑到美欧作为发达经济体其人力成本较高，即使出现一定程度的"本土化"，其所能接受的行业也多为高技术产业。而"区域化/近端化"的投资往往对应相对低端的产业。但在欧洲这种结构变化并不明显，也对应着其在 2020 年之后"区域化/近端化"进程未再进一步推进。

3. 通过政府采购提高本土绿色产品的生产能力

一是保护本土产品的供应率。欧盟《净零工业法案》提议在欧洲建立更多的绿色环保科技企业，并希望在 2030 年前，在当地提供 40% 的战略"低碳科技"和上游零件。比如，当某个国家的某种商品在欧洲的市场占有率超过 65% 时，其在随后的投标和市场评价中将被列入"缺乏多样化"的最低采购级别，从而影响其销售。

二是要将社会工作重点转向环保工业。首先，为欧洲技术议程机制的建立提供支持，如设立"欧洲技术年"等，以促使更多的工人加入欧洲环保工业。其次，国家应协助设立净零产业研究院，训练劳工从事环保工作，并将更多劳工投入到环保行业的重点产业。最后，监督职业技术与供需状况，并通过精简专业证书审批流程，增加信息透明度，鼓励工人从事环保行业。

三是支持加强产业链韧性的开放性贸易政策的推出。欧洲环保工业的外交政策基本遵循了"开放式策略自治"这一新的贸易政策架构准则。欧盟将同各成员国紧密协作，持续为世贸组织这样的多边机构提供支助，推动全球环保贸易的发展；在此基础上，进一步完善《外国补贴条例》（FSR）和国际采购工具（IPI）等一系列带有贸易保护主义色彩的政策工具。

（四）重启财政等政策助力提升产业绿色转型竞争力

1. 在扩大政府投资的基础上，加速推进绿色金融的发展

欧盟把更多的资金投放在绿色产业领域，目的是指导和推动绿色金融的发展，其具体措施有：欧洲理事会规定，新的多年预算（2021~2027 年）

中，将有 25% 的资金用于应对环境变化问题，另外，将 20% 的欧洲碳贸易拍卖所得纳入欧盟预算，用以资助环保工程；欧盟第九科研框架计划专门指定超 200 亿欧元用于支持气候变化、能源、可持续交通、自然资源等领域的研发创新；"投资欧盟"资金在 2021~2027 年，将不少于 30% 的资金投入环保领域，其重点是与成员国的政策银行建立伙伴关系，以促进其在全球范围内的发展；欧盟在 2020 年 7 月推出了总额高达 7500 亿欧元的"新一代欧盟"资金，这一资金将由欧盟委员会发行，用以资助环保和气候计划；欧洲投资银行在 2020 年 11 月公布了一份《关于气候银行的蓝图》，打算在 2025 年之前把绿色信贷比例提升到 50%。

从过去来看，以政府补贴和鼓励投资为导向的产业政策对新兴科技的市场深入和市场拓宽具有重大的促进作用，尤其对于帮助这些新的科技企业解决在其发展初期所遇到的市场竞争难题时起到了很大的作用。"绿色协议工业计划"旨在从欧盟和成员国两个层面为环保工业项目提供更好的融资保障。为了指导欧盟的公众投资，已经通过各种投资架构推动对环保行业的资助，例如"欧洲科学资助项目"以及为较落后的区域设立的联合基金会为环保行业分别筹集了 400 亿美元和 1000 亿欧元的救助基金，而欧盟也将通过"重启欧盟"项目，在 2027 年之前追加 2100 亿欧元，继续加大风电、光伏等可再生能源领域的投资，并且更加注重相关配套资金的具体落实情况。在欧洲债务危机爆发后，欧盟制定"容克计划"，通过欧洲投资银行和欧洲复兴开发银行等全欧银行提供的 262 亿欧元的投资保证，拉动公私投资总额达 3720 亿欧元。另外，欧盟还打算从 2021~2027 年的财政预算中拿出一笔钱，成立一个欧洲国家基金会，用于投资一些诸如电池和氢能之类的绿色工业领域的"战略工程"

2. 放松财政补贴规则，支持产业绿色转型

为了使各成员国获得工业补助，欧盟放宽对"国家援助"的管制，对各成员国的财政补助实行更加松散的管制。2022 年，为应对乌克兰危机带来的经济冲击，欧盟制定了"临时危机框架"，就农渔业、制造业、流动性支持和能源补贴制定了更为灵活的规则。2023 年 3 月，欧盟在"临时

危机框架"的基础上提出了"临时危机和过渡框架",并制定了"一般集体豁免条例"。有关条款包括:对各类可再生能源进行补助;对中小企业和尚未发展起来的科技企业进行资助;增加补助限额,简化测算;使各会员国能够通过税收优惠、直接贷款或贷款保证等手段,按投资额大小领取相应的补助。同时,欧洲也在调整政策环境以指导"本土化"的外资。一是对在欧洲进行投资的公司进行"资金缺口"补助;二是欧盟对某些行业也有特殊的政策扶持。如欧洲氢能银行建议,通过制定和健全可再生能源发电的竞价方式,对中标公司10年内的氢气制造进行财政补助。预期第一期的财政补助总额在8亿欧元左右,可以有效推动该产业的良性发展。欧盟委员会提议在2025年底之前放宽国家对企业的补贴规则,主要包括两个层面。

国家补贴层面,将简化对可再生能源部署、脱碳工业过程的补贴要求,加强对净零技术与生产的投资支持计划,包括提高补贴金额,为净零价值链中的主要新生产项目提供补贴。提出支持关键领域的措施,如碳捕获和储存、零排放车辆领域等。此外,扩大对充电基础设施的投资补贴范围。

欧盟补贴层面,主要包括REPowerEU、InvestEU项目和创新补贴三方面,REPowerEU项目包括加速和简化获得建设和运营净零技术项目所需批准和许可的流程、加强可再生能源和净零项目许可的一站式服务、税收减免或以其他形式支持企业进行绿色净零技术投资等。欧盟可资助的投资领域有电池科技研发、主要原材料回收、电动车电池生产材料示范工厂、氢推进技术、先进生物燃料工厂、钢铁加工先进生产技术装备等。创新补贴支持开发能源密集型行业脱碳技术和解决方案,促进可再生能源和储能发展。

此外,欧盟委员会提议在2025年底之前放宽国家援助规则,主要是为了欧盟成员国可以互相投资可再生能源或脱碳行业。为了保持内部市场的公平竞争环境,该计划允许各国利用现有的欧盟资金。

还有一些补贴来自私人投资,为了成功实现净零转型,欧盟需要大量民营部门融资，包括小型散户投资者和大型机构投资者。通过政策支持，使绿色项目更容易获得私人融资来支持绿色转型。

三 国外产业绿色转型财政政策对中国的影响

欧盟的"绿色协议产业计划"、美国的《通胀削减法案》等的实施，无疑会提高美欧绿色产业的本土化比例，减少对中国相关商品的需求。今后，世界绿色产业的竞争将更加白热化，并将继续延伸到重要原料的上游。中国具有较强的绿色产业基础和高度国际化的产业链和供应链，而美欧尤其是欧洲则是中国绿色产品的最大输出对象和合作对象，美欧在绿色财政方面的一系列举措将在贸易合作、产业竞争和原材料竞争等多个方面对中欧经济合作产生深刻的影响。

（一）绿色产业本土化趋势或将降低对中国产品的进口需求

随着欧洲一体化进程的深入推进，加之欧洲关键中间品出口依赖程度较高，导致其供给不足，为此，欧盟将其产业政策聚焦于增强产业链供应链的韧性上。一是通过扩大生产能力提高产业链供应链自主权；二是提高企业应对供应链风险的水平，提高欧洲供应链的弹性；三是保障欧洲在数字经济和绿色经济发展方面走在世界前列，重新塑造世界产业链条。可以看出，欧盟推行绿色工业政策的起点，与其近些年相继提出的"供应链恢复力""去风险"等理念是一致的，也是要通过一套强制的工业政策手段，构建更加安全、可持续、可控制的供应链系统。特别是在环保工业方面，由于各国纷纷出台了促进本国环保工业发展的措施，欧洲推行环保工业政策的紧迫性日益凸显。通过制定《绿色协定工业计划》和细分行业扶持措施，提高中国绿色产业链供应链的弹性和本地化比例更加迫切，以实现既增强本国绿色工业的国际竞争能力，又降低其对低碳科技产品的依赖程度。从长远来看，全球形势的变化让欧洲在面对绿色能源的供应链时变得更为谨慎。一是欧洲因金融危机而爆发了能源危机，在 2022 年，欧洲的生产成本上升，当地的制造企业也因此而受到减产、停产乃至关停的巨大压力。二是在《绿色协定工业计划》强制规定行业"本土化"率的基础上，强调新能源汽车、电池、太阳能和风能等产业链本地化发展，这一举措势必会减少对相应的低碳科技制品的进口要求。中国对欧市场的"出口大户"——与欧洲有关的低碳科技商品，未来很可能会继续萎缩。另外，尽管信息安全不是环保与能源等行业特有的问题，但其内在的深度互联特性使得欧洲将其视为与中国绿色工业合作的一大隐患。在目前的环境下，中欧之间的环保工业合作还会持续很长一段时间。从长期来看，随着欧洲绿色工业的不断深化，将逐步形成其在环保方面的主导技术及产业链的独立，中欧在环保方面的实际合作将面临严峻挑战。

（二）绿色产业竞争加剧威胁中国已有的优势地位

"以立法促产业"是越来越多地被世界各大经济大国采用的一种新的策略。美国"再工业化"和欧洲"恢复力"都将重点行业的发展置于法律支持之下。近些年来，欧盟不断通过《欧洲芯片法案》《欧洲绿色新政》《绿色协定工业计划》等法规，将"战略自主"与"经济主权"作为重要的行业保障，不断强化核心行业的发展，使其成为整个欧洲重要工业领域的重要战略规划与资源整合的重要举措。欧美等国家一方面通过法律支持环保工业的发展，通过鼓励（补助与优先购买）与限制（制定相关法规、标准、设置贸易障碍）来吸引环保产业"回流"，这一举措是对中国环保产业的一种变相的挤压，增加了具体的贸易障碍，增加了市场进入的难度。基于欧盟制定的一系列环保工业政策和欧洲智库机构的研究结果，中欧之间的绿色工业之争将聚焦欧洲向"低碳科技"方向发展的关键中间品和工业品（低碳科技商品），其在全球的占有率之争必然会对中欧之间的经济贸易造成不利的冲击。

中欧在低碳科技领域内的竞争实质上是各自在环保领域内实力的竞争。在客观方面，一些高科技的欧洲产品仍然具备国际竞争能力，中国的一些产品在世界范围内所占的比例也出现了明显的下降。得益于其坚实的工业基础和早期对绿色经济发展的关注，欧盟在环保工业方面拥有一些先发优势，其有关的低碳科技产品在全球的占有率很高，并且一直处于进出口总额的高位。以中国的低碳科技成果为例，尽管中国的环保工业发展有待提升，但是通过几年的努力，中国在2014年实现了第一个高水平低碳科技商品的量产，并且最近几年的顺平衡一直在不断上升，这说明中国环保工业的国际竞争力正在不断提高。对中欧在低碳科技领域的贸易差额进行横向比较，可以看出，在2014年，中欧之间的环保工业发展态势发生了一个重大的转变。自2014以来，中欧环保工业的综合实力总体表现为：中国持续上升，欧盟持续下降。在2021年，中国高科技低碳商品出口第一次超越了欧洲，这让欧洲更加担心。

（三）国际竞争摩擦加剧或将削弱中国绿色产业的话语权

绿色产业属于材料密集型产业，其对被誉为"绿色转变所必需的核心原材料"的稀缺矿物等原材料的需求量很大。IEA预计，在2021~2040年，世界电动车行业对动力电池的需求将增长40倍，锂、镍的需求将增长42倍，钴的需求将增长19倍，石墨的需求将增长25倍。[1] 中国是全球最大的原材料消费国和最大的进口国，中国矿产业（包括冶炼等）在国际上占有绝对的话语权，尤其是锂、镍、钴、锰、石墨等重要矿产资源地位，在国际上占有重要的位置。根据《2022年欧洲委员会关于世界提炼矿物的产出模式与比例的研究报告》，欧洲《重要原材料目录》列出的20种重要原材料都来自中国。另外，中国还在刚果（金）和印度尼西亚等国家进行了大量的资金投入，欧洲在原料上天然处于不利地位，这引起了其对中国过分依赖的忧虑。对于欧洲来说，尽管其稀缺矿物原材料贸易总量不大，但是对于那些严重依靠这些重要原料的行业来说，却有很大的经济风险。此外，即便解决了稀缺矿物的进口问题，短期内也无法将矿物原料转变成工业品。在这一大环境下，

---

[1] International Energy Agency, Global EV Outlook 2020.

主要工业品原材料如矿物原料和矿物制品被欧盟认定为是"卡脖子"的环保工业品，而将对中国的产能依赖视为是对其环保产业链的一种垄断。

《关键原材料法案》充分显示了"摆脱对单一矿物原料的依赖"的战略企图。这一议案，一方面强调了政府对矿业的投入，强调了政府对资源的高度重视，期望通过对重要的矿物资源进行大量的投入，推动矿物资源的多样化分配。这一举动构成了中欧在一些重要矿物资源方面"碰头"的态势，使双方的矿产资源竞争日益加剧；该法案还赋予了重要的国际矿业资源供应链以所谓的"可持续""公平""包容"核心理念，其意图是以"环境保护不足""存在强制劳工""非市场经济"等理由阻拦中国进入世界矿业产业链。这一举措也将促使诸如澳大利亚这样的重要矿物生产国降低对中国的原料出口，而转向本国的制造业，从而带来更多的新的外资进入机遇，外资主体大部分是美欧国家。

另外，在重要矿物方面，欧盟和美国合作的机会也日益增加。2023 年 5 月的七国集团峰会（G7）会议内容体现出美欧对华"去风险"的政策趋同，针对中国打造"平行市场"成为美欧国家的共识。七国集团号召各成员国联合起来，组成"重要矿物采购团"，并促成日本、加拿大和韩国组成"矿业供应链"合作伙伴，组成"矿业同盟"，对中国进行全面的打压。为了降低对中国矿物的依赖，美国通过了《通胀削减法案》。而欧洲也在 2023 年年初把 34 种原料列入了"主要原料"，并设定了 65% 的市场集中度标准。随着美国对中国的压制和限制，美国产业链供应链的集团化、阵营化和意识形态化已经延伸到了重要的矿物资源领域。目前，世界各国围绕重要矿物资源的开发、利用与竞争，已经成为国际热门话题。欧美携手推进"泛安保"与"意识形态"，在西方价值观的指导下，利用"小圈子"等理念，垄断了环保技术与重要矿物的交易规则，造成了国际体制的扭曲。

然而，中欧环保工业之间的激烈竞争，却无法掩饰中欧之间存在着的客观需要。由于中国在许多环保行业具有较强的成本优势，因此，欧洲在发展自己的环保工业时，仍然需要依赖中国的原材料、中间产品和终端产品，以提高其绿色生产的经济效益。同时，俄乌冲突后，欧洲国家对中国的环保产品的大量进口，也反映出了企业与行业对环保产品的强烈需求。而且，如果欧盟实施"替代中国"计划，其所面临的代价可能会超出其自身承受能力，荷兰贸易部长利耶·施赖纳马赫指出，"没有中国的加入，欧洲的绿色过渡将很难取得进展"。同时，为了提高自己的生产力，欧洲也在不断加强与中国公司的合作，比如匈牙利、法国、德国都愿意与中国合作进行新一轮的新能源汽车和电池产业的开发，并在最近几年签署了一些重大的协议。法国经济财政部部长布鲁诺·勒梅尔曾经公开表示，法国应该欢迎中国可持续能源科技公司到法进行投资，这样可以提高法国环保工业的力量和科技含量，同时也表示法国将对中国企业在法国的环保事业进行投资。

四　中国的应对之策

以"绿色"与"可持续发展"为核心的全球碳中和之路不仅赋予了中国在环保行业"弯道超车"、迈向全球价值链高端化的重要契机，同时也不可避免地成了各国角逐与较量的"新赛道"。

（一）增强中国在全球治理中的话语权

1. 积极参加世界范围内的绿色管理和绿色变革协作

当前欧盟正在推进的碳边境调节机制立法表明，"绿色"或将成为新的贸易投资壁垒。中国是世界上最大的发展中国家，应当在推动绿色转型的同时，积极地融入全球绿色治理系统。同时，也应该在绿色贸易、技术和金融等方面与欧洲开展进一步的交流，共同推动中欧绿色发展战略的实施。中欧之间的交流与合作，有利于协调各国在发展过程中的分歧和要求，为建立一个公平、合理、高效的全球绿色发展准则与系统做出积极的努力。

2. 进一步加强中欧环保领域的合作

要保持中欧关系的平稳发展，抓住欧洲能源重组的机遇，积极谋划对欧关系，加强中欧绿色产业链和供应链的合作，扩大中欧的共同利益，加强中欧环保协作。要积极开展中欧之间的高级别对话；加大中欧在能源保障方面的投资力度；在应对气候变化、低碳科技产品的交易等方面，拉动中欧环保市场需求。在地理空间上，我们应该在现有的中东欧能源领域进行深化和提升，利用中东欧各国在能源转型时期的独特需要，向匈牙利、波兰等枢纽国提供资源投放和政策优惠，将中国的光伏、风电等细分领域产品推向国际，提升中国低碳科技产品在国际上的竞争力。在合作方面，面对欧洲各国对能源供应的迫切要求，针对欧方关切的市场准入、贸易融资等问题给予正面响应，增强中欧相关产业链和供应链的韧性和市场黏性。中欧在能源转型方向、标准、监管等方面开展"虚-实"相融合的举措。

（二）引导产业尽快实现绿色转型

中国环保工业的恢复力将进一步加强。中国提出了"绿色、循环、低碳"的发展理念，目前中国在新能源开发利用上依然具有强大的实力，如中国新能源装机规模多年居世界首位，新能源 500 强企业数量居世界首位，在产业链多个环节具有明显的竞争优势。中国应充分发挥资源、产能、市场、技术等方面的优势，在美欧借"去风险"、建立独家核心原料同盟的背景下，继续推动能源结构升级，增强自身产业发展势头；在共建"一带一路"的基础上，主动融入发展中国家可再生能源建设、矿产资源全产业链开发等，进一步夯实中国在全球已有的国际领先地位，并合理规避国际原料贸易风险。在绿色科技方面，要加速推进可再生能源、绿色低碳技术的研究与开发，尤其是在高端材料、绿色数码科技等"卡脖子"技术方面的研究与开发。

（三）发挥财政政策对产业绿色转型的重要作用

1. 强化财政政策的导向作用

一是要加大对能源、环境保护等方面的投入，加大对地方政府的专项资金投入。美国 2001~2017 年，环境科学技术经费在总经费中的比重在 4.2%~10.8%，但在过去一段时间里，我国的能源和环保投入只有 2% 左右，需要增加投入比重，强化财政对绿色、低碳发展的导向作用。

二是要最大限度地节约能源和环境保护费用。目前，主要是以政府转移支付为主要手段，其利用的效益不高，所以，要对政府的能源和环境保护支出进行全面的评价，加强对政府的预算监管，提升对金融资源的利用效率。同时，还要将政府的资金向绿色、低碳科技的研发方面引导，增强企业对低碳科技研究和开发的积极性，以及对创新平台搭建的支持。

三是坚持以政府投入为主，鼓励民间投资。由国家牵头成立环保资金，向参与环保治理和环保行动的公司提供低利率的信贷，并对政企合作和环境污染第三方治理等模式的环保工程予以优先资助。

四是要健全我国的环保政府采购体系。将环保购买的范畴和规范从立法上加以界定，适当扩展，并设立专业的环保采购机构，使其能够更好地展示采购的信息，从而提升企业的收益。

2. 增强政府补贴的激励作用

一是完善补助模式，实现市场导向。中国应该采取多样化的补偿手段。首先，要加强以市场为导向的补助体系建设，防止大规模的财政拨款，调整对某些产业或企业的特殊补助，防止政府主体在制造环节大规模的直接持股，减轻对市场竞争的影响。其次，审慎制定"外贸相关"补助政策。世贸组织认定美国部分对华贸易进行干涉的行为属于限制性行为。因此，中国应该关注那些有潜在的经济利益的补贴政策，而不是采取"扶持"或"进口替代"的政策。

二是加强对前期市场的支持，充分利用技术外溢效果。据 GTA 数据显示，2009~2021 年，中国的工业补助以制造业为主，包括运输设备、碱性金属电动机械和设备、专用机械和通信设备等。其中，钢铁和铝产品共支付875 笔补助，这也使美国对中国的"产能过剩"进行了诸多谴责。①

为此，应当对行业补贴的范围进行渐进的调整。可以参考美国的研究开发补助制度，重点关注创新链条的前端 R&D 与各阶段的扶持和指导，重点

---

① Evenett S. J., Fritz J., Going Spare: Steel, Excess Capacity, and Protectionism, https://www.globaltradealert.org/reports/44.

关注因高风险、高投入和私人回报不足而造成的 R&D 投入不足问题，推动企业加大 R&D 投入和产出，充分利用财政补助积极的技术外溢效果。

三是要提高政府补助的透明性，逐步构建政府补助符合性评估体系。美国实行的是多层次补助政策体系。中国也有一个与此相似的补助体系，即由中央与各地共同提供补助制度。中国 2009~2021 年共发放财政补助 5514 份，其中中央补助 5410 份。① 本报告认为应提高政府补助政策的透明度，构建涵盖全国及各地区的补助信息资料库，并强化国际责任。

四是根据国际形势，有选择地制定多种对策。美国是此次"反倾销案"的牵头方，主要针对钢材等大型制造企业。中美补贴之争日趋激烈，要切实保护自己的合法权益，适时地通过反补贴调查、WTO 争端解决机制和进口壁垒调查等手段来应对美国补贴政策带来的种种问题。

3. 研究适应产业绿色转型的税收政策

一是要使税收制度的奖惩功能得到最大限度的发挥。首先，要进一步优化我国的税费激励制度，提高我国的经济发展水平。一方面，要加大企业所得税制度对绿色低碳产业的扶持力度，增加对节能、节水等环保产品及技术的税收支持。同时，在明晰企业"多排多缴，少排少缴"的基础上，研究设定排污浓度梯度，对超标的企业按高征税，对低于规定的企业降低征税，加强鼓励。其次，要健全我国的绿色税制，建立科学的环境保护税制结构。要进一步推进资源税从价征收，对一些税收征收标准进行合理的修订，使资源的稀缺性与环保意识得到重视。进一步拓宽减税领域，将更多的中小企业产品纳入减税范畴，充分调动市场主体的绿色、低碳积极性。再次，增加税收处罚和环境保护成本。进一步推进环保税、资源税和城市维护建设税等与环境有关的税费征缴工作，并在一定程度上调整燃煤等高耗能行业的税收，并在必要的时候，考虑征收碳税，增加排污企业的运营费用，促进其向绿色、低碳的方向发展。

---

① Bown C. P. , Hill-man J. A. , "WTO'ing a Resolution to the China Subsidy Problem," *Journal of International Economic Law* 4 （2019）.

二是要健全我国节能减排税制。完善资源税、消费税和环保税，使其在节能减排中更好地起到导向作用。在资源税征缴中，应考虑到资源的稀缺程度。关于消费税，可以从生产型向消费型转变，对某些应税消费品进行税收优惠，适度加大税率与税额差距。例如，对成品油的消费税进行进一步的细化，收紧税收标准。对增值税来说，提高天然气、液化石油气、家用碳产品等的税收，适当降低清洁能源如风电、水电、核能的税收。在环保税领域，以完善环保税机制为核心，拓宽征税领域，针对不同的产业设定排污上限，并研究将环保税的一小笔收益并入新的清洁能源发展资金，为新能源的研究和开发提供支撑。同时，应发挥汽车消费税、购置税和车船税等对汽车行业碳减排的调控作用，增加对新能源汽车的补贴，降低汽车行业对环境的影响。

参考文献

白玫：《欧盟产业链供应链韧性政策研究》，《价格理论与实践》2022 年第 9 期。

董一凡：《欧盟能源安全政策调整及其影响》，《现代国际关系》2022 年第 11 期。

高荣伟：《〈欧盟电池和废电池法规〉正式落地》，《中国投资》（中英文）2023 年第 Z9 期。

高运胜、孙露：《中欧全面投资协定与中国高水平对外开放》，《法国研究》2023 年第 2 期。胡关子：《欧盟标准化战略的政策背景、内容分析及对我国的启示》，《标准科学》2022 年第 4 期。

李岚春、陈伟《欧美碳边境调节机制比较及对我国影响与启示研究》，《世界科技研究与发展》2023 年第 6 期。

李思奇、孙梦迪：《美国产业补贴政策实践及其对中国的启示》，《国际贸易》2022 年第 10 期。

林江、曾令冬：《新形势下财税政策支持绿色低碳转型研究（上）》，《财政监督》2023 年第 11 期。

林江、曾令冬《新形势下财税政策支持绿色低碳转型研究（下）》，《财政监督》2023 年第 12 期。

刘金森、李丽平《欧盟"净零时代绿色新政产业计划"及其影响》，《环境保护》2023 年第 7 期。

任宛竹：《美国产业政策的历史脉络、演进规律与政策启示》，《上海经济》2023 年第 4 期。

孙彦红：《欧盟绿色转型的实践与经验》，《人民论坛》2022 年第 10 期。

王冰：《能源转型视域下的中法电力合作：特征、机遇与挑战》，《法国研究》2022 年第 2 期。

王炯辉：《从"硅时代"到"碳时代"全球矿业发展的新机遇：三论新技术矿产》，《中国矿业》2022 年第 1 期。

吴斌：《欧盟批准 430 亿欧元芯片法案实现"芯愿"仍阻力重重》，《21 世纪经济报道》2023 年 4 月 20 日。

邢丽：《构建中国财政话语体系的关键问题及建议》，《财政科学》2024 年第 2 期。

杨成玉、董一凡：《欧盟绿色产业政策及其对中欧经贸关系的影响》，《德国研究》2023 年第 4 期。

〔美〕约瑟夫·E·斯蒂格利茨、徐恒革：《适时重新思考全球化及其规则》，《金融市场研究》2022 年第 6 期。

张芳、汤吉军：《美日绿色产业发展经验及其对中国产业政策的启示》，《当代经济管理》2021 年第 5 期。

郑春荣、吴永德：《欧盟产业政策调整及其对中欧合作的影响》，《当代世界与社会主义》2021 年第 1 期。

中金公司研究部、中金研究院：《大国产业链》，中信出版社，2023。

Abstract

Green fiscal policy refers to a series of fiscal systems, policies, and regulations implemented by the government to mitigate public risks in the ecological sector, aiming to promote green development and ecological civilization. The transition from traditional finance to green fiscal policy may lead to increased public risks; thus, public risk theory serves as an important theoretical foundation for this transformation. Since the tax-sharing system reform, China's green fiscal policy transition has undergone initial, acceleration, and now deep adjustment phases. While this practice positively impacts economic and social development and ecological civilization, it also faces issues such as cognitive, institutional, and external uncertainties. On the path to green fiscal policy, challenges include comprehensive, focused, institutional, and coordinated transformations.

Since 2023, fiscal policies supporting pollution prevention have expanded, promoting ecological compensation and the protection and restoration of important ecosystems, advancing energy transition, and supporting green low-carbon technology. Looking ahead, fiscal policies need to synergize in carbon reduction, pollution control, greening, and growth. The degree of greening in transfer payments, whether general or special, shows a steady upward trend. To further advance green transfer payments, clear goal definitions are needed, with "green" elements orderly integrated into the transfer payment system and institutionalized. An analysis of China's green fiscal expenditures from 2013 to 2022 shows an overall upward trend in both scale and depth of greening. In order to measure green fiscal expenditure more accurately, it is necessary to pay attention to key issues such as subject setting, measurement standards and measurement methods.

The low-carbon transition in industries will have complex impacts on total revenue and its structure. The government needs to consider various factors to ensure stable tax revenue growth while promoting sustainable economic development. Over the past decade, significant progress has been made in government green procurement, though challenges remain. To promote green procurement, it is recommended to clarify the organizational structure and responsibilities, improve legal frameworks, expand coverage of the product lifecycle, and enhance social participation. Green low-carbon development is the fundamental backdrop of economic and social progress, and green fiscal accounting is a vital foundation for this development. This book reviews and analyzes domestic and international practices in green fiscal accounting, suggesting timely revisions to government revenue and expenditure classifications, the establishment of a green fiscal accounting system, and exploration of a market transaction platform for natural resource assets.

By reviewing international practices in green budgeting, this book summarizes the main tasks and tools involved and provides a comprehensive evaluation of practices in leading countries and organizations. It suggests that China should integrate green development concepts into medium-and long-term fiscal planning and annual budgeting, establish a green budget policy tool system, and enhance supervision and evaluation mechanisms for green budgets, alongside improving public participation and information transparency. Amidst complex international dynamics, foreign fiscal policies promoting industrial green transition are showing new trends. The commonalities in green industry policies between the U. S. and Europe are primarily " de-risking" and "decoupling from China," attempting to dominate global industrial green transition standards and rules, which may impact China. It is recommended to enhance China's discourse power in global governance, compelling domestic industries to expedite their green transition and emphasizing the role of fiscal policy in this process.

Based on these findings, this book recommends strengthening holistic perspectives, enhancing the leading role of fiscal policy in synergizing carbon reduction, pollution control, greening, and growth; improving coordination among governmental responsibilities in ecological sectors; promoting green budget reforms to increase the efficiency and comprehensive effects of fiscal fund usage; enhancing fiscal-financial linkage to ensure market-driven allocation of green resources; and adapting to new international competitive scenarios for green industries to refine the fiscal policy system supporting industrial green transition.

Keywords: Green Development; Fiscal System; Fiscal Policy; Green Public Finance

Contents

I General Reports

Abstract: Green public finance is a collective term for a series of fiscal systems, fiscal policies, and fiscal supervision adopted by the government to prevent and resolve public risks in the field of ecological environment. The transformation of green public finance refers to the transformation towards green public finance. The traditional theory of intertextuality is insufficient to explain the practice of green public finance transformation. The author proposes to utilize public risk theory as its theoretical basis. Since the establishment of the tax sharing fiscal system, China's green public finance transformation has gone through several stages: initial stage, acceleration stage, and deepening adjustment stage. The practice of green public finance transformation has had a positive impact on China's economic and social development and ecological civilization construction, but also faces issues such as cognitive uncertainty, institutional construction uncertainty, and external environmental uncertainty. Looking forward to the future, this report proposes to combine green transformation with collaborative transformation, innovation transformation and security transformation, and green production and green consumption to jointly promote carbon reduction, pollution reduction, green expansion and growth. Efforts will be made to promote the adjustment of key areas such as industrial structure, energy structure, transportation structure and urban and rural construction structure, strengthen the promotion and application of green technology innovation and advanced green technology, accelerate the formation of production methods and lifestyles that save resources and protect the environment, and vigorously promote the construction of financial standard system, financial system arrangement and financial management system for green and low-carbon development.

Keywords: Green Public Finance Transformation; Public Risk; Uncertainty

B.2 Practice of China's Green Public Finance Policy From 2023 to 2024: Analysis and Outlook

Fan Yixia / 025

Abstract: Since 2023, the practice of China's green fiscal policy has mainly been reflected in supporting the fight against pollution prevention and control, and expanding pollution prevention and control in depth and precision; Continuously promoting ecological compensation and important ecosystem protection and restoration; Promoting energy transformation through "establishing first, breaking down later, and seeking progress while maintaining stability"; Support green and low-carbon technology, promote the integration of industrial and innovation chains. This chapter analyzes the highlights and main problems of China's green fiscal policy from 2023 to 2024. It is suggested that the next step of green fiscal policy can be focused on the following aspects: firstly, strengthening the overall concept and leveraging the leading role of fiscal policy in carbon reduction, pollution reduction, green expansion, and growth synergy. The second is to strengthen overall coordination and further clarify the intergovernmental powers and expenditure responsibilities in the field of ecological environment. The third is to promote green budget reform and further improve the efficiency and comprehensive effect of fiscal fund utilization. The fourth is to strengthen fiscal and financial linkage, and give full play to the decisive role of the market in the allocation of green resource elements. The fifth is to adapt to the new situation of international competition in the green industry and improve the fiscal policy system to support the green transformation of industries.

Keywords: Green Public Finance; Reduce Pollution and Carbon Emissions; Fiscal Policy

Ⅱ   Special Reports

B.3   Exploration and Prospects of Green Fiscal Transfer

Chen Shaoqiang, He Ni / 044

Abstract: Green fiscal transfer reflects a transfer behavior implemented by the government to achieve goals such as green and low-carbon development. It is a product of economic and social development reaching a certain stage. From the perspective of the reform path, green fiscal transfer is gradually being promoted according to the principle of easy first and difficult later. After organizing relevant data on central to local transfer payments from 2019 to 2023, it was found that the overall scale of fiscal green transfer is steadily increasing, whether it is general transfer payments or special transfer payments. In the transition to green transfer, China's transfer system also faces practical problems such as how to reflect "green" elements, how to institutionalize green transfer payments, and how to ensure their sustainability. Finally, the authors put forward relevant suggestions on the target positioning of green fiscal transfer, the orderly embodiment of "green" elements, the institutionalization of green transfer system, and the sustainability of green fiscal transfer.

Keywords: Green Fiscal Transfer; Green and Low-Carbon Development; Sustainable Development

B.4 Measurement Research of Green Public Finance

Wang Bingtao, Liu Xiaoting / 070

Abstract: Green fiscal expenditure provides important financial support for the government to exercise its environmental responsibilities and fulfill its role in green development, actively promoting the green and low-carbon development of China's economy and society. To better assess the impact of government ecological and environmental public policies in the future and improve the efficiency of fiscal expenditure, it is necessary to measure green fiscal expenditure. This report summarizes relevant domestic literature and defines the concepts and classifications of green fiscal expenditure. Measurement of China's green fiscal expenditure from 2013 to 2022 reveals an overall upward trend in scale and a deepening degree of greening in fiscal spending, along with a relatively complete structure of expenditure categories and functions. After evaluating China's green fiscal expenditure and providing recommendations for improvement, this report highlights the importance of considering key issues such as category settings, measurement standards, and measurement methods in assessing green fiscal expenditure.

Keywords: Green Procurement Expenditure; Green Transfer Expenditure; Green Public Finance

B.5 Measurement of Green Tax Revenue: Based on the
Perspective of Carbon Emissions   *Liu Chang* / 099

Abstract: Driven by the goal of "carbon peaking and carbon neutrality", the pace of industrial green transformation is accelerating. As an important tax source for the government, the green transformation of industry also means the improvement of the green degree of tax revenue. This report quantitatively measures green tax revenue from the perspective of industrial carbon emissions. The quantitative analysis results show that the total carbon emissions of sub‑industries have increased and the intensity of carbon emissions has decreased, while at the same time the greening level of tax revenues has increased year by year.

Keywords: Green Tax Revenue; Industrial Green Transformation; Carbon Peaking and Carbon Neutrality

B. 6 Development and Improvement of China's Green Public Procurement System *Fan Yixia* / 113

Abstract: Green public procurement refers to the procurement method in which the government, when purchasing products in accordance with the law, is oriented to the implementation of environmental protection and the maintenance of ecological balance, and by giving preference to commodities, projects and services that meet the national green certification standards, incorporates the environmental standards, assessment methods and implementation procedures into the whole system of public procurement and carries them through the whole process. Starting from the connotation of green public procurement, this report proposes that green public procurement is an important part of the green financial system. Through an in‑depth analysis of the progress and effectiveness of green public procurement in China over the past ten years, as well as the problems and challenges, it puts forward specific policy recommendations, namely, to clarify the organizational structure and division of responsibilities for green public procurement management; to adapt to the green fiscal objectives to improve green public procurement laws and regulations; to improve the evaluation standards of green public procurement and expand the coverage of the whole life cycle of the product; to improve the protection system of green public procurement and strengthen social participation, data platforms and technical talent support.

Keywords: Green Public Procurement; Green Transformation; Green Publice Finance

B.7 Development Report of Green Publice Financial Accounting

Qin Fengqin / 134

Abstract: Fiscal accounting is not only the quantitative representation of fiscal system but also important basis of the implementation of fiscal policy. As the green and low-carbon development has became the basic characteristics of the socio-economic development, it gave rise to the green finance. The green fiscal accounting is also the significant basis for green development of finance. This paper is supposed to conduct a research on green fiscal accounting, and set up a framework of greenfiscal accounting by defining the relevant concepts. The green fiscal accounting can be demonstrated through a system of government finance statistics. This consists mainly of the stock and flow of green development. This report also analyze the practice situations of the green financial accounting at home and abroad and propose policy suggestions for the existing difficulties. We suggest revising the categories of government revenue and expenditure at proper time, building green fiscal accounting system as soon as possible, strengthening the connection with national accounts, exploring the construction of a market trading platform for nature resource assets, and facilitating the promotion and application of accounting result in the policy practice.

Keywords: Fiscal Accounting; Green Fiscal Revenue and Expenditure; Green Public Finance

III   Experience and Lessons

B.8 International Development and Reference of
Green Budget

Li Mojie / 162

Abstract: This report provides a comprehensive analysis of the theoretical foundations, practical applications, and future prospects of green budgeting in China. It begins by introducing the concept and significance of green budgeting, emphasizing it's pivotal role in promoting green development and facilitating low – carbon transitions with in the fiscal domain. Through a review of both domestic and international theoretical research on green budgeting, the report summarizes the main components and tools associated with this approach, while also offering a comprehensive evaluation of practices adopted by leading countries and organizations in the field. Furthermore, it discusses the current status and challenges faced by China in the establishment of a green budgeting system. The report concludes with recommendations to integrate green development principles into medium – and long –term fiscal planning and the annual budgeting process; to establish a comprehensive system of green budgeting policy tools; and to develop robust mechanisms for monitoring and evaluating green budgeting initiatives.

Keywords: Green Budget; Policy Tools; Carbon Peak and Carbon Neutrality; Green Public Finance

B.9　The New Trend of Foreign Fiscal Policy to Promote the Green Transformation of Industry　　　　　*Qin Fengqi* / 188

Abstract: In the complex international environment, the overseas fiscal policy on promoting green transformation of industry shows the new tendency that the intersection for the green industry policies in the US and Europe is aimed at removing the risk and counterbalancing the China's rise. They try to lead the international order for the green transformation of global industries by formulating rules and standards. The reconstruction of global industry chain takes on a new pattern of localization and friends-horing, which affects China to a certain extent. The localization of green industries may reduce the import demand for Chinese products. The acceleration of green industry competition threatens the dominant position of China's green industry. The aggravation of international competition and friction may weaken China's discourse power in green industry. Therefore, we propose relevant policy of enhancing China's discourse power in global governance, speeding up the realization of green transformation of industry, and giving full play to fiscal policy in green transformation of industry.

Keywords: Green Transformation of Industry; Fiscal Policy; International Competition

社会科学文献出版社

皮 书

智库成果出版与传播平台

❖ 皮书定义 ❖

皮书是对中国与世界发展状况和热点问题进行年度监测,以专业的角度、专家的视野和实证研究方法,针对某一领域或区域现状与发展态势展开分析和预测,具备前沿性、原创性、实证性、连续性、时效性等特点的公开出版物,由一系列权威研究报告组成。

❖ 皮书作者 ❖

皮书系列报告作者以国内外一流研究机构、知名高校等重点智库的研究人员为主,多为相关领域一流专家学者,他们的观点代表了当下学界对中国与世界的现实和未来最高水平的解读与分析。

❖ 皮书荣誉 ❖

皮书作为中国社会科学院基础理论研究与应用对策研究融合发展的代表性成果,不仅是哲学社会科学工作者服务中国特色社会主义现代化建设的重要成果,更是助力中国特色新型智库建设、构建中国特色哲学社会科学"三大体系"的重要平台。皮书系列先后被列入"十二五""十三五""十四五"时期国家重点出版物出版专项规划项目;自2013年起,重点皮书被列入中国社会科学院国家哲学社会科学创新工程项目。

皮书网

（网址：www.pishu.cn）

发布皮书研创资讯，传播皮书精彩内容
引领皮书出版潮流，打造皮书服务平台

栏目设置

◆关于皮书

何谓皮书、皮书分类、皮书大事记、
皮书荣誉、皮书出版第一人、皮书编辑部

◆最新资讯

通知公告、新闻动态、媒体聚焦、
网站专题、视频直播、下载专区

◆皮书研创

皮书规范、皮书出版、
皮书研究、研创团队

◆皮书评奖评价

指标体系、皮书评价、皮书评奖

所获荣誉

◆2008年、2011年、2014年，皮书网均
在全国新闻出版业网站荣誉评选中获得
"最具商业价值网站"称号；
◆2012年，获得"出版业网站百强"称号。

网库合一

2014年，皮书网与皮书数据库端口合
一，实现资源共享，搭建智库成果融合创
新平台。

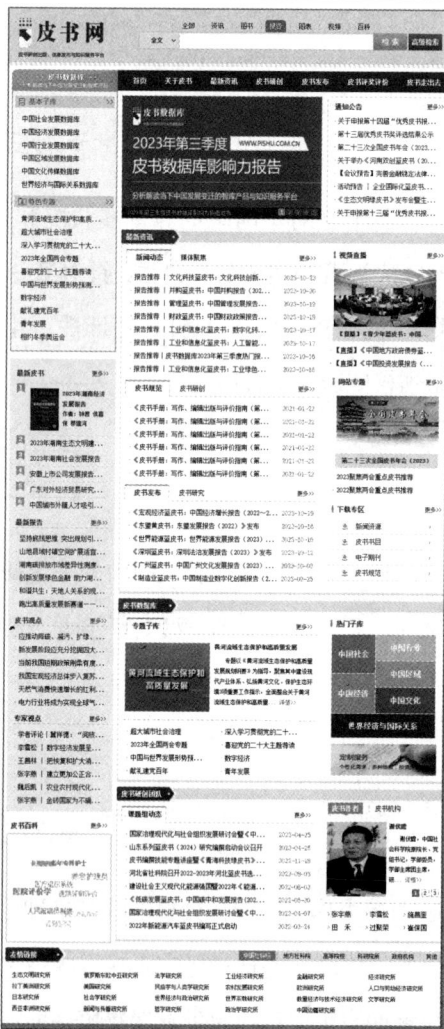

皮书网

"皮书说"
微信公众号

权威报告·连续出版·独家资源

皮书数据库
ANNUAL REPORT(YEARBOOK)
DATABASE

分析解读当下中国发展变迁的高端智库平台

所获荣誉

- 2022年，入选技术赋能"新闻+"推荐案例
- 2020年，入选全国新闻出版深度融合发展创新案例
- 2019年，入选国家新闻出版署数字出版精品遴选推荐计划
- 2016年，入选"十三五"国家重点电子出版物出版规划骨干工程
- 2013年，荣获"中国出版政府奖·网络出版物奖"提名奖

皮书数据库

"社科数托邦"
微信公众号

成为用户

　　登录网址www.pishu.com.cn访问皮书数据库网站或下载皮书数据库APP，通过手机号码验证或邮箱验证即可成为皮书数据库用户。

用户福利

- 已注册用户购书后可免费获赠100元皮书数据库充值卡。刮开充值卡涂层获取充值密码，登录并进入"会员中心"—"在线充值"—"充值卡充值"，充值成功即可购买和查看数据库内容。
- 用户福利最终解释权归社会科学文献出版社所有。

数据库服务热线：010-59367265
数据库服务QQ：2475522410
数据库服务邮箱：database@ssap.cn
图书销售热线：010-59367070/7028
图书服务QQ：1265056568
图书服务邮箱：duzhe@ssap.cn

社会科学文献出版社 皮书系列
SOCIAL SCIENCES ACADEMIC PRESS (CHINA)
卡号：385577629357
密码：

S 基本子库
SUB DATABASE

中国社会发展数据库（下设 12 个专题子库）

紧扣人口、政治、外交、法律、教育、医疗卫生、资源环境等 12 个社会发展领域的前沿和热点，全面整合专业著作、智库报告、学术资讯、调研数据等类型资源，帮助用户追踪中国社会发展动态、研究社会发展战略与政策、了解社会热点问题、分析社会发展趋势。

中国经济发展数据库（下设 12 专题子库）

内容涵盖宏观经济、产业经济、工业经济、农业经济、财政金融、房地产经济、城市经济、商业贸易等 12 个重点经济领域，为把握经济运行态势、洞察经济发展规律、研判经济发展趋势、进行经济调控决策提供参考和依据。

中国行业发展数据库（下设 17 个专题子库）

以中国国民经济行业分类为依据，覆盖金融业、旅游业、交通运输业、能源矿产业、制造业等 100 多个行业，跟踪分析国民经济相关行业市场运行状况和政策导向，汇集行业发展前沿资讯，为投资、从业及各种经济决策提供理论支撑和实践指导。

中国区域发展数据库（下设 4 个专题子库）

对中国特定区域内的经济、社会、文化等领域现状与发展情况进行深度分析和预测，涉及省级行政区、城市群、城市、农村等不同维度，研究层级至县及县以下行政区，为学者研究地方经济社会宏观态势、经验模式、发展案例提供支撑，为地方政府决策提供参考。

中国文化传媒数据库（下设 18 个专题子库）

内容覆盖文化产业、新闻传播、电影娱乐、文学艺术、群众文化、图书情报等 18 个重点研究领域，聚焦文化传媒领域发展前沿、热点话题、行业实践，服务用户的教学科研、文化投资、企业规划等需要。

世界经济与国际关系数据库（下设 6 个专题子库）

整合世界经济、国际政治、世界文化与科技、全球性问题、国际组织与国际法、区域研究 6 大领域研究成果，对世界经济形势、国际形势进行连续性深度分析，对年度热点问题进行专题解读，为研判全球发展趋势提供事实和数据支持。

法律声明

“皮书系列”（含蓝皮书、绿皮书、黄皮书）之品牌由社会科学文献出版社最早使用并持续至今，现已被中国图书行业所熟知。“皮书系列”的相关商标已在国家商标管理部门商标局注册，包括但不限于LOGO（ ）、皮书、Pishu、经济蓝皮书、社会蓝皮书等。“皮书系列”图书的注册商标专用权及封面设计、版式设计的著作权均为社会科学文献出版社所有。未经社会科学文献出版社书面授权许可，任何使用与“皮书系列”图书注册商标、封面设计、版式设计相同或者近似的文字、图形或其组合的行为均系侵权行为。

经作者授权，本书的专有出版权及信息网络传播权等为社会科学文献出版社享有。未经社会科学文献出版社书面授权许可，任何就本书内容的复制、发行或以数字形式进行网络传播的行为均系侵权行为。

社会科学文献出版社将通过法律途径追究上述侵权行为的法律责任，维护自身合法权益。

欢迎社会各界人士对侵犯社会科学文献出版社上述权利的侵权行为进行举报。电话：010-59367121，电子邮箱：fawubu@ssap.cn。

社会科学文献出版社